Mauro Orsatti

Scintille di felicità

Mauro Orsatti

Scintille di felicità

Il tema della gioia nella Bibbia

Edizioni Sant'Antonio

Cover image: www.ingimage.com

Publisher:
Edizioni Accademiche Italiane
is a trademark of
International Book Market Service Ltd., member of OmniScriptum Publishing Group
17 Meldrum Street, Beau Bassin 71504, Mauritius

Printed at: see last page
ISBN: 978-613-8-39205-7

PREFAZIONE

Questo volumetto propone sostanzialmente il corso dal titolo *Ricette di felicità dalla Bibbia* offerto nel semestre autunnale dell'anno accademico 2018-2019 nella Facoltà di Teologia di Lugano (Svizzera). Oltre a qualche semplificazione e aggiunta, mi sono permesso di trasformare il titolo originale in *Scintille di felicità. Il tema della gioia nella Bibbia*. Rimangono invariati sia l'ambito della ricerca, il campo biblico, sia il centro gravitazionale del discorso, la felicità o gioia. Cambia, invece, la prima parola. Non è più "ricetta", che evoca istintivamente qualcosa di fisso, cui bisogna attenersi con scrupolo per avere il risultato, sia essa di cucina, o medica, o soluzione di qualsiasi problema. Dal nuovo termine "scintilla" sprizza un dinamismo che ognuno deve accogliere e sviluppare, perché si tratta di un principio che genera un seguito, affidato a chi lo riceve. Da quel momento la persona si assume la responsabilità di far scaturire un incendio oppure di lasciar spegnere quella vita incipiente.

Dal primitivo troglodita, che viveva nelle caverne o sugli alberi nutrendosi di caccia e pesca, al futuro uomo bionico e ipertecnologizzato, la felicità attraversa l'esistenza come un bisogno fondamentale. Lo avevano ben capito anche i Padri Fondatori degli Stati Uniti d'America che introdussero nella *Dichiarazione di Indipendenza* del 4 luglio 1776 la ricerca della felicità come uno dei diritti fondamentali, accanto a quelli della vita e della libertà. Questo bisogno fu così riconosciuto e difeso anche in ambito giuridico e istituzionale. Nel tempo della globalizzazione non poteva mancare una giornata mondiale della felicità, che, di fatto, fu istituita dall'ONU nel 2013 e da celebrarsi ogni anno il 20 marzo.

Individuato il bisogno e onorato anche con riconoscimento giuridico, occorre trovare le strade di accesso che si intersecano in un dedalo infinito di possibilità. Un proverbio cinese offre questa ricetta per una vita felice: «Mangiare lentamente, dimenticare l'età, fare qualcosa di piacevole per sé e per gli altri». Anche se come inizio non c'è male, perché coinvolge il corpo, la psiche e suggerisce un'apertura all'esterno, la proposta appare troppo riduttiva. Rimane, comunque, più sostanziosa di quella che teorizza la necessità di buttarsi a capofitto nel godimento, ricercando spasmodicamente successo, divertimento, denaro, sesso, all'insegna di un continuo, quanto impossibile, *carpe diem*. La sapienza popolare aveva già bocciato simile atteggiamento, coniando il proverbio: «Bacco, Tabacco e Venere mandano l'uomo in cenere». La via non è praticabile o, almeno, non dà i risultati sperati, anche se ancora molti si ostinano a seguirla. L'autentica gioia non può essere un "usa e getta", non deve essere consumata a tutti i costi entro un certo periodo, perché non omologabile a un prodotto alimentare con data di scadenza, non è assimilabile a quella evanescente e illusoria de *Il sabato del villaggio* di leopardiana memoria. Neppure possiamo sperare in qualche sensazionale scoperta scientifica, come titolava un noto giornale qualche tempo fa: «Scoperto il gene della felicità?», mettendo pudicamente un punto interrogativo.

Occorre avere solide basi, se vogliamo intercettare la felicità di qualità e non un suo surrogato, o una sua deformante imitazione. Aveva imboccato la strada giusta Roberto che un giorno, mostrandomi una fotografia dove era ritratto con sua figlia, commentò: «Felicità pura». Due semplici parole, che valevano quanto un trattato di psicologia. La vera gioia nasce da una buona relazione di persone che condividono sogni e speranze, fatiche e insuccessi, disposte a unire menti e cuori. Non bisogna dare credito alla nefasta e cancerogena equazione "più possesso = più felicità", che già tante vittime ha immolato sull'altare dell'illusione. Solo le persone, non le cose, possono regalare piena soddisfazione e far sentire realizzata la propria vita. La gioia non è una fortuna o un lampo di genio, ma una virtù che va ricercata, coltivata, costruita relazionandosi bene con una o più persone.

Se, poi, la Persona abita "al piano superiore" e con Lei si entra in relazione, sia chiamandola confidenzialmente *Abbà* (*Padre* o, più precisamente *babbo, papi*), sia considerandola come fratello, perché Gesù condivide la nostra stessa umanità, sia invocandola con il nome aulico, perché greco, di *Paraclito,* o con quello più familiare di *Consolatore*, allora la felicità diventa seme che già ora produce copiosi frutti, in attesa della piena maturazione nell'eternità.

Il tema della gioia si articola in molte tonalità. Durante le lezioni mi sono sforzato di fare qualche solfeggio biblico, presentando alcuni temi, lucidamente cosciente che la sinfonia è "tutt'altra musica". Perciò per far risuonare altre note, ho desiderato dare al corso un tocco interdisciplinare, invitando un Maestro di musica, una psicologa e un medico.

Il Maestro Luca Rossetti ha offerto una spiegazione *dell'Inno alla gioia* di Beethoven, mostrandone la genesi e il suo inserimento nella Nona Sinfonia e dando un saggio al pianoforte. Le note dell'inno risuonavano all'inizio di ogni lezione: settanta secondi di gioia musicale. La psicologa, dottoressa Carla Faggioli, ha mostrato alcuni meccanismi che sono attivi quando si è contenti. Il medico, dottoressa Daniela Orsatti, ha parlato della biochimica della felicità, mostrando alcune immagini del cervello e gli effetti prodotti da endorfine, serotonina e altre sostanze, responsabili dello stato di benessere.

A loro vada il mio apprezzamento e la mia gratitudine, che rivolgo pure ai numerosi studenti e uditori che hanno seguito le lezioni con interesse e attiva partecipazione.

Il corso lascia le aule universitarie per raggiungere un pubblico più vasto e più vario, cambia "pelle" per diventare il testo scritto che affido ai lettori, nella speranza che sia di qualche utilità, se non altro, quella di apprezzare maggiormente la gioia, diventandone cantori sempre più intonati.

Mauro Orsatti

31 gennaio 2019
memoria liturgica di san Giovanni Bosco
un santo che ha sviluppato la pedagogia della gioia

RICETTE DI FELICITÀ DALLA BIBBIA
INTRODUZIONE

Benvenuti a *Felicilandia*, il nostro intrattenimento sulla felicità nella Bibbia. Non è un accattivante *spot* pubblicitario, perché qui non si vende né si compra nulla. Vogliamo solo riflettere un poco su un tema elettrizzante e di perenne attualità.

Esistono parole che, anche solo a pronunciarle, scaricano adrenalina di interesse, creando immediate aspettative. Una di queste è felicità che, come un fiume che scorre, si arricchisce di diversi rivoli denominati gioia, letizia, gaudio, contentezza, delizia, giubilo… di cui cercheremo la sorgente, indagando l'etimologia. Sono sinonimi e concetti affini che, ben disposti come le tessere di un mosaico, lasciano intravedere la trama dell'esistenza, l'energia che alimenta la vita. Tutto quello che noi facciamo è finalizzato al nostro benessere, a soddisfare il nostro bisogno di felicità.

Lo sapevano bene anche i Padri Fondatori degli Stati Uniti quando, la sera di giovedì 4 luglio 1776, nella sala dei congressi di Filadelfia ratificarono la *Dichiarazione di Indipendenza* che riporta al secondo capoverso: «Noi riteniamo che sono per se stesse evidenti queste verità: che tutti gli uomini sono creati eguali, che essi sono dal Creatore dotati di certi inalienabili diritti, che tra questi diritti ci sono la Vita, la Libertà e la ricerca della Felicità (*the pursuit of Happiness*)». Mentre vita e libertà sono un diritto *tout court,* chiaro in se stesso e quindi senza bisogno di aggiunte, quello della felicità è specificato da "ricerca", forse perché si tratta di uno stato non facilmente definibile e molto cangiante. Resta assodato il diritto di ognuno alla ricerca della felicità, identificata dalla *Dichiarazione* come bene essenziale e inalienabile.

Non poteva mancare, tra le tante giornate istituite dall'ONU, quella della felicità. Il 28 giugno 2012 fu stabilito che tutti gli Stati membri la celebrassero a partire dal 2013. Le motivazioni sono racchiuse nella risoluzione A/RES/66/281 che stabilisce: «L'Assemblea generale [...] consapevole che la ricerca della felicità è uno scopo fondamentale dell'umanità, [...] riconoscendo inoltre la necessità di un approccio più inclusivo, equo ed equilibrato alla crescita economica che promuova lo sviluppo sostenibile, l'eradicazione della povertà, la felicità e il benessere di tutte le persone, decide di proclamare il 20 marzo la Giornata Internazionale della Felicità». Ancora una volta troviamo un'alta stima di questo bene, identificato addirittura come «scopo fondamentale dell'umanità».

Anche Papa Francesco insiste sulla felicità, facendone quasi un marchio distintivo del suo pontificato. Lo deduciamo dalla semplice osservazione dei titoli dei documenti magisteriali. La sua prima esortazione apostolica portava il titolo *Evangelii gaudium* ("La gioia del Vangelo"), da lui stesso definito come il testo programmatico del suo pontificato. La seconda, *Amoris laetitia* ("La gioia dell'amore"), è una stupenda riflessione sull'amore cristiano, una dettagliata lezione di teologia sul matrimonio e sulla famiglia. La terza, *Gaudete et exsultate* ("Rallegratevi ed esultate"), ripropone il passo di Mt 5,12 e invita a vivere nelle beatitudini la gioia di essere santi. Incontriamo fin dall'inizio il binomio gioia-santità che ci accompagnerà spesso nelle prossime riflessioni. Subito ritorna alla mente una memorabile frase dello scrittore francese Léon Bloy (1846-1917), collocata alla fine del suo romanzo *La donna povera*: «Non c'è che una tristezza, quella di non essere santi».

Poiché la felicità intercetta uno dei bisogni fondamentali, c'è unanime consenso nel riconoscerle un valore imprescindibile e tutti si danno un gran da fare per raggiungerla. Quando, però, si vuole definire il suo oggetto o identificare i mezzi e i modi per acquisirla, il consenso si frantuma, le proposte si moltiplicano in un labirinto di soluzioni curiose, stravaganti, perfino cervellotiche. Comprendiamo subito quanto sia arduo trattare questo tema. Pur consapevoli delle difficoltà, non desisteremo dal nostro impegno di presentazione e di conoscenza.

Nel tentativo di una migliore identificazione, può giovare passare in rassegna la nomenclatura attinente al tema e ricercarne l'etimologia.

Nomenclatura ed etimologia

Elenchiamo alcuni termini riferiti al concetto di felicità, proponendo sia il significato sia la probabile etimologia, la scienza che studia il senso genuino dei vocaboli, come indicato dalla parola stessa (*etymos* in greco significa appunto *vero, genuino).*

Allegria

Viva manifestazione di gioia e di buonumore, abituale contentezza che si manifesta con segni esteriori.

L'allegria, rispetto ai suoi sinonimi, ha il carattere di una inconfondibile evidenza. Uno può essere felice e contento senza farlo notare, uno può essere lieto con un semplice sorriso. Uno allegro, invece, è totalizzato dal suo sentimento ad ogni livello del suo essere, dal fisico allo spirito, acceso e chiaro come una lampadina. Si muove quasi saltellando, guardandosi attorno con curiosità, è facondo nel parlare, gesticola, ha un tono di voce brillante, ride e fa ridere. Dentro è sereno, alimenta sentimenti positivi, è capace di contemplazione e gratitudine e, non da ultimo, sa assorbire e neutralizzare anche le negatività. Gli stranieri dicono che questo stato sia la cifra degli italiani.

Allegro deriva dal latino *alacer,* con il significato di *svelto, sollecito, aperto, fecondo.*

Contentezza
Stato d'animo di colui che ha l'animo appagato e lo dimostra con dolce calma, con beata tranquillità.

Dal latino *continère* (*tenere in sé, contenersi*) e *contentus* (*contenuto,* cioè pago di qualcosa).

Delizia
Intenso piacere fisico o spirituale.

Dal sostantivo latino *deliciae* (solo plurale) e dal verbo *delicio*, con il significato di *attrarre nel laccio*, perché le delizie attraggono e avvincono. Alcuni autori fanno derivare il termine dal verbo latino *delinquo* o *delinqueo* con il significato di *liquefarsi, sciogliersi,* perché le delizie rendono l'uomo molle ed effeminato.

Esultanza
Gioia intima che si manifesta per lo più con segni esteriori.

Dal latino *exsultare* composto da *ex* (*fuori*) e *saltare* (*ballare, danzare, gesticolare*). Indica propriamente un saltare dalla gioia e, quindi, provare grande allegrezza e dimostrarlo con atti e parole.

Felicità
Stato d'animo (o emozione) positivo di chi ritiene soddisfatti tutti i propri desideri.

Dal latino *felicitas,* a sua volta da *felix,* la cui radice *fe* significa abbondanza, ricchezza, prosperità. All'origine potrebbe esserci il verbo greco *phyo* che significa *produrre, essere fecondo.* La parola richiama un'eccedenza, un'esuberanza traboccante che riempie il cuore.

Gaudio
Gioia intensa, specialmente in senso spirituale o religioso. *Sommo gaudio* è un modo per indicare Dio.

Evidente è il suo calco dal latino, con il sostantivo *gaudium* e il verbo *gaudere.* La famiglia lessicale è arricchita da altri termini quali *godere, godimento, goduria, gaudente…*

Gioia
Movimento o stato d'animo che per qualsiasi motivo rallegri e piacevolmente commuova. Per estensione, indica anche una pietra preziosa, soprattutto quelle usate per ornamento, perché cosa che reca diletto e letizia, quindi, da tenere cara e in pregio. Alcuni autori rifiutano questo secondo significato e collegano *gioia* all'arabo *giohar* che significa *gemma.*

Non certa la sua etimologia. Alcuni autori propongono come etimo il latino *joca*, plurale di *jocum* (o anche *jocus "gioco"),* inteso come tutto ciò che produce voluttà e piacere.

Giubilo
Sentimento di gioia intensa manifestato con parole, atti festosi. Si tratta di un gaudio ineffabile, che non si può esprimere con la lingua, e pure non si può tacere; ecco allora che si manifesta con segni e giocondi atti esterni, come il canto e il riso.

Deriva dal latino *jubilum* che nella lingua popolare significava *gridare.* Per influsso del termine *giubileo,* acquisì nel linguaggio ecclesiastico un'accezione particolare che lo rendeva un *gridare di gioia.*

Letizia
Sentimento di intensa gioia e di serenità spirituale.

Dal latino *laetare.* Da questo lemma deriva anche l'italiano *letame.* Sembra strana la comune origine etimologica di letizia e di letame, eppure, a ben pensarci, i due vocaboli non sono così distanti come potrebbe sembrare. Come il letame è lo strame che feconda il terreno, così la letizia deve stare alla base dell'esistenza per far fruttificare tutta la vita.

Piacere
Godimento fisico o spirituale. Deriva dal latino *placere.*

L'elenco potrebbe continuare con altri sinonimi e concetti affini. Ci basti il campionario esibito per capire come la parola "felicità" sia accompagnata da una girandola di termini che la precisano o la specificano, valorizzando maggiormente uno o l'altro aspetto. Abbiamo avuto un primo approccio, tante definizioni, ma nessuna capace di ben sintetizzare la poliedrica ricchezza della parola. Rimane ancora totalmente aperto l'impegno a individuare modi e mezzi per raggiungere questo fondamentale bene.

Ci sforzeremo di aprire ampi orizzonti nel corso delle nostre riflessioni che, incentrate principalmente sull'argomento biblico, non mancheranno di toccare altre scienze come la psicologia, le medicina, l'arte.

Felicità, un bene cangiante e dinamico

Dato per acquisito che la felicità sia un bisogno fondamentale e anche un diritto, rimane da chiedersi in che cosa consista. Comincia la frammentazione, dovuta alla diversità delle persone e alla varietà dei loro bisogni. Solo per fare qualche esempio, lo studente proverà gioia nel superare brillantemente un esame, la mamma nel vedere il suo bambino sorridere e mangiare con gusto, il lavoratore nell'ottenere un buon prodotto, il ricercatore dopo un'importante scoperta, due innamorati quando stanno insieme... La felicità è un bene cangiante che colora le mille situazioni quotidiane. Alla fine di una giornata sono molteplici le occasioni per sentirsi soddisfatti e godere della vita.

Oltre che cangiante, questo bene è anche dinamico. Non è paragonabile a un prezioso diamante da conservare gelosamente e con cura. Piuttosto, si tratta di una realtà viva che cresce, può svilupparsi sempre di più, come pure può atrofizzarsi fino a spegnersi, a perdersi o a trasformarsi nel suo contrario.

Lo studente, felice di aver superato un esame, pensa subito al successivo, la mamma è sempre accompagnata da un po' di preoccupazione per il suo bambino, i due innamorati temono che qualcosa turbi il loro amore. In tutti gli esempi si può trovare sempre "il rovescio della medaglia". Perciò la felicità non è mai allo stato puro, né un pacifico e stabile possesso.

La felicità investe tutte le stagioni della vita. Così scriveva Epicuro a Meneceo nel III secolo a.C.: «Non si è mai troppo giovani o troppo vecchi per la conoscenza della felicità... a qualsiasi età è bello occuparsi del benessere dell'anima... per sentirsi sempre giovani quando saremo avanti negli anni in virtù del grato ricordo della felicità». L'idea è stata ripresa e valorizzata da un articolo del *Corriere della Sera*[1]. Nell'antica Grecia la vecchiaia iniziava verso i 30 anni e ben pochi potevano vantarsi, come Omero, di essere un *kalòn géron, un bel vecchio,* arrivato forse ai 70 anni. Con l'odierna aspettativa di vita, almeno dalle nostre parti, di oltre 80 anni, gli *over 65* hanno davanti a sé ancora una ventina di anni che possono spendere in attività varie, viaggi, letture. La propaganda, facendo leva sulla realtà, ci mostra continuamente arzilli vecchietti in frenetica attività. Il *marketing* sa bene che questa notevole fetta di popolazione è una ricca miniera di risorse e sbandiera iniziative e prodotti che assicurino benessere e serenità. Sembra che la felicità sia a portata di mano, anche con il passare degli anni.

Realtà o solo propaganda? Purtroppo dobbiamo registrare che i numerosi anziani[2] sono sempre più soli e, secondo l'Istituto di Statistica italiano (ISTAT), un anziano su tre non ha amici. La mancanza di relazione crea ansia e inquietudine, anticamera dell'incertezza e, quindi, dell'infelicità. Tutto può cambiare in meglio se, anziché fermarsi troppo sul viale del tramonto, si partecipa della vita allo stato crescente di figli e nipoti.

Ci provano molti a offrire la ricetta miracolosa per l'ottenimento di questo bene indispensabile. Solo per esemplificare, citiamo un recente articolo della redazione ANSA, dall'accattivante titolo "Il segreto della felicità? Saper ridere di se stessi"[3]. Secondo uno studio dell'Università di Granada, in Spagna, pubblicato sulla rivista *Personality and Individual Differences*, coloro che fanno battute autoironiche non hanno una bassa autostima, né sono inclini alla depressione, anzi, esattamente il contrario. Lo studio ha analizzato un totale di 1068 adulti di età compresa tra 18 e 65 anni, sottoponendoli a diversi esami, tra cui alcuni per rilevare il tipo di umorismo, mettendolo in relazione con benessere, personalità e gestione della rabbia. Il risultato dello studio, guidato da Jorge Torres Marín, ha dimostrato che ridere di se stessi, non solo aiuta a sopprimere la rabbia, ma aiuta in modo sensibile anche il benessere psicologico. In chi è autoironico migliora anche l'inserimento sociale.

---

[1] *La felicità adesso,* a cura di Laura Ballio e Giusi Fasano, *Corriere della Sera* del 10 giugno 2018, 26-27.

[2] Secondo i dati ISTAT (2017), ben 13.672.000 sono gli italiani che hanno superato i 65 anni, con la sbalorditiva media del 22,6 per cento, con un rapporto di 170 anziani contro 100 giovani, rapporto che salirà a 217 in una decina di anni. Il dato non può essere ignorato da politici, sociologi e anche psicologi che studiano il grado e la modalità del sentirsi bene con se stessi, cioè di essere contenti. L'Italia è, dopo il Giappone, il Paese più vecchio del mondo.

[3] Pubblicato *on-line* dalla redazione di Roma il 19 febbraio 2018.

Siamo riconoscenti agli studiosi per questi dati e suggerimenti, anche se riteniamo un po' semplicistica la conclusione che per essere felici basti diventare più autoironici. Non siamo ancora in possesso della ricetta miracolosa.

Al fine di circoscrivere un po' l'esteso campo di ricerca, proviamo dapprima a descrivere la felicità per via negativa, dicendo qualcosa di quello che non è. La felicità non è equiparabile a una vampata di buonumore, a un guizzo o a un fuoco d'artificio che illumina per un attimo il cielo, per poi spegnersi nel giro di pochi secondi. Bella e vera la frase di E. Fromm: «La gioia non è l'estasi infuocata di un istante, bensì lo splendore che aureola l'essere»[4].

Non la identifichiamo come uno stato psicologico di serenità di chi vuole stare fuori dalla mischia, al di là o al di sopra dei gemiti del mondo lacerato, cioè una specie di atarassia o di imperturbabilità. Non è una specie di vagheggiato nirvana.

Nemmeno è la capacità di stampare sul volto un perenne sorriso da presentatrice TV, né la rappresentazione olografica, stile "famiglia del Mulino Bianco"[5].

Non è una realtà statica e immobile: «La gioia che non si può condividere si tinge presto di tristezza e si vena di amarezza. Perché la gioia non è uno stato, ma una crescita, un movimento di allargamento e di amplificazione, un progressivo dilatarsi di un'apertura»[6].

Dopo questa prima mietitura di pensieri del non-essere, possiamo ricavare alcune costanti positive che ci aiutano a tracciare qualche segmento che compone la felicità: deve essere un bene stabile, non passeggero o estemporaneo; sa inglobare problemi e difficoltà, anziché ignorarli, minimizzarli o nasconderli, ricordandoci che portiamo invisibilmente nel corpo il segno della croce che fu tracciato sulla nostra fronte nel giorno del battesimo; supera l'angusto spazio e interesse del singolo e trasmigra, contagiando benevolmente gli altri. *Costante, realistica, comunitaria* sono tre aggettivi che incominciano a togliere dall'indeterminatezza il concetto di felicità.

Coscienti che il tema della felicità abbia attirato fin dall'inizio l'attenzione degli uomini, e tra loro ricordiamo in modo particolare i filosofi, a partire dagli

---

[4] *Avere o essere?* Mondadori, Milano 1986, 156.

[5] *Spot* pubblicitario di una nota industria alimentare italiana che propone sempre scene di famiglie gioiose attorno a una tavola, ovviamente ben imbandita con i suoi prodotti.

[6] J.L. Chrétien, *Sotto lo sguardo della Bibbia*, Qiqajon, Magnano (BI) 2017, 99.

antichi greci fino a quelli più moderni[7], il nostro interesse verte principalmente sul mondo biblico, al quale rivolgiamo ora la nostra attenzione.

Felicità e Bibbia

Arriviamo al cuore del nostro tema che ci coinvolgerà a più riprese e da diverse prospettive. Per il momento ci limitiamo a una presentazione generale.

Incominciamo da un'offerta rapsodica di testi, presi sia dall'Antico sia dal Nuovo Testamento, con il semplice scopo di documentare quanto sia vivo e continuo l'interesse per l'argomento.

Alcuni testi biblici con riferimento a felicità/gioia

Ger 31,13
La vergine allora gioirà danzando
e insieme i giovani e i vecchi.
"Cambierò il loro lutto in gioia,
li consolerò e li renderò felici".
Sal 48,2-3
Grande è il Signore e degno di ogni lode
nella città del nostro Dio.
La tua santa montagna,
altura stupenda,
è la gioia di tutta la terra.
Sal 4,8
Hai messo più gioia nel mio cuore di quanta ne diano a loro grano e vino in abbondanza.
Sal 51,10
Fammi sentire gioia e letizia: esulteranno le ossa che hai spezzato
Sal 118,16
Nella tua volontà è la mia gioia;
mai dimenticherò la tua parola.
Sal 122,1
Quale gioia quando mi dissero: «Andremo alla casa del Signore»
Sal 126,5-6
Chi semina nelle lacrime mieterà nella gioia.
Nell'andare, se ne va piangendo, portando la semente da gettare, ma nel tornare, viene con gioia, portando i suoi covoni.
Gv 15,11
Vi ho detto queste cose perché la mia gioia sia in voi e la vostra gioia sia piena.
Gv 16,20-23a
In verità, in verità io vi dico: voi piangerete e gemerete, ma il mondo si rallegrerà. Voi sarete nella tristezza, ma la vostra tristezza si cambierà in gioia. La donna, quando partorisce, è nel dolore, perché è venuta la sua ora; ma, quando ha dato alla luce il bambino, non si ricorda più

[7] «Le persone felici sono felici perché possiedono il Bene» (Platone, *Simposio* 205); «Il fine dell'uomo non è il Bene in sé, il bene eterno e trascendente, ma la realizzazione dell'uomo e i bene che sono alla sua portata» (Aristotile, *Etica Nicomachea,* I,6,1096b 32). Spinoza valorizza molto la gioia nel suo modo di pensare, ritenendola «passaggio dell'uomo da una perfezione minore a una maggiore. Dolore è passaggio dell'uomo da una perfezione maggiore a una minore» (*Etica,* 3, def. 2.3).

della sofferenza, per la gioia che è venuto al mondo un uomo. Così, anche voi, ora, siete nel dolore, ma vi vedrò di nuovo e il vostro cuore si rallegrerà e nessuno potrà togliervi la vostra gioia. Quel giorno non mi domanderete più nulla.
Rm 12,15
Rallegratevi con quelli che sono nella gioia, piangete con quelli che sono nel pianto.
1Gv 3,20
Qualunque cosa il nostro cuore ci rimproveri, Dio è più grande del nostro cuore.
Ap 19,7
Rallegriamoci ed esultiamo, diamo gloria a Dio.

Alcune coordinate

L'Antico Testamento vede nella gioia lo stato d'animo che accompagna la vita in tante situazioni e manifestazioni quotidiane come lo stare bene fisicamente, l'abbondanza di un buon raccolto, il matrimonio, i figli e una famiglia numerosa, la vittoria in guerra. Da queste soddisfazioni naturali l'uomo biblico si innalza al suo rapporto con Dio, dal quale proviene ogni bene. Tutto ciò che soddisfa e fa star bene è una benedizione che viene dall'alto. Ma è soprattutto il sereno rapporto con Lui la causa principale del benessere esterno e interiore, dello *shalom*, concetto complessivo che abbraccia la totalità dell'esistenza. Con un linguaggio più elaborato, potremmo dire che la Bibbia privilegia l'essere sull'avere.

Il rapporto con Dio nasce con l'alleanza e si alimenta con l'osservanza della volontà divina: «Nella tua volontà è la mia gioia; mai dimenticherò la tua parola» (Sal 118,16). Il pellegrinaggio a Gerusalemme, prescritto tre volte all'anno in occasione delle grandi feste, favorisce un "incontro ravvicinato" con la divinità, diventando motivo di intima soddisfazione: «Quale gioia quando mi dissero: Andremo alla casa del Signore» (Sal 122,1). «Grande è il Signore e degno di ogni lode nella città del nostro Dio. La sua santa montagna, altura stupenda, è la gioia di tutta la terra» (Sal 48,2-3). L'incontro e la relazione con Dio superano la barriera del tempo e mettono radici nell'eternità beata, facendo della gioia un bene eterno: «Mi indicherai il sentiero della vita, gioia piena alla tua presenza, dolcezza senza fine alla tua destra» (Sal 16,11).

Il Salterio elenca alla fine una quindicina di Salmi che costituiscono uno stupendo inno alla gioia; e anche là dove inizia con rivoli di paura e di tristezza che minacciano o compromettono l'esistenza, si trova sempre alla fine un delta di gioia e di felicità.

Fatica e dolore sono compresi nel prezzo della vita, ma l'uomo biblico sa integrarli in una visione più ampia e può pregare così, con il Salmo ricco anche di sapienza umana: «Chi semina nelle lacrime mieterà con gioia. Nell'andare, se ne va piangendo, portando le semente da gettare, ma nel tornare, viene con gioia, portando i suoi covoni» (Sal 126,5-6). Il rapporto con Dio non è sempre sereno e idilliaco, perché l'uomo sperimenta anche il cedimento alla tentazione e l'allontanamento da Dio, cioè il peccato. La frattura creatasi può essere riparata con l'umile pentimento e la sincera richiesta di perdono che favoriscono il ristabilimento dell'alleanza: «Fammi sentire gioia e letizia: esulteranno le ossa che hai spezzato» (Sal 51,10). Anche la tragica esperienza dell'esilio, massima espressione di lontananza da Dio, conoscerà la parola "fine" per un amoroso intervento di Dio, sempre fedele nonostante l'infedeltà del suo popolo che, alla fine, sarà reintegrato nel suo stato "verginale", cioè in una ritrovata e amorosa fedeltà: «La vergine allora gioirà danzando e insieme i giovani e i vecchi. "Cambierò il loro lutto in gioia, li consolerò e li renderò felici senza afflizioni"» (Ger 31,13).

La gioia religiosa trascende i sentimenti personali dell'individuo perché propone una manifestazione vistosamente sociale e perfino cosmica, con risonanza in tutta la natura: «Giubilate, o cieli, rallegrati, o terra, gridate di gioia, o monti, perché il Signore consola il suo popolo e ha misericordia dei suoi poveri» (Is 49,13). La prospettiva futura e finale è espressa con una cascata di termini relativi alla gioia e, logicamente, saranno eliminate tutte le manifestazioni che potrebbero minacciare o fiaccare la pienezza della felicità: «Ritorneranno i riscattati dal Signore e verranno in Sion con esultanza; felicità perenne sarà sul loro capo, giubilo e felicità li seguiranno, svaniranno afflizioni e sospiri» (Is 51,11).

Passando al Nuovo Testamento, le idee già viste in precedenza sono radicalizzate e portate alla loro massima espressione. L'elemento decisivo è la persona di Gesù, il Figlio di Dio fatto uomo grazie a Maria. I Vangeli celebrano ripetutamente gioia e letizia che nascono dall'incontro con la sua persona che raddrizza un'esistenza resa contorta dalla malattia o dal peccato. Il vero possesso non viene dalle cose, ma dalla piena comunione tra le persone e dall'incontro con Dio, resosi visibile nella persona di Gesù. Come un filo incandescente, la tematica della gioia attraversa e illumina tutti i 27 libri del Nuovo Testamento, ma soprattutto tre autori – Luca, Paolo e Giovanni – ne trattano con abbondanza.

Luca apre il suo Vangelo con due capitoli scoppiettanti di gioia, che raggiunge il superlativo («grande gioia») con l'annuncio dell'angelo ai pastori della nascita di «un Salvatore che è Cristo Signore» (Lc 2,10-11). L'evangelista è attento anche a indicare la causa della vera gioia, frutto del dinamismo vitale dello Spirito: «In quella stessa ora Gesù esultò nello Spirito Santo e disse: "Ti rendo lode, o Padre, Signore del cielo e della terra, perché hai nascosto queste cose ai sapienti e ai dotti e le hai rivelate ai piccoli» (Lc 10,21).

Anche per l'apostolo Paolo la gioia è essenzialmente di natura spirituale, un dono di Dio, di Cristo e dello Spirito. Nella *Lettera ai Filippesi* ritorna ben 16 volte il vocabolario della gioia. Eppure Paolo compose quello scritto quando si trovava in prigione a motivo della sua fede, e, forse ancora più grave, alcuni della sua comunità sparlavano di lui con continue calunnie! La gioia non è assenza di problemi, né una patina dorata che riflette chissà quale luccichio. La gioia è pienezza di vita perché Cristo sta al centro, occupa tutto il cuore e lo dilata all'infinito. Santa Teresa d'Avila direbbe: «Solo Dio basta».

Lungi dall'essere un'intimità chiusa ed egoistica, la vera gioia si riverbera sugli altri in partecipazione e condivisione. Paolo raccomanda: «Rallegratevi con quelli che sono nella gioia, piangete con quelli che sono nel pianto» (Rm 12,15). Ritorna sempre, con diverse applicazioni, il comandamento grande, sintesi di tutta la Legge, quello di amare Dio e di amare il prossimo.

Con Giovanni, ultimo autore del Nuovo Testamento in ordine cronologico, si conclude il processo di cristianizzazione della gioia, sempre da legare con la persona di Gesù. Lo si può leggere, tra l'altro, nei cosiddetti Discorsi *di addio*, il blocco dei capitoli 13-17 che sono come un affettuoso testamento di Gesù ai suoi discepoli nell'imminenza della sua passione, morte e risurrezione. Al sentimento di tristezza che vela il cuore dei suoi al pensiero della sua dipartita, Gesù oppone in modo massiccio la gioia, la sua gioia, quella che si radica nel dono totale di sé e fiorisce nell'esultanza pasquale: «In verità, in verità io vi dico: voi piangerete e gemerete, ma il mondo si rallegrerà. Voi sarete nella tristezza, ma la vostra tristezza si cambierà in gioia. La donna, quando partorisce, è nel dolore, perché è venuta la sua ora; ma, quando ha dato alla luce il bambino, non si ricorda più della sofferenza, per la gioia che è venuto al mondo un uomo. Così, anche voi, ora, siete nel dolore, ma vi vedrò di nuovo e il vostro cuore si rallegrerà e nessuno potrà togliervi la vostra gioia. Quel giorno non mi domanderete più nulla» (Gv 16,20-23a).

Il dono di Gesù è interiore, arriva alle profondità dell'essere, contrariamente a tanta reclamizzata gioia che galleggia solo in superficie e, soprattutto, ha una dilatazione tale da occupare la totalità della vita: «Vi ho detto queste cose perché la mia gioia sia in voi e la vostra gioia sia piena» (Gv 15,11).

Non manca neppure a Giovanni un sano realismo che gli fa considerare la situazione delle nostre paure, incertezze, rimorsi. Ecco allora che tranquillizza e incoraggia: «Qualunque cosa il nostro cuore ci rimproveri, Dio è più grande del nostro cuore» (1Gv 3,20). Nella sua Prima Lettera si rivolge a coloro che, pur conducendo una vivace vita cristiana, sono presi nelle spire di rimproveri e rimorsi che azzerano la serenità. Ma Dio è più grande anche delle nostre attese, più fantasioso del più bizzarro artista, capace di sorprenderci continuamente. La Bibbia chiama "cuore" ciò che noi in psicologia chiamiamo "io profondo", la realtà del nostro essere che permane pur nei continui cambiamenti fisici e psichici. Il messaggio è consolante perché «La dilatazione del cuore, il fatto che noi viviamo come al largo, in spazi ampi e liberi, è uno dei segni più sicuri della gioia»[8].

Ulteriore abbozzo del concetto di felicità

Il fugace incontro con la Bibbia ci ha permesso di radicarci nella convinzione già maturata in precedenza che la felicità ha tra i suoi tratti distintivi quelli di essere *costante, realistica, comunitaria*. La teologia dell'alleanza che, come un possente architrave sostiene Antico e Nuovo Testamento, riassume notevolmente le tre caratteristiche perché riguarda Dio e il popolo, quello di Israele per l'Antico, tutta l'umanità per il Nuovo Testamento (comunità), non nasconde le fragilità e le magagne delle persone, anche quelle insignite di autorità (realismo), valorizza la fedeltà di Dio che con il suo amore è capace di riportare un popolo riottoso e ostinato alla freschezza del primo innamoramento (costanza).

L'orizzonte si è ampliato e abbiamo imparato che la gioia vera, contrariamente a una diffusa opinione, non viene dal possesso di cose, ma dalla relazione con persone, prima di tutto con Dio e poi con gli altri. Per quanto aperto e dilatato sia il nostro cuore, non potrà mai accogliere tutto ciò che Dio promette. La gioia che Dio promette è la sua stessa persona, cioè partecipare alla sua vita trinitaria, assoluta, infinita, che deborda tutte le nostre capacità e anche tutte le nostre attese e i nostri desideri. Paolo lo aveva formulato così: «Quelle cose che occhio non vide, né orecchio udì, né mai entrarono in cuore di uomo, Dio le ha preparate per coloro che lo amano» (1Cor 2,9). E che cosa ci ha preparato? L'accoglienza e la partecipazione al suo mistero trinitario di comunione amorosa, il poterlo vedere "faccia a faccia" o, meglio "cuore a cuore". Nell'incontro con Lui, incontriamo tutto e tutti, come suggerito ancora una volta da Paolo con una poderosa affermazione: «E quando tutto gli sarà stato sottomesso, anch'egli, il Figlio, sarà sottomesso a Colui che gli ha sottomesso ogni cosa, perché Dio sia tutto in tutti» (1Cor 15,28).

---

[8] J.L. Chrétien, *Sotto lo sguardo della Bibbia*, 103.

Sarà gioia senza fine. Sappiamo per esperienza che i desideri umani hanno un limite già nella loro realizzazione. Conosciamo la tristezza dell'indomani della festa e anche della festa stessa, poeticamente espressa da Giacomo Leopardi ne *Il sabato del villaggio*[9], la malinconia del bambino nella sua cameretta ricca di regali e vuota di amore, l'amarezza della sazietà, il gusto aspro di ciò che si rivela come "tutto qui?". È deludente e veramente scoraggiante ottenere su misura ciò che si desiderava: «Perché ogni gioia formattata, calcolata, misurata sulla nostra misura, si ribalta in delusione, e porta allo scoramento. Essa rivela che il nostro desiderio non era grande a sufficienza. Ma, fortunatamente, l'oceanica gioia divina non è limitata dal volume del nostro modesto acquario!»[10].

Non è la gioia del Signore ad entrare in noi, perché sarebbe solo una minima quantità, bensì siamo noi a entrare nella sua, come ha bene espresso sant'Anselmo: «Difatti ho trovato una gioia piena e più che piena: piena senza dubbio di cuore, di mente piena, di uomo tutto pieno di quella gioia, a tal punto sovrabbonderà la gioia. Non tutto entrerà in chi ne fruirà, ma tutti entreranno nella gioia»[11]. Gli fa eco la colletta della messa della XIV domenica del tempo Ordinario: «O Dio, che nell'umiliazione del tuo Figlio hai risollevato l'umanità dalla sua caduta, donaci una rinnovata gioia pasquale, perché, liberi dalla colpa, partecipiamo alla felicità senza fine».

Abbiamo bisogno di una felicità piena e senza fine. E così abbiamo arricchito il nostro concetto di felicità con altri interessanti segmenti: la gioia vera viene dalla comunione con una persona speciale e unica che è Dio, deve essere un bene assoluto, totalizzante e iniziare nel tempo e compiersi nell'eternità, *in aeternum.* L'eternità non è omologabile a uno stato di quiete, a una ricompensa finalmente ottenuta e goduta, bensì a quella gioia che san Bernardo chiama «Quel desiderio eterno e mai appagato, che pure non avverte privazione»[12]. Quindi la gioia è anche dinamica.

Per arricchire di nuovi tasselli il mosaico che tratteggia la felicità, abbiamo recuperato gli aggettivi di *relazionale, totale, eterna* che si aggiungono a quelli di *costante, realistica, comunitaria,* già visti in precedenza.

---

[9] È valorizzato il sabato perché apre alla prospettiva del giorno festivo, mentre questi ha già i segni melanconici della ripresa del lavoro, al lunedì mattino: *Questo di sette è il più grande giorno, pien di speme e di gioia: Dimani tristezza e noia recheran l'ore, ed al travaglio usato ciascun in suo pensier farà ritorno.* Questa poesia fu composta nel 1829 durante l'ultimo periodo trascorso da Leopardi a Recanati.

[10] J.L. Chrétien, *Sotto lo sguardo della Bibbia*, 104.

[11] *Proslogion,* 26.

[12] *Sul dovere di amare Dio,* 11,33.

In cammino verso questo tipo di gioia, abbiamo la possibilità di continui "assaggi" e anche di fantasiosi esperimenti, facendo attenzione ai numerosi surrogati che sono offerti e spacciati come ricette miracolose. Perciò la liturgia ci invita a pregare: «O Dio, che unisci in un solo volere le menti dei fedeli, concedi al tuo popolo di amare ciò che comandi e desiderare ciò che prometti, perché, fra le vicende del mondo, là siano fissi i nostri cuori dove è la vera gioia»[13].

Conclusione
Uomini e donne felici

Un marchio indelebile, una specie di stimmate, dovrebbe caratterizzare la nostra vita e divenire sicuro segno di riconoscimento: la gioia. Lasciamoci istruire da Papa Francesco che, come già ricordato in apertura, scrisse dapprima *Evangelii gaudium,* poi *Amoris laetitia* e infine *Gaudete ed exsultate,* con voluta insistenza sul tema.

Mi trovavo un giorno in Brasile e rimasi bene impressionato quando, camminando lungo un marciapiede, fui attirato da un singolare cartello posto vicino al campanello di una casa: "Qui vive una famiglia felice". La casa era popolare, non una reggia né un castello e, perciò, viveva una famiglia come tante altre. Eppure mi impressionò molto positivamente quella fanciullesca schiettezza di rendere gli altri partecipi del proprio mondo familiare e dei propri sentimenti. Presumo che non siano mancate anche in quella casa difficoltà, incomprensioni e qualche bega, eppure quel simpatico cartello denotava che la gioia legava in comunione i membri di quella famiglia che sentiva il bisogno, quasi il dovere, di comunicarlo agli altri. Possiamo anche noi metterne uno simile accanto al campanello di casa? E anche se non collochiamo nessun cartello, chi viene da noi o ci incontra per strada o in qualunque altra occasione, potrebbe dire che siamo persone felici? Sarebbe un bel servizio sociale e una salutare ventata positiva, anche senza proferire parola.

Potrebbe diventare un impegno per tutti noi, sollecitati a vivere di gioia e perfino a morire di gioia, come ipotizzato da André Chouraqui che propose qualcosa di singolare: «Una tomba è spesso un nome, due date, un epitaffio. Se dovessi comporre il mio, non avrebbe che tre parole: "Natan André Chouraqui –

[13] Preghiera di colletta della XXI domenica del Tempo Ordinario.

1917… - morto di gioia»[14]. Anche la morte, normalmente rappresentata in modo spettrale e causa di angoscia, potrebbe rientrare nel campo della gioia. Quella di Chouraqui deve essere considerata una geniale intuizione, più efficace di mille parole, certamente frutto di un'esistenza gioiosa.

Se saremo persone gioiose, pur senza scriverlo come epitaffio sulla nostra tomba, sarà la più sostanziosa eredità, il nostro luminoso contributo, la scia di luce che continuerà a brillare nel cuore di coloro che ci hanno incontrato.

[14] Citato da P. Giuntella, *L'aratro, l'ipod e le stelle*, Paoline, Milano 2008, 151. André Chouraqui, nato ad Algeri nel 1917 e morto a Gerusalemme nel 2007, scrittore e filosofo francese, ebreo di origine algerina, si sentiva "cittadino del Mediterraneo". Già vicesindaco di Gerusalemme, si impegnò tenacemente nella promozione del dialogo interreligioso tra Ebraismo, Cristianesimo e Islam. Poteva vantarsi di essere stato l'unico intellettuale contemporaneo ad aver tradotto la *Torah*, l'Antico Testamento, il Nuovo Testamento e il Corano dalle lingue originali: ebraico, greco e arabo.

Appendice 1
La giornata della felicità istituita dall'ONU

Già abituati da tempo alle giornate "classiche" della mamma, del papà, della donna, non riusciamo facilmente ad assuefarci alle nuove, perché sempre più sommersi da infinite ricorrenze, istituite da ONU e UNESCO e quindi a carattere mondiale, come la giornata della salute, del libro, della televisione, dei migranti, della montagna, dell'aviazione civile, dell'acqua, della poesia, del disarmo, contro le mine... sfiorando per il momento la quarantina[15]. Non poteva mancare quella della felicità. La scelta del 20 marzo va ascritta al consigliere speciale dell'ONU Jayme Illien che volle celebrare l'equinozio di primavera, un appuntamento molto sentito da numerose popolazioni in varie parti del globo.

L'iniziativa trovò plauso e pure aspro contrasto, come si legge nel *blog* di Fabio Balocco. Il titolo *La giornata della felicità, una baggianata inventata dall'ONU* che non lascia margini di incertezza[16]. L'Autore, con piglio aggressivo e con chiara documentazione, scrive: «Del resto, basterebbe che questi soloni uscissero dal loro bel Palazzo di Vetro, per toccare con mano cos'è lo sviluppo che li circonda. Gli Stati Uniti sono il maggior consumatore di risorse al mondo, con una impronta ecologica pari a 9,6, contro lo 0,8 dell'Etiopia. Con il risultato consequenziale che l'*overshoot day,* cioè il giorno in cui durante l'anno si sono già consumate le risorse della Terra, nel 2017 è caduto **il** 2 agosto (questo non si celebra, neh?): mai così presto da quando fu istituito. Ma almeno gli Usa hanno eliminato la povertà (che dovrebbe essere eradicata secondo i soloni dell'Onu)? Manco per idea. Come ricorda l'amica Elisabetta Grande nel suo *Guai ai poveri. La faccia triste dell'America*, nel 2015 la metà degli americani aveva un salario mensile ai limiti della sopravvivenza. In compenso negli *States* l'1% più ricco della popolazione possiede oltre il 37% della ricchezza nazionale. E poi ancora, una curiosità: chi sono i poveri per i rappresentanti delle Nazioni Unite? Sono poveri e debbono essere sviluppati anche i Sentinelesi delle Andamane o gli Yanomani dell'Amazzonia o i Penan del Borneo? E sono infelici questi che chiamiamo "uomini primitivi"? E infine: è con lo sviluppo, sostenibile o meno, che si raggiunge la felicità? O non aveva magari ragione un altro americano, l'economista Richard Easterlin, che scoprì "il paradosso della felicità", e cioè che all'aumentare della ricchezza, la felicità aumentava in un primo momento, poi viveva una breve stagione di equilibrio e poi giù, di nuovo verso l'infelicità. Tradotto, molto banalmente: i soldi non fanno la felicità».

In occasione di questa giornata è pubblicato dal Palazzo di Vetro il nuovo *Rapporto Mondiale sulla Felicità* che mette in scala i Paesi più felici. Quello del 2018 colloca al primo posto la Finlandia, segue la Norvegia che aveva il primato l'anno precedente, e poi Danimarca, Islanda, Svizzera, Olanda, Canada. Nuova Zelanda, Svezia e Australia. Queste le *top ten* che di ore di sole ne hanno ben poche, quando

[15] I mesi più "produttivi" sono novembre e dicembre con 11 giornate ciascuno.
[16] *IlFattoQuotidiano.it* del 20 marzo 2018.

sappiamo che la luce solare è un fattore di allegria e di serenità. Gli indicatori presi in considerazione sono PIL pro capite, sostegno sociale, speranza di vita, libertà, generosità e assenza di corruzione. L'Italia occupa il 47mo posto.

Sono davvero i popoli più felici, solo perché rispondono ai parametri proposti? Come si spiegano allora l'alto numero di suicidi e la presenza di alcuni problemi tipici dei popoli ricchi, come l'anoressia? Forse un po' di sole, una vita all'aria aperta, un ritmo meno stressato non sono fattori che potrebbero entrare nel paniere che misura la felicità? Molti popoli hanno questi indicatori e mancano di quelli ufficiali. Alla fine chi è più felice?

Ancora una volta dobbiamo costatare che il discorso sulla felicità è complesso e la sua misurazione, pur nel rispetto degli studiosi e nel riconoscimento della loro onestà scientifica, non è certo "a portata di mano".

Appendice 2
Libri e Film sul tema

Il tema della felicità è troppo ghiotto per non attirare l'attenzione di scrittori e di registi che ne trattano ampiamente e talora lo collocano vistosamente anche nel titolo. Solo per amore di concretezza, richiamiamo alcuni titoli, prima di libri e poi di film.

Libri

Giulia Calligaro, *La prossima felicità. Storie di persone libere, resistenti, felici,* Altreconomia, Milano 2018.
Sono raccolte 12 storie di persone che hanno scelto di vivere fuori dai percorsi abituali della felicità, come denaro, successo, *social.* Quelle proposte dall'Autrice sono strade senza dubbio più autentiche, in cui la felicità si incontra più spesso e proprio per questo rappresentano l'alternativa a quello che sembra l'unico modello di vita possibile. Non sono eroi, non sono popolari, né appaiono sulle copertine patinate delle riviste, eppure sono capaci di seguire i loro sogni. La Calligaro incontra questi "resistenti" e li trasmette in una dozzina di storie di felicità alternativa, di semplicità volontaria, di calma inquietudine, di saggezza che non fa proseliti, ma è affascinante da incontrare, perché regala speranza.

Raphaëlle Giordano, *La felicità arriva quando scegli di cambiare vita,* Garzanti, Milano 2018.
Un romanzo delizioso che, con una storia semplice e un linguaggio diretto, fa presa sui lettori, spronandoli a fare attenzione ad alcuni messaggi molto importanti che potrebbero cambiare la loro vita. Combattere l'arroganza con la sola gentilezza è possibile? Romane, un'insegnante dalle proposte insolite pensa di sì. Staccare il biglietto di sola andata per la felicità è possibile. Bisogna mettersi in gioco.

Meik WIking, *Hygge, La via danese alla felicità*, Mondadori, Milano 2017.

L'autore è direttore dell'*Happiness Research Institute* di Copenaghen e ha studiato la vita danese di cui ora dà i risultati in fatto di felicità. Da molti anni la Danimarca è ai primissimi posti dei Paesi più felici del mondo. Il motivo è uno e si chiama *hygge,* parola da sperimentare più che da capire. È la sensazione di essere a casa, protetti e al sicuro, conversando sulle piccole o grandi cose della vita, oppure sorseggiando una tazza di thè da soli. Meik ha passato anni a studiare la magia della vita danese e ora prova a far passare i risultati delle sue esperienze.

Arundhati Roy, *Il ministero della suprema felicità*, Ugo Guanda Editore, Parma 2017. L'Autrice è un'attivista indiana che nel romanzo fa incontrare riti e momenti celebrativi di quel Paese ricco di misterioso fascino che è l'India. Nel racconto affiorano figure potenti e prepotenti che cambiano le sorti, seminano paura e feriscono persone. Il lettore è con leggiadria portato a conoscer sia le strade anguste dei vecchi quartieri di Delhi, sia i suoi più sfarzosi e scintillanti centri commerciali. Una costante contraddizione segna la ricerca della felicità in quel mondo in cui la vita è fatta di stenti e di oasi dal lusso sfrenato.

Roberto Vecchioni, *La vita che si ama. Storie di felicità,* Einaudi, Torino 2016. Conosciuto più come cantautore, Roberto Vecchioni si cimenta anche con la scrittura e in particolare con l'enigmatico tema della felicità che, secondo lui, è una presenza costante e corre parallela a noi. Dobbiamo solo imparare a vederla, senza farci abbagliare. Il libro contiene anche una lettera ai figli, anzi, parte proprio da qui, mostrando anche la sua sensibilità di padre e di docente che si sforza di insegnare ad imbrigliare la felicità. Si tratta di un viaggio personale che però tutti possono condividere, in cui nulla si perde e nel quale si incontrano passato, presente e futuro.

Film

Mister felicità, commedia, 2017, regia di Alessandro Siani, lui stesso attore insieme a Diego Abatantuono e Carla Signoris. La vicenda presenta un certo Martino (lo stesso regista), uno spiantato che vive a casa di sua sorella, donna delle pulizie del dottor Guglielmo Gioia, *mental coach.* Purtroppo la sorella si ammala e lui è costretto a darsi da fare e a lavorare al suo posto per pagarle cure molte costose, occasione che gli permetterà di sostituirsi al dottor Gioia durante la sua assenza, diventando a sua volta Mister Felicità.

Sentiamo la valutazione di Siani, regista e attore: «Mister Felicità è un titolo importante, addirittura ingombrante per un film comico, ma è l'unica espressione azzeccata per raccontare la storia di uno spiantato Martino de Simone, un inguaribile sornione, dai modi indolenti e dall'anima nostalgica napoletana. Sarà proprio lui a rendersi protagonista di una meravigliosa storia di "rinascita emotiva". Sì, proprio la rinascita emotiva è il motore autoriale che si è acceso in me e che mi ha dato lo stimolo per mettere in piedi un nuovo progetto cinematografico che raccontasse le differenze tra ottimismo e pessimismo, tra pensiero negativo e pensiero positivo, tra capacità di chi sa reagire ad una "caduta" e chi invece ha la completa mancanza di forza nell'affrontare i mille inciampi che purtroppo ci offre la vita.

Diego Abatantuono è un'icona comica e su questo non ci piove. Ma è stato anche un riferimento straordinario in alcune scelte tematiche del film. È un attore profondo e anche un grande improvvisatore. Elena Cucci un grande talento, una mancata pattinatrice e un'attrice centrata. Carla Signoris un'autentica fuoriclasse, e infine la scoperta comica che più mi ha stupito: Cristiana Dell'Anna. In questo periodo di gran confusione in cui le persone non hanno più fiducia in nessuno non è facile portare gioia nel cuore della gente… e questo è il compito arduo di Mister Felicità».

La ricerca della felicità, drammatico, 2006, regia di Gabriele Muccino, con Will Smith, Jaden Smith e Thandie Newton. Il titolo originale, *The pursuit of Happiness,* riprende esattamente l'espressione che si trova nella Dichiarazione di Indipendenza degli Stati Uniti. È raccontata la vicenda di Chris, padre affettuoso di un bambino di cinque anni, purtroppo senza lavoro. Con tenacia e intraprendenza, indossando sempre il suo abito migliore e con l'orgoglio di chi non vuole mollare, riesce a trovare una porzione di felicità.

Chiedimi se sono felice, commedia, 2000, regia del trio comico Aldo, Giovanni e Giacomo e di Massimo Venier. I tre si interrogano sulla felicità, che sembra risiedere proprio nella loro amicizia. Il film ottenne un grande successo, a tal punto da diventare con 28.458.894 euro campione d'incassi nell'annata 2000/2001 e, in data marzo 2018, mantiene il dodicesimo posto di film italiano più visto.

LA FAMIGLIA, EPIFANIA DELLA MOLTEPLICE FECONDITÀ DI DIO

La felicità familiare secondo il Salmo 128(127)

«La famiglia è culla della vita e scuola di accoglienza e di amore» twittava Papa Francesco in occasione della visita in Irlanda per l'incontro mondiale delle famiglie il 24-25 agosto 2018. Una frase veloce, proprio un cinguettio come si esprime la lingua inglese, per ribadire solennemente la verità che la famiglia è portatrice di grandi valori.

Per capire meglio la famiglia e il suo ruolo, ci rifacciamo alle origini, alla potenza sorgiva della Parola di Dio, sempre attuale, fresca e feconda. Guardiamo al fondamento di ogni discorso, cioè al progetto divino che si riflette nel creato, chiamato a diventare lo specchio di Dio. Per questo la famiglia è invitata a farsi epifania di Dio, qui considerata nella dimensione specifica della fecondità.

Oltre che religioso, il taglio sarà prevalentemente positivo. Non mancheranno accenni a situazioni allarmanti o disastrose, proprio dalle quali prenderà avvio il discorso. Resterà comunque un accenno, abbastanza marginale nell'economia dell'insieme. Con questa scelta non si intendono minimizzare la cruda problematica e la situazione difficile che stanno sotto i nostri occhi, non si intende annacquare o risolvere semplicisticamente un problema complesso; si vuole piuttosto risalire alla fonte, indicare gli ideali, incoraggiare a continuare la strada da molti intrapresa e seguita, anche se con sforzi notevoli e oppressi talora da dubbi, o tentati di cedere sotto il peso degli insuccessi. È una scelta pasquale, in marcia verso la gloria della risurrezione, con la convinzione che non si può aggirare la collina del Calvario e che bisogna salirvi sopra per avere la condizione della risurrezione.

Sguardo alla realtà: la famiglia e i suoi problemi

La famiglia si trova oggi nell'occhio del ciclone. Ha subìto diversi attentati, è ferita, quasi colpita a morte, rischia di affondare[17]. Si trova in mezzo al guado, avendo lasciato la sponda di un'identità che la individuava e la proteggeva.

[17] Cf G. Salvini, *Separazioni e divorzi in Italia,* Civiltà Cattolica del 24 ottobre 2012 (anno 163, quaderno 3896, 153-156). Si legge a p. 153: «Se nel 1995 ogni 1.000 matrimoni si contavano 158 separazioni e 80 divorzi, nel 2010 le separazioni sono salite a 307 e i divorzi a 182 (cioè più che raddoppiati). Questo aumento, confrontato con il numero di matrimoni che tende a diminuire ogni anno, indica che l'unione coniugale è sempre più fragile. Si separa una coppia su tre». Dopo pochi anni da quella statistica, la situazione è ulteriormente peggiorata.

Pensiamo alla famiglia patriarcale di cento anni fa, con ruoli ben definiti e compiti precisi: il padre sapeva bene che cosa dovesse fare, così la madre, i figli, i nonni. La famiglia gestiva certi ambiti come il tempo e l'educazione.

La situazione attuale appare notevolmente cambiata. I ritmi di vita sono spesso stressanti, i turni lavorativi rischiano di frantumare l'armonia del ritmo familiare, alcune professioni obbligano a stare molto tempo lontano da casa, i ruoli sono mescolati e, peggio ancora, confusi. Si sono introdotte agenzie educative a cui demandare quello che un tempo era della famiglia: si pensi alla scuola che organizza il tempo (scuola a tempo pieno o prolungato), ai bambini affidati ai nonni, alla *baby sitter*, all'asilo nido per gran parte della giornata, ai padri che stanno a casa dal lavoro 'in paternità', mentre una volta si conosceva solo l'interruzione del lavoro per 'maternità'. Ci sono poi le migrazioni con tutto il carico di conseguenze per la vita familiare.

Con realismo e oggettività la situazione attuale è ben fotografata da Papa Francesco nei numeri 31-49 di *Amoris laetitia,* l'Esortazione apostolica postsinodale sull'amore nella famiglia. Sono tante le problematiche che affliggono la famiglia, da mettere in forse la sua stessa sussistenza. Leggiamo al numero 40: «A rischio di banalizzare, potremmo dire che viviamo in una cultura che spinge i giovani a non formare una famiglia, perché mancano loro possibilità per il futuro. Ma questa stessa cultura presenta ad altri così tante opzioni che anch'essi sono dissuasi dal formare una famiglia».

Ovviamente non lasciamo spazio al pessimismo, né viviamo di nostalgia inconcludente. Guardandoci attorno, possiamo vedere ancora non poche famiglie ben solide ed esemplari, perché fondate su rispetto, collaborazione, autentico amore, capacità di affrontare le inevitabii difficoltà. La famiglia rimane un valore insostituibile anche per la società, oltre che per la persona, come leggiamo ancora in *Amoris laetitia* al numero 52: «Nessuno può pensare che indebolire la famiglia come società naturale fondata sul matrimonio sia qualcosa che giova alla società. Accade il contrario: pregiudica la maturazione delle persone, la cura dei valori comunitari e lo sviluppo etico delle città e dei villaggi».

Alle nostre spalle non esiste solo il colore rosa del bello, esistono anche colori scuri. Pensiamo alle tragedie familiari al tempo delle due guerre mondiali con feriti, morti e dispersi, alle penose condizioni finanziarie, all'alta mortalità infantile e all'inadeguata assistenza sanitaria, solo per fare qualche esempio. Perciò non viviamo di rimpianti. Al contrario, siamo sorretti da una serena motivazione di fede: il Signore ci ha chiamati a vivere in questo tempo e vuole la nostra collaborazione per la famiglia nell'attuale condizione storica. Quindi, nessuna fuga all'indietro, come nessuna accelerazione in avanti. Accettiamo la famiglia in trasformazione, intendendo per trasformazione quel sano ed equilibrato adattamento che garantisce la continuità della vita. Tutto ciò che vive si trasforma. Sarà nostro compito favorire e promuovere una trasformazione che porti a un autentico progresso e che vada a beneficio di tutti, non solo di qualcuno o di qualche popolo o gruppo. Allora scopriremo che la trasformazione produce quel bene che si chiama adattabilità e che la vita potrà reggersi e svilupparsi. Essa ha bisogno di alcune costanti: sia io un bambino, un adulto o un anziano, devo mangiare, devo respirare, devo muovermi. Accanto a queste esigenze fisiologiche, si collocano quelle interiori: ho bisogno di nutrirmi di ideali, di dare e di ricevere amore, vero ossigeno dell'anima, di sentire la mia vita come un valore che devo difendere e accrescere. Nuove forme di adattabilità si affiancano a quelle antiche, dando origine a quella felice mistura che unisce e valorizza nuovo e antico. In termini più definitori potremmo sintetizzare così: novità nella continuità, modernità nella tradizione.

La famiglia è un istituto naturale, prima cellula della società, e si potrebbe anche dire istituzione divina, perché chiamata a imitare il Creatore, a essere epifania della sua fecondità. Il nostro discorso non si incanalerà lungo i sentieri della psicologia o della sociologia che lasciamo percorrere agli specialisti. Facciamo una precisa scelta di campo e chiediamo alla Parola di Dio la grazia di un po' di luce.

Prendiamo il salmo 128(127), consci che tratteggia la famiglia in modo un po' semplificato e idealizzato, eppure in modo altrettanto stimolante nell'offrirci un modello di riferimento con il quale confrontarci per scelte di maturità e di progresso, secondo il progetto divino.

Il Salmo 128(127): «Beato chi teme il Signore…»

Il salmo è una composizione sapienziale che, sebbene breve perché formato da sole 45 parole che si riducono a 28 se prese una volta sola, trasuda tanta pace, serenità, felicità. Partito con un delizioso quadretto familiare, è amplificato nel finale dalla benedizione a tutto il popolo nel solenne contesto della liturgia del Tempio. Appartiene al gruppo dei *Canti delle salite*, salmi pregati dai pellegrini mentre salivano a Gerusalemme per un "incontro ravvicinato" con Dio nel Tempio.

Il testo del salmo

1 *Canto delle salite.*
Beato chi teme il Signore e cammina nelle sue vie. prima strofa: beatitudine

2 *Della fatica delle tue mani ti nutrirai,*
sarai felice e avrai ogni bene.

3 *La tua sposa come vite feconda nell'intimità della tua casa;*
i tuoi figli come virgulti d'ulivo intorno alla tua mensa.

4 *Ecco com'è benedetto l'uomo che teme il Signore.* seconda strofa: benedizione

5 *Ti benedica il Signore da Sion.*
Possa tu vedere il bene di Gerusalemme tutti i giorni della tua vita!

6 *Possa tu vedere i figli dei tuoi figli!*
Pace su Israele!

Struttura
La struttura risulta chiara per le due parti omogenee, i vv 1-3 e 4-6. La prima è tuffata nel verde della natura e nella serenità di un focolare, la seconda è solenne e liturgica, sotto il manto della benedizione sacerdotale. Le due parti sono collegate tra loro perché, alla beatitudine della prima parte («beato» al v. 1 e «felice» al v. 2), fa riscontro la benedizione della seconda parte («benedetto» del v. 4 e «ti benedica» del v. 5). Nel mondo ebraico la benedizione sacerdotale equivale alla beatitudine. La seconda strofa infatti ripropone una felicità analoga a quella della prima strofa, con la differenza che ora a beneficiarne è tutto il popolo.

Commento
Il salmo è una beatitudine che canta la felicità della vita familiare nel contesto di Gerusalemme e di Israele. La vita familiare è presentata come un quadretto quasi oleografico, tutto colore e luce, con ruoli ben precisi: «Il padre lavora per procacciarsi il sostentamento, la madre, nascosta e riservata, attende alla casa; i figli portano la loro gioia e il loro appetito a tavola. La tavola o mensa simbolizza e realizza l'unità familiare»[18].

Si inizia con una beatitudine: «Beato chi...». Non è forse la felicità il segreto meccanismo che muove tutto il nostro agire, l'esigenza profonda del nostro essere? Tutto quello che facciamo, è in vista della felicità. Ecco dunque

[18] L. Alonso Schökel – C. Carniti, *I Salmi*, II, Borla, Roma 1993, 686.

l'autore biblico che offre la mappa che porta al tesoro. Siamo davanti a un assioma biblico, a una di quelle verità che stanno alla base di tutto, una specie di 'protoverità': beato, felice l'uomo che teme Dio.

Il «timore di Dio» non è da assimilare o da confondere con la paura, anche se talora i due termini sono sinonimi. C'è un timore-paura con senso negativo e c'è un timore-amore con senso positivo[19]. Ricorda san Giovanni nella sua *Prima Lettera*: «Nell'amore non c'è timore, al contrario l'amore perfetto scaccia il timore, perché il timore suppone un castigo e chi teme non è perfetto nell'amore» (1Gv 4,18). Già l'Antico Testamento aveva abbinato alla parola che esprime il timore altre che indicano confidenza, sicurezza, gioia, amore: il timore è la condizione per la conoscenza di Dio nel Sal 25,5 («Guidami nella tua fedeltà e istruiscimi, perché tu sei il Dio della mia salvezza»), è sinonimo di confidenza e di fiducia in Lui nel Sal 40,5 («Beato l'uomo che ha posto la sua fiducia nel Signore»), espressione di filiale riconoscenza per il perdono ricevuto nel Sal 130,3-4 («Se consideri la colpa, Signore, Signore chi ti può resistere? Ma con te è il perdono: così avremo il tuo timore»), fondamento di ogni vera sapienza nel Sal 111,10 («Principio della sapienza è il timore del Signore: rende saggio chi ne esegue i precetti») e in Pr 1,7 («Il timore del Signore è principio della scienza»), condizione e culmine della felicità umana in Sir 25,11 («Il timore del Signore vale più di ogni cosa; chi lo possiede a chi potrà essere paragonato?. Il timore del Signore è inizio di amore per lui, la fede è inizio di adesione a lui»).

Il timore di cui parla il nostro salmo è il rispetto originato dall'amore, il dinamismo verticale che unisce l'uomo al suo Dio. Da questa unione nasce un impegno di vita che illumina la dimensione orizzontale, quella della quotidianità che fa brillare nel tessuto dei giorni la relazione con Dio: «cammina nelle sue vie». Si vuole con questo indicare che «Nel timore di Dio si esprime l'umile condotta fondamentale dell'uomo, che conosce e riconosce Dio come Signore sopra la sua vita»[20]. Il timore, più che una causa di felicità, è una condizione essenziale. È sempre Dio che, con la sua benedizione, crea le realtà felicitanti che l'uomo desidera.

Il bene dato da Dio si manifesta dapprima nella produttività. L'uomo che lavora produce qualcosa che gli procura soddisfazione. Anche se non manca la fatica, questa è finalizzata a un bene e dal sudore spunta una messe di successi.

---

[19] Il termine greco è *phobos* con significato sia positivo sia negativo. Dal termine greco deriva l'italiano *fobia* che ha sempre un'accezione negativa.

[20] A. Weiser, *I Salmi*, II, Paideia, Brescia 1984, 844.

Contro il lavoro sterile dei senza-Dio[21], l'autore si avvicina alla teologia del lavoro enunciata dal Deuteronomio[22]. È una teologia semplificata e ottimistica che intende mostrare subito i risultati che si espandono dall'individuo alla più piccola aggregazione sociale, la famiglia. Questa partecipa della fecondità che è già patrimonio del capofamiglia ('uomo' dei vv. 1-2, l'ulivo da cui provengono i virgulti del v. 3). La vita, in espansione a tutti i livelli, è simboleggiata dalla donna, la generatrice per antonomasia e dai figli, risultato di fecondità, premessa e condizione per una futura fecondità: «La tua sposa come vite feconda... i tuoi figli come virgulti di olivo» (v. 3). Vite e olivo erano due delle piante più diffuse, sin dai tempi preisraelitici e di quelle più apprezzate, amate e coltivate dagli ebrei. In particolare l'ulivo è unico in quanto resta sempre verde e fresco tutto l'anno.

La donna è rappresentata come madre e come sposa, uno dei luoghi più comuni della cultura orientale per indicare la continuità e la perennità della vita. È pure una donna autorevole che gode di spazi di autonomia. Il salmo precisa «nell'intimità della tua casa». L'intimità sta ad indicare la parte interna della casa (cf Am 6,10). Le case comuni avevano poco più di un vano e questo serviva a tutti gli usi, come lavorare, mangiare, dormire. Al contrario, le case delle famiglie più agiate avevano due parti: il cortile, aperto a tutti e quella più interna, riservata ai familiari. Il salmo mostra una donna che si muove con autorevolezza nella casa, disponendo e organizzando tutto (cf Pr 31,10-31). È un modo delicato e poetico di rappresentare la vita: la donna che comanda dentro la casa è paragonata a una vigna fruttuosa e i figli radunati intorno al tavolo ai piantoni dell'olivo che attecchiscono bene. Queste parole emanano una freschezza salutare e contengono la gioia della vita e la forza vitale. Le immagini sono più ricche di quanto può percepire la nostra intelligenza e di quanto può cogliere la nostra mentalità. Per l'uomo biblico vite e olivo sono considerati come il dono della benedizione divina. La gioia della famiglia è sperimentata come gioia in Dio, come frutto della sua benedizione. È quindi eminentemente di tipo religioso. L'uomo e la sua famiglia che ne sono i destinatari, diventano i segni viventi, il sacramento e l'epifania dell'amore generoso e produttivo di Dio. Implicitamente è affermato il loro dovere di essere i testimoni di tale amore. Perciò la famiglia diventa epifania di quella fecondità che ha in Dio la sua radice e la sua causa.

[21] Cf Sal 127,2.
[22] Cf Dt 28,1-12.

Nel vincolo spirituale con Dio sta il godimento del prodotto del proprio lavoro. Si tratta di una benedizione e di una gioia che non si addicono al lavoro in quanto tale, ma al lavoro in comunione con Dio. Il mondo biblico ha sempre apprezzato il lavoro manuale, iniziando il libro sacro con Dio che si riposa dopo una settimana operosa. Nondimeno Gesù onorerà la fatica quotidiana sottomettendosi alla comune legge del lavoro manuale, finché non inizierà la vita apostolica. Da allora il suo "lavoro" diventerà la predicazione apostolica, incontrare persone, guarire ammalati, spalancare gli orizzonti del Regno di Dio.

La prima strofa allarga la prospettiva familiare, passando dalla relazione con la moglie a quella dei figli. L'importanza della prole e della fecondità entrò a far parte anche della liturgia che se ne servì per presentare la visione divina della vita. Prole e felicità passano dal piano strettamente familiare a quello collettivo nazionale. Ecco la seconda parte del salmo.

Il v. 4 riassume la tematica esposta e crea connessione tra felicità e benedizione: «Il pellegrino fedele alla volontà del Signore, mediante la benedizione liturgica (v. 5), partecipa alla grande benedizione stabilita per Gerusalemme [...]. Con questa invocazione di pace si stabilisce un legame più stretto tra la vita dei pellegrini, figli di Israele, e la loro madre, Sion (v. 6)»[23].

La benedizione è pure fecondità e risponde ad alcune caratteristiche[24]:

1. La sorgente della benedizione è sempre Dio, presente nella città santa.
2. Il primo contenuto della benedizione è comunitario: il bene che al v. 2 era destinato al singolo diventa patrimonio di tutto Israele.
3. La benedizione ha una fecondità che si estende su tutto l'arco dell'esistenza «per tutti i giorni della tua vita». Si tratta di una benedizione efficace, costitutiva, teologica, che non conosce le altalene o le incrinature degli impegni umani.
4. La benedizione crea una fecondità che si perpetua «possa tu vedere i figli dei tuoi figli».
5. La benedizione è quindi un'esperienza complessa e totalizzante, fisica e spirituale, biologica e interiore. Entrare nel mondo di Dio significa partecipare della sua divinità, della sua totalità: «Possa tu vedere la prosperità (ebraico *tov* = bene) di Gerusalemme», il *tov* è tutto quanto di meglio si possa augurare, l'insieme di quei beni che arricchiscono e rendono tale la vita[25].

---

[23] T. Lorenzin, *I Salmi*, Paoline, Milano 2000, 487.

[24] Cf G. Ravasi, *Il libro dei salmi*, III, EDB, Bologna 1984, 612.

[25] Sul significato di *tov* cf G. Camisasca, *La bellezza e il suo artefice. Alcuni termini del vocabolario della bellezza in ebraico biblico*, Cantagalli, Siena 2017.

6. La pace (ebraico *shalom*) è un'altra presentazione della benedizione nella sua dimensione sociale, spirituale e corporale, messianica.
7. Il sottofondo generale che accompagna la benedizione è quello della morale della retribuzione, secondo la quale il buon comportamento dell'uomo attira la benedizione divina. Il salmo diventa un canto della rettitudine umana, oltre che della munificenza divina.

Nella teologia del mondo biblico la benedizione diventa realtà visibile, quasi palpabile, nella fecondità familiare. Ecco perché il salmo trova ampio uso nella liturgia nuziale, sia in quella ebraica che lo cita spesso nella *kettubah* (il contratto matrimoniale), sia in quella cristiana che lo fa acclamare nella festa della Santa Famiglia e nella messa degli sposi.

Coroniamo il commento di questo suggestivo salmo che esalta la vita familiare con un brano della liturgia sinagogale, tolto dalle *Sette benedizioni per le nozze*[26]*:*

Benedetto o Signore Dio nostro e re del mondo,
creatore del frutto della vite.
Benedetto o Signore che creasti tutto per la tua gloria.
Benedetto o Signore che creasti un giorno per l'uomo.
Benedetto o Signore che creasti l'uomo a tua somiglianza
e per lui stabilisti di procreare e di moltiplicarsi.
Si rallegri e gioisca la donna
quando i figli avrà raccolti in seno alla famiglia.
Benedetto il Signore che si rallegra
quando i suoi figli si raccolgono e tornano a Sion.
Siano allegri tutti i presenti rievocando insieme
la gioia che regnava al giorno della creazione.
Benedetto o Signore che hai concesso allo sposo e alla sposa
giubilo e canto, gioia e contentezza,
amore e pace, fratellanza e amicizia.
Possano presto Signore risuonare grida di gioia
anche a Gerusalemme città santa.
Possa levarsi piena la voce giubilante dello sposo
e quella della sposa e i cori gioiosi
di chi alla loro gioia si accompagna.
Benedetto o Signore che rallegri lo sposo con la sposa!

---

[26] E. Kopciowski, *Ascolta, Israele. Preghiere, meditazioni e inni ebraici,* Paoline, Milano 1983, 122-123.

Applicazioni

Alla fine, sembra proficuo, quasi doveroso, raccogliere alcune linee operative sotto forma di decalogo della felicità familiare, o, se si preferisce, di elenco di beatitudini per la famiglia del nostro tempo.

1. Beata la famiglia che trova e vive la sua connessione con Dio, che è capace di intersecare la linea verticale del timore di Dio con la linea orizzontale del camminare nelle sue vie.

2. Beata la famiglia in cui il lavoro è ricercato e onorato, considerato un mezzo di sostentamento e anche un servizio agli altri, occasione di collaborazione per continuare l'opera del Creatore.

3. Beata la famiglia che distingue e rispetta i ruoli – padre, madre, figli e poi anche nonni, zii... - senza confusioni o sopraffazioni, pronta a fare della diversità una ricchezza e non una conflittualità. Se ciascuno darà e riceverà rispetto e amore, stare insieme sarà gioia, allontanarsi nostalgia, ritornare festa.

4. Beata la famiglia che trova il tempo per dialogare, stare insieme, svagarsi, senza essere schiava della televisione, dello *smartphone*, del computer o di qualsiasi altro oggetto, utile per il lavoro e lo svago, ma incapace di creare relazioni umane stabili, durature, costruttive.

5. Beata la famiglia aperta alla vita, che accoglie i figli come un dono, permettendo loro di crescere come virgulti di ulivo, rispettando e valorizzando la loro sensibilità e la loro vocazione.

6. Beati i figli che conserveranno viva la memoria di essere polloni spuntati dal tronco dei loro genitori, di essere virgulti di un amore stagionato.

7. Beata la famiglia che trasforma i contrasti non in dramma, ma in palestra per crescere, impegnata nel ricomporre a sera eventuali cocci formatisi durante il giorno e pronta a rinnovarsi ogni mattina come la luce del sole, ogni giorno sempre nuova.

8. Beata la famiglia disposta a cercare e a costruire una positiva relazione con altre famiglie, nella convinzione che gli oltre sette miliardi e mezzo di persone che vivono oggi sulla terra appartengono tutte alla grande famiglia umana.

9. Beata la famiglia che aprirà la propria casa ai meno fortunati, permettendo loro di sedere alla mensa della condivisione e della compartecipazione. Beata la famiglia che lavora per vedere la prosperità di Gerusalemme (= gli altri uomini).

10. Beata la famiglia che vive in sintonia con l'universo, che non vive di ricordi, ma che si apre alla speranza di un domani che è chiamata a costruire con l'impegno dell'oggi. «Pace su Israele», più che una giaculatoria, è un programma

di vita, un ideale da tenere sul tavolo di lavoro per ricordarsi di concretizzarlo un poco ogni giorno.

Semplice e arioso, e nello stesso tempo anche solenne, il salmo appare come un canto augurale per il possesso delle vere gioie familiari. Dio è sempre in grado di riempire le aspirazioni umane e il salmista lo testimonia. Ma è ancora Dio che affida alla famiglia, icona della Trinità, il servizio sociale ed ecclesiale di rappresentare la fecondità divina nello spaccato di ogni giorno. Occorre lasciare spazio e favorire la propaganda di belle notizie che abbiano come protagoniste quelle famiglie capaci di guardare in alto e avanti, nonostante le difficoltà e i problemi quotidiani[27].

Conclusione

Sulla scia di questa nobile missione nel mondo e nella storia, non ci resta che augurare: «Famiglia, diventa ciò che sei!» e pregare perché l'auspicio diventi palpabile realtà.

L'augurio si veste di preghiera. Riportiamo la *Preghiera alla Santa Famiglia* composta da Papa Francesco a conclusione della sua Esortazione apostolica *Amoris laetitia*:

Gesù, Maria e Giuseppe,
in voi contempliamo,
lo splendore del vero amore,
a voi, fiduciosi, ci affidiamo

Santa Famiglia di Nazaret,
rendi anche le nostre famiglie
luoghi di comunione e cenacoli di preghiera,
autentiche scuole del Vangelo
e piccole Chiese domestiche.

[27] Meritano di essere citati due esempi di informazione positiva. Il quotidiano *Corriere della Sera* pubblica ogni martedì l'inserto *Buone notizie. L'impresa del bene* che riporta fatti e personaggi impegnati sul fronte del bene, di cui spesso sono protagoniste le famiglie. In modo analogo il programma televisivo *Tutto il bello che c'è* di RAI2 in onda il giovedì alle 13.30 riferisce solo belle notizie e dà risalto a personaggi operatori di bene (palinsesto del settembre 2018).

Santa Famiglia di Nazaret,
mai più ci siano nelle famiglie
episodi di violenza, di chiusura e di divisione;
che chiunque sia stato ferito o scandalizzato
venga prontamente confortato e guarito.

Santa Famiglia di Nazaret,
fa' che tutti ci rendiamo consapevoli
del carattere sacro e inviolabile della famiglia,
della sua bellezza nel progetto di Dio.

Gesù, Maria e Giuseppe.
Ascoltateci e accogliete la nostra supplica.
Amen.

GIOIA E RINNOVAMENTO DEL GIUBILEO
L'antica istituzione biblica riproposta e rivitalizzata

La parola gioia convive con una girandola di sinonimi o termini affini, tra i quali è da annoverare il giubilo. Già conosciamo il suo significato e la sua etimologia, che riproponiamo a beneficio del lettore. Lo si definisce un sentimento di gioia intensa manifestato con parole o anche con atti festosi. Si tratta di un gaudio ineffabile, che non si può esprimere con la lingua, e pure non si può tacere; ecco allora che si manifesta con segni e giocondi atti esterni, come il canto e il riso.

Deriva dal latino *jubilum* che nella lingua popolare significava *gridare*. Per influsso del termine *giubileo,* acquistò nel linguaggio ecclesiastico un'accezione particolare che lo rendeva un *gridare di gioia.*

Considerando che giubilo è connesso a giubileo, cerchiamo di conoscere che cosa sia il giubileo o anno giubilare.

Nel 1300 Papa Bonifacio VIII indisse il primo anno giubilare o anno santo nella storia della Chiesa[28] e si ricollegò per alcuni aspetti a una antichissima istituzione biblica.

Per meglio comprenderla, dobbiamo prima richiamare la situazione speciale, forse unica di Israele, che aveva un'impostazione teocratica. Anche se per circa cinque secoli fu mantenuta, pur con alterne vicende, l'istituzione monarchica, al di sopra del re stava la suprema autorità divina, mediata dalla voce e dall'azione dei profeti. Tale impostazione teocratica è premessa indispensabile per comprendere il 'diritto' di Dio e la sua azione[29]. In questo contesto prendono una certa logicità, quasi ovvietà, l'anno sabbatico e l'anno giubilare. Quest'ultimo trova nella Bibbia la sua collocazione nel contesto dell'anno sabbatico di cui è un prolungamento o, forse, una radicalizzazione. Dalla comprensione del secondo si illuminerà il significato del primo.

Anno sabbatico

Come il sabato, settimo giorno della settimana ebraica[30], arriva quale giorno di riposo dopo la fatica di sei giorni lavorativi, così l'anno sabbatico era inteso

[28] Il 22 febbraio 1300 papa Bonifacio VIII rese ufficiale il giubileo già in corso per quell'anno.

[29] Si veda, per esempio, la vicenda della vigna di Nabot in 1Re 21, o il ruolo di Natan nella promessa della discendenza messianica in 2Sam 7.

[30] Il significato numinoso del numero 7 ha esercitato sempre una forte attrattiva nell'antichità, come segno di totalità. La sua origine non è chiara: qualcuno lo collega con il fenomeno naturale della fase lunare che dura sette giorni; qualcun altro, in modo più complesso, vi riconosce la somma del numero 3 (numero divino della perfezione) con il 4 (numero umano che indica i punti cardinali, la pienezza umana). Esistono poi altre letture come la somma dei 5 pianeti dell'antichità a cui si aggiungevano sole

come anno di inattività (o di liberazione) dopo sei anni di produzione. Esso riguardava sia la terra, sia gli uomini.

Il riposo della terra

Si legge nel libro dell'Esodo: «Per sei anni seminerai la terra e ne raccoglierai il prodotto, ma nel settimo anno non la sfrutterai e la lascerai incolta; ne mangeranno gli indigenti del tuo popolo e ciò che lasceranno sarà divorato dalle bestie della campagna. Così farai per la tua vigne e per il tuo oliveto» (Es 23,10-11). In questo testo l'antico anno sabbatico equivale a riposo della terra. Mentre la moderna scienza agraria sa che effettuando il maggese si ottiene la distruzione delle malerbe, la liberazione del terreno da agenti patogeni per le colture, il miglioramento delle qualità fisiche del suolo, l'esaltazione delle attività della microflora e l'accumulo di acqua nel terreno, i contadini antichi, sprovvisti di specifiche conoscenze, praticavano il maggese fondandosi sulla elementare osservazione di maggiore produttività del terreno dopo un periodo di inattività.

Il contadino palestinese aggiungeva ai motivi agricoli e produttivi altri più spiccatamente socio-teologici: la terra deve riposare ogni sette anni come gli uomini riposano ogni sette giorni a imitazione del Dio creatore (cf Es 20,10-11). Rispetto ad altri testi, qui «ha il sopravvento la motivazione sociale»[31]: il prodotto spontaneo del settimo anno appartiene a tutti, ai poveri in modo particolare, per i quali esisteva una legislazione protettiva[32].

L'affrancamento delle persone

Nel testo di Deuteronomio 15, l'anno sabbatico comporta un riposo che, interessando gli uomini, prende un significato specifico. Nel settimo anno si allontanano le tensioni create nel corso del tempo, si mette a tacere il diritto di una parte per far prevalere il diritto di tutti. Deuteronomio 15,1 parla di *anno di remissione* che assume primariamente un carattere di giustizia sociale dando vita a un principio che sancisce: «Se tuo fratello ebreo o non ebreo si vende a te, ti servirà per sei anni, ma il settimo lo manderai via libero da te» (Dt 15,12). La legislazione del Dt ha voluto trasformare e adattare l'antica normativa alla nuova situazione economico-sociale di Israele nel VII secolo a.C.. La riforma mantiene

e luna. Più tardi, nel Medioevo si leggeva il mistero dell'uomo creato (il numero 4) che cerca Dio (il 3); la somma delle 3 virtù teologali con le 4 cardinali, i 7 dolori della Vergine ecc., cf M. Lurker, *Dizionario delle immagini e dei simboli biblici*, Paoline, Cinisello Balsamo (MI) 1990, 191-192.

[31] B.S. Childs, *Esodo*, Piemme, Casale Monferrato (AL) 1995, 490.

[32] Dt 24,19-21 autorizza tre categorie socialmente povere o a rischio (forestieri, orfani e vedove) a spigolare nel campo dopo la mietitura, a ripassare i rami dopo la bacchiatura degli ulivi e a racimolare dopo la vendemmia. Cf anche la partecipazione alla decima per leviti, orfani e vedove in Dt 14,29.

inalterato il carattere speciale del settimo anno, come dettato della tradizione agricola, ma, parlando della libertà personale e della conseguente soppressione della schiavitù per insolvenza, coinvolge ora anche il campo sociale. Rimane comunque assodato che l'ultima giustificazione si radica nello spessore teologico della vita religiosa di Israele, come dichiara Dt 15,15: «Ti ricorderai che sei stato schiavo nel paese di Egitto e che il Signore tuo Dio ti ha riscattato; perciò io (= Dio) ti do oggi questo comando».

Anno giubilare

Nella legislazione di Levitico 25 – testo più recente dei precedenti - dopo aver trattato dell'anno sabbatico come riposo della terra, si parla di un'altra istituzione, così nuova e originale da non trovare un esatto parallelo presso nessun altro popolo[33]. Intendiamo riferirci all'*anno giubilare.* Esso è una sorta di super-anno-sabbatico che ricorre allo scadere di sette cicli di anni sabbatici, cioè al cinquantesimo anno, e poiché viene annunciato dal suono del *jobel*, strumento fatto con corno di montone, prende il nome di *anno giubilare* o *giubileo* (in ebraico: *sh^{e}nat hajobel*). La trascrizione latina cristiana di *jubilaeus* ha avvicinato il termine a *jubilum* (gioia). Sebbene il senso sia derivato e filologicamente non del tutto corretto, esso esalta un aspetto vero dell'anno: la gioia religiosa e l'esultanza comunitaria che proviene, direttamente o indirettamente, da un'esperienza di liberazione.

Per la sua eccezionalità, per gli obblighi che comportava e per il rinnovamento di vita a cui stimolava, prendeva anche il nome di *anno santo.* Leggiamo nel libro del Levitico: «Dichiarerete santo il cinquantesimo anno e proclamerete la liberazione nel paese per tutti gli abitanti. Sarà per voi un giubileo: ognuno di voi tornerà alla sua proprietà e alla sua famiglia... Non farete né semina né mietitura... Potrete mangiare il prodotto che daranno i campi...» (Lv 25,10-12)[34].

Rispetto ai testi legislativi precedenti, questo si caratterizza come progressista e in parte idealista. Esso unifica il testo dell'Esodo che tratta del

[33] Qualche analogia è reperibile nell'antico mondo babilonese e assiro; a Nuzi, per esempio, sono attestati la liberazione degli schiavi e il condono dei debiti. Non si tratta, però, di eventi a scadenze fisse, ma piuttosto di disposizioni dettate dalla volontà del re. Il *Codice di Hammurapi* (§ 117) stabilisce la liberazione degli schiavi insolventi ogni tre anni, cf *Lexikon für Theologie und Kirche*, V, Herder, Freiburg 1996, 855-856. Se consideriamo solo l'aspetto del ricalcolo della condizione sociale, osserviamo che «è un'idea che travalica i confini spaziali e temporali della civiltà giudaico-cristiana. Essa è già presente infatti nelle sue più profonde radici, in quella culla della civiltà che fu l'area compresa tra il Tigri e l'Eufrate», M. Marrocchi, *I Giubilei*, San Paolo, Cinisello Balsamo (MI) 1997, 8.

[34] Cf un richiamo anche in Lv 27,17-18 e Nm 36,4.

riposo della terra con il testo del Deuteronomio che si interessa alla liberazione degli schiavi. Così facendo mette in rilievo due grandi idee teologiche già abbozzate nei testi più antichi:

- col rispetto della terra si riconosce a Dio il diritto assoluto di proprietà come ricorda il salmo: «Del Signore è la terra e quanto contiene, l'universo e i suoi abitanti» (Sal 24,1*)* e si concede agli uomini, a tutti indistintamente, l'usufrutto della medesima;
- con la liberazione degli schiavi si restituisce dignità ad ogni uomo, ricordando che l'alleanza fra Dio e il suo popolo è così stretta da giustificare l'inalienabile diritto di ogni membro del popolo alla libertà personale. Avendo Dio come unico Signore, l'ebreo non può essere schiavo di nessuno sulla terra.

Il testo del Levitico si propone quindi un ideale di giustizia che ristabilisca uguaglianza tra tutti i cittadini e offra nuove possibilità di vita a quelle famiglie impoverite a tal punto da perdere tutto, perfino la libertà. Parimenti il rispetto della terra mirava a conservare un equilibrio tra gli uomini, evitando sperequazioni.

Qualche studioso ha considerato utopistica questa legislazione, perché di difficile o addirittura impossibile realizzazione, e adduce come prova la sua scarsa o nulla risonanza negli stessi testi biblici[35]. Non sembra infatti che questa istituzione si sia affermata nel post esilio, contrariamente a quella dell'anno sabbatico, di cui rimane testimonianza in Ne 10,32 oppure in 1Mac 6,49.53. Lo stesso numero 49, quadrato di 7, sarebbe un «calcolo teologico» [36]. Effettivamente, alcuni richiami dei profeti (cf Ger 34,8-22) denotano che uno dei principali scopi del giubileo consistente nella liberazione degli schiavi era disatteso, tant'è vero che occorreva intervenire in modo severo [37]. Senza addentrarci in questa problematica non ancora ben chiarita dagli studiosi, ci preme osservare la forte carica propulsiva dell'anno sabbatico in generale e di quello giubilare in particolare.

[35] «Si tratta dunque non tanto d'una legge, quanto d'una meditazione sull'antica legge dell'anno sabbatico. Altrimenti non avremmo tanta utopia. Infatti, rispetto alla legislazione antica che proclamava una liberazione ogni sette anni, questo anno giubilare sarebbe una tragica presa in giro per gli Ebrei indebitati e schiavi: per quasi tutti, una liberazione ogni 50 anni era praticamente una 'non liberazione'», E. Cortese, *Levitico*, Marietti, Casale Monferrato (AL) 1982, 114.

[36] *Ibidem.*

[37] Cf anche Ne 5,1-13 per i prodotti agricoli e per l'insolvenza.

Pedagogia del giubileo e aspetti psicosociali

Anno sabbatico e giubilare intendevano consacrare il diritto di Dio, Creatore e Liberatore, e altresì sollecitare la sensibilità degli uomini verso un cammino di fratellanza e di comunione. Lo possiamo definire un desiderio codificato di legare l'uomo con l'altro uomo e tutti gli uomini con Dio. Ancora una volta la Bibbia mostra che Dio insegna agli uomini come devono comportarsi con Lui e tra di loro. Ne deriva la pedagogia divina e altresì un forte impulso per la vita del singolo e della collettività.

Caratterizzato dalla riconoscenza a Dio per il dono della vita, l'anno del giubileo era anno santo. Il suo ricorso ciclico ogni 50 anni offriva sempre una *chance* e quindi impediva la depressione di chi non vedeva via di uscita. È vero che il tempo era lungo[38], ma il pensiero di un cambiamento produceva senz'altro un poderoso effetto catartico. Alcune pene e angustie della vita potevano sperare di incontrare la parola 'fine'. Si pensi anche all'impatto psicologico di coloro che, divenuti padroni di terreni o di persone, sapevano che dovevano un giorno restituire. Anche questo aspetto limitava, a livello psicologico, lo straripare della tracotanza e il facile sconfinamento nella tirannia.

Letto in termini più positivi, i comportamenti sociali e personali lo trasformarono presto in anno di remissione dei debiti, di liberazione da ogni vincolo di detenzione, di rinnovamento dei rapporti sociali, nel senso di una maggiore solidarietà, fraternità, comprensione. Echeggiano con oltre 2300 anni di anticipo i principi della rivoluzione francese (*liberté, égalité, fraternité*) che stanno a fondamento delle moderne democrazie. Ma, a differenza della rivoluzione francese, il fondamento non era, né il trionfo assoluto della ragione, né una super esaltazione dell'uomo, bensì un concetto squisitamente teologico. Il Dio di Israele, oltre che qualificarsi come la vita per antonomasia, era il Dio della libertà concessa come bene a tutti[39]. il Dio che promuoveva una fraterna uguaglianza. E tutto questo non per una volontà dispotica o semplicemente per una disposizione estrinseca, ma a imitazione di Colui che con un poderoso intervento aveva permesso di gustare il dolce sapore della libertà e di fruire dell'umano calore della condivisione.

La nostra società, presa nel vorticoso correre verso un progresso che rischia talora di essere razzista e schiavistico, ha una rinnovata e preziosa

---

[38] Su richiesta di molti, tra cui santa Brigida di Svezia, Clemente VII con una bolla del 27 gennaio 1349 ridusse a 25 anni la frequenza degli anni giubilari «in ragione della brevità della vita umana». È risaputo che la durata della vita era sensibilmente inferiore all'attuale.

[39] La visione particolaristica e non ancora pienamente universalistica dell'AT si limita a tutto il popolo di Israele, trascurando gli altri popoli.

occasione per riflettere e per rivedere qualcosa: «Anche nella società più avanzata e secolarizzata, quale che sia la nostra collocazione filosofica o religiosa, il rispetto della vita personale e collettiva impone una sosta nella quale i più forti ed i più realizzati si volgano a vedere se nel loro percorso di vita hanno lasciato qualcuno indietro o lo hanno addirittura ignorato o calpestato»[40].

Quello dell'anno sabbatico-giubilare rimane uno dei luminosi esempi che mostrano la felice integrazione del sacro con il profano o, meglio, di quella simbiosi che tende a valorizzare ogni aspetto della vita, partendo dalla fondata idea che Dio vuole il bene di ogni uomo e di tutto l'uomo.

Conclusione
il giubileo "nelle tasche" e nel cuore

Lasciamo risuonare le parole di Papa Francesco nell'udienza di mercoledì 10 febbraio 2016, speciale anno giubilare della misericordia: «Con il giubileo, chi era diventato povero ritornava ad avere il necessario per vivere, e chi era diventato ricco restituiva al povero ciò che gli aveva preso. Il fine era una società basata sull'uguaglianza e la solidarietà, dove la libertà, la terra e il denaro ridiventassero un bene per tutti e non solo per alcuni, come accade adesso, se non sbaglio... Più o meno, le cifre non sono sicure, ma l'ottanta per cento delle ricchezze dell'umanità sono nelle mani di meno del venti per cento della popolazione. È un giubileo – e questo lo dico ricordando la nostra storia di salvezza – per convertirsi, perché il nostro cuore diventi più grande, più generoso, più figlio di Dio, con più amore. Vi dico una cosa: se questo desiderio, se il giubileo non arriva alle tasche, non è vero giubileo. [...] Possiamo dire che il giubileo biblico era un "giubileo della misericordia", perché vissuto nella ricerca del bene del fratello bisognoso. [...] Contribuire a realizzare una terra senza poveri vuol dire costruire una società senza discriminazioni, basata sulla solidarietà che porta a condividere quanto si possiede, in una ripartizione delle risorse fondata sulla fratellanza e sulla giustizia»[41].

Papa Francesco ha richiamato un'antica istituzione e ha mostrato quanto sia attuale. Non ci resta che prenderne atto e fare un sostanzioso proposito, ricordando che, poiché anche "il tempo è denaro", la nostra condivisione, oltre che mettere le mani al portafoglio, deve mettere le mani anche al nostro tempo,

---

[40] G. Franzoni, *Farete riposare la terra*, EdUP, Roma 1996, 34.
[41] *L'Osservatore Romano* di giovedì 11 febbraio 2016, 8.

alle nostre competenze, al nostro impegno di ascoltare l'altro. Tutto contribuisce a farci diventare più misericordiosi, a immagine del Padre che è nei cieli, come presentato e attualizzato da Gesù. Sarà anche questa una delle tante strade che portano alla gioia o, meglio, al giubilo.

Concludiamo, lasciando ora risuonare le parole di sant'Agostino che propone una suggestiva interpretazione del giubilo[42]:

"Lodate il Signore con la cetra, con l'arpa a dieci corde a lui cantate. Cantate al Signore un canto nuovo!" (Salmo 32, 2.3). Spogliatevi di ciò che è vecchio ormai; avete conosciuto il nuovo canto. Un uomo nuovo, un testamento nuovo, un canto nuovo. Il nuovo canto non si addice a uomini vecchi. Non lo imparano se non gli uomini nuovi, uomini rinnovati, per mezzo della grazia, da ciò che era vecchio, uomini appartenenti ormai al nuovo testamento, che è il regno dei cieli. Tutto il nostro amore ad esso sospira e canta un canto nuovo.

Elevi però un canto nuovo non con la lingua, ma con la vita. Cantate a lui un canto nuovo, cantate a lui con arte (cfr. Salmo 32, 3). Ciascuno si domanda come cantare a Dio. Devi cantare a lui, ma non in modo stonato. Non vuole che siano offese le sue orecchie. Cantate con arte, o fratelli. Quando, davanti a un buon intenditore di musica, ti si dice: canta in modo da piacergli; tu, privo di preparazione nell'arte musicale, vieni preso da trepidazione nel cantare, perché non vorresti dispiacere al musicista; infatti quello che sfugge al profano, viene notato e criticato da un intenditore dell'arte.

Orbene, chi oserebbe presentarsi a cantare con arte a Dio, che sa ben giudicare il cantore, che esamina con esattezza ogni cosa e che tutto ascolta così bene? Come potresti mostrare un'abilità così perfetta nel canto, da non offendere in nulla orecchie così perfette? Ecco egli ti dà quasi il tono della melodia da cantare: non andare in cerca delle parole, come se tu potessi tradurre in suoni articolati un canto di cui Dio si diletti.

Canta nel giubilo. Cantare con arte a Dio consiste proprio in questo: Cantare nel giubilo. Che cosa significa cantare nel giubilo? Comprendere e non saper spiegare a parole ciò che si canta col cuore. Coloro infatti che cantano sia durante la mietitura, sia durante la vendemmia, sia durante qualche lavoro intenso, prima avvertono il piacere, suscitato dalle parole dei canti, ma, in seguito, quando l'emozione cresce, sentono che non possono più esprimerla in parole e allora si sfogano in sola modulazione di note.

Questo canto lo chiamiamo "giubilo". Il giubilo è quella melodia, con la quale il cuore effonde quanto non gli riesce di esprimere a parole. E verso chi è

[42] *Commento sui Salmi, Salmo 32, Discorso* 1,7-8, CCL 38, 253-254.

più giusto elevare questo canto di giubilo, se non verso l'ineffabile Dio? Infatti è ineffabile colui che tu non puoi esprimere. E se non lo puoi esprimere, e d'altra parte non puoi tacerlo, che cosa ti rimane se non "giubilare"? Allora il cuore si aprirà alla gioia, senza servirsi di parole, e la grandezza straordinaria della gioia non conoscerà i limiti delle sillabe. Cantate a lui con arte nel giubilo (cfr. Salmo 32, 3).

Raccogliamo la sollecitazione del santo vescovo di Ippona e diamo una maggiore intonazione giubilare alla nostra vita.

LA GIOIA NEL MAGISTERO Di PAOLO VI
Esortazione apostolica *Gaudete in Domino*

Nel cuore dell'Anno Santo 1975 Paolo VI scrisse l'esortazione apostolica *Gaudete in Domino* (= GD), tradotto in italiano *Rallegratevi nel Signore*, primo e finora unico documento del Magistero che abbia trattato il tema della gioia. Per leggere con frutto il testo, ci lasciamo preparare da una introduzione di Claudio Stercal[43].

Un documento così originale nel suo tema e totalmente imperniato su di esso, a detta di E. Giammancheri ottenne «un'accoglienza tiepida e distratta», caduto quasi subito nell'oblio. Eppure quella colpevole dimenticanza sarà riscattata e redenta quarant'anni dopo, quando Papa Francesco pubblicherà il 24 novembre 2013 l'esortazione apostolica *Evangelii gaudium.* Riprendendo nel titolo il tema della gioia e citando due volte nei paragrafi introduttivi l'esortazione apostolica del suo predecessore, richiama che nessuno deve sentirsi escluso dall'incontro personale con Cristo, vero fondamento della gioia e poi mette in guardia dalla gioia fasulla, fondata su divertimento e piacere, ma incapace di generare una soddisfazione intima. Il seme gettato ha prodotto il suo frutto, sia pure dopo molto tempo.

In modo meno appariscente ma non meno incisivo, anche Giovanni Paolo II e Benedetto XVI si sono richiamati più volte a *Gaudete in Domino.* Nell'omelia di domenica 6 agosto 1989, undicesimo anniversario della morte di Paolo VI, Giovanni Paolo II disse: «in un periodo particolarmente travagliato del suo Pontificato [Paolo VI] ha potuto parlare con accenti [...] intensi e sentiti della gioia cristiana [...] che nasce da una "trasfigurazione delle umili gioie umane, che sono nella nostra vita come i semi di una realtà più alta" [GD III]». Anche Benedetto XVI non manca di citare in diverse occasioni il nostro testo. Proponiamo un passaggio del messaggio scritto il 15 marzo 2012 per la XXVII Giornata mondiale della gioventù, dedicata al tema *Siate sempre lieti nel Signore! (Fil 4,4)*: «Cari amici, la gioia è intimamente legata all'amore: sono due frutti inseparabili dello Spirito Santo. L'amore produce gioia, e la gioia è una forma dell'amore- [...]. Il Servo di Dio Paolo VI scriveva: "In Dio stesso tutto è gioia, poiché tutto è dono [GD, *Conclusion*e]».

---

[43] *«Gaudete in Domino». Il Magistero di una vita,* Parole Spirito e Vita 76 (2017) 191-206.

Paolo VI era sempre attento anche a chi era fuori o lontano dalla Chiesa. Anche lui notava che la nostra società, tecnologicamente avanzata, sperimentava solitudine e insoddisfazione. Un motivo ulteriore per offrire agli uomini del nostro tempo un'indicazione della sorgente della gioia, capace di andare oltre le pur legittime e lodevoli gioie che il Creatore mette sul nostro cammino. Perciò indicava la dimensione "spirituale" della gioia, la sola che può liberare dalla tristezza che attanaglia il cuore. È l'incontro con Gesù che apre la via ad una vita ben realizzata. Gesù sa valorizzare anche le gioie umane, come più volte documentato dai Vangeli, quando ammira gli uccelli del cielo e i gigli del campo, quando si compiace della gioia del seminatore e del mietitore, del pastore che ha ritrovato la pecora perduta, della donna che ha recuperato la sua moneta, degli invitati alle nozze, del padre che accoglie il figlio dopo la sua brutta avventura. Da queste gioie umane ci si può innalzare per capire qualcosa dei sentimenti di Dio che gode per la relazione con i suoi figli.

Proprio nella relazione di Gesù con il Padre è da ricercare il motivo più profondo della gioia che Paolo VI chiama la «relazione incomunicabile di amore». Incomunicabile nel senso che non si può esprimere bene a parole, ma comunicabile se pensiamo che dal mistero trinitario tale gioia si estende a tutti coloro che sono sollecitati ad entrare in una relazione di comunione: «La gioia è strettamente legata all'amore di Dio e, quindi, solo lì l'uomo, pur nelle difficoltà del proprio tempo, può trovare il senso e il fondamento della propria gioia»[44].

Un'attenzione al tema che viene da lontano e dal profondo

Lo stesso Paolo VI ebbe a dire che *GD* era la risposta a un suo felice intimo bisogno. Leggiamo testualmente nell'*Introduzione*: «Noi abbiamo dunque sentito come la felice necessità interiore di indirizzarvi, nel corso di questo Anno di grazia, e molto opportunamente in occasione della Pentecoste, una Esortazione Apostolica il cui tema è, precisamente, la gioia cristiana, la gioia nello Spirito Santo». Senza particolari analisi freudiane, possiamo percepire in questo *incipit* una sensibilità, forse addirittura un *habitus*, che non è difficile reperire lungo il magistero di questo Papa che, ironia della sorte, fu giudicato da alcuni come uomo triste e perfino sbeffeggiato con il nomignolo di *Paolo mesto*. Come già ricordato, sarà il primo Papa nella bimillenaria storia della Chiesa a scrivere un documento tutto e solo sulla gioia. Non si potrà dire che sia stato un interesse superficiale e passeggero, perché tale sentimento gli sarà connaturale e costitutivo nel suo magistero, come documentiamo con qualche esempio.

---

[44] *Ivi*, 197.

Nel suo primo messaggio pasquale – era la domenica 29 marzo 1964 - presentò il cristianesimo con al centro la gioia: «Il cristianesimo è gioia. La fede è gioia. La grazia è gioia. Ricordate questo, o uomini, figli e fratelli ed amici. Cristo è la gioia, la vera gioia del mondo. [...] Nella sua espressione risolutiva la vita cristiana è beatitudine. [...] Essa è sovranamente ottimista. È creativa. È felice, oggi, in attesa d'una piena felicità domani».

Nell'udienza di mercoledì 19 maggio 1965 sottolineò che la gioia viene da un incontro personale, anche semplicemente umano, e tanto più quando l'altro è Cristo: «Ricordiamo intanto che ogni incontro umano, motivato dalla carità del Signore, dovrebbe essere fonte di letizia. Ogni incontro cristiano chiama una misteriosa presenza di Lui [...]. È il fascino delle nostre assemblee liturgiche [...]. E non solo le riunioni religiose, ma anche quelle comuni, dei familiari, dei colleghi, degli amici, hanno per i cristiani vivi una loro letizia, che si interiorizza, una loro singolare irradiazione di gioia vivace e serena, che passa facilmente nei cuori».

Il tempo passa e l'interesse per il tema non solo non si affievolisce, ma addirittura si arricchisce e si intensifica, diventando centrale in molti interventi pubblici. Sebbene i tempi fossero minacciati da venti di guerra come l'infelice campagna americana in Vietnam, il Papa ebbe a dire nell'udienza di mercoledì 20 dicembre 1972: «Nella dolorosa commozione per l'improvvisa ripresa di aspre e pesanti operazioni belliche in Vietnam [...] il grande, il beato messaggio della nostra religione [...] è che Dio è la nostra felicità, Dio è la gioia, Dio è la beatitudine, Dio è la pienezza della vita, non solo in Se stesso, ma per noi».

Potrebbero sembrare parole di circostanza, frasi fatte, addirittura edulcorate per la loro gratuita vendita, un soffio di ingenuità. Sono al contrario, espressione di una fede e di una speranza granitiche e autenticamente cristiane: «Ora, ecco la domanda per oggi: riusciremo noi a far capire agli uomini del nostro tempo questo messaggio religioso? Dio è la gioia, la nostra gioia? Chi ci ascolta? Chi ci crede davvero? Forse non riusciremo. Non ci credono gli uomini del pensiero, ingolfati nei problemi del dubbio, non ci credono gli uomini dell'azione, affascinati dallo sforzo di conquistare la terra, non quelli della vita comune, insofferenti di meditazioni interiori ...[...]. Noi avremo per reazione, il nostro annuncio da ripetere: Dio è la gioia».

L'insistenza continua, quasi si fa accanita e proprio nel 1974, l'anno che precede la pubblicazione di GD, nell'udienza generale di mercoledì 19 giugno, l'alternativa fu posta in modo deciso e drammatico: «La vita cristiana è lieta o triste? Questione elementare, ma fondamentale. E per noi, che siamo abituati a classificare il merito delle cose secondo una valutazione soggettiva, cioè utilitaria, la questione può dirsi decisiva. Cioè: l'essere cristiani ci rende felici, ovvero ci impone limiti, doveri, oneri che rendono tristi e infelice la vita, o meno felice, meno piena di quella che non si qualifica cristiana?»[45].

Per rispondere alla cruciale domanda, per nulla oziosa o accademica, Paolo VI dovette porre a confronto il cristianesimo con altri modelli di pensiero e di vita: «Abolire i doveri, i freni, e limiti e dare libertà, espressione, godimento agli istinti e agli interessi soggettivi sarebbe la formula liberatrice per l'uomo moderno. Il riscatto dai tanti *tabù* dell'educazione tradizionale e puritana dei tempi ormai superati [...]. Ritorna in auge trionfante il naturalismo innocentista dei tempi passati con le sue espressioni epicuree, o con le sue apologie del primato della vita edonistica, fisica e pagana. Qui sarebbe la felicità? È chiaro che la concezione cristiana della vita si oppone nettamente, profondamente a tale genere di felicità».

Dopo la denuncia di ciò che resta inaccettabile, ecco l'ardita proposta, non nuova perché già additata da san Paolo nel primo secolo dopo Cristo, ma sempre valida e attuale: «Diciamo per ora tutto in una parola: il fulcro della vita cristiana è la croce. Scandalo e stoltezza è considerata la croce dal mondo non cristiano, ma per noi, c'insegna S. Paolo fin dal primo confronto del suo messaggio con il mondo circostante, Cristo crocifisso è potenza di Dio e sapienza di Dio [cf 1Cor 1,23ss.]». L'incontro con Cristo fa superare di gran lunga ogni concezione umana, immergendo la persona legata a Lui in una gioia piena che il Vangelo chiama beatitudine: «La vita cristiana è lieta, di natura sua, è felice per un suo genio originale ed eccedente la comune concezione dell'esistenza umana; è beata, perché così la proclama il messaggio evangelico delle beatitudini, e così la promette, e fin d'ora la assicura la parola di Cristo: "Vi ho detto queste cose affinché il mio gaudio sia in voi, ed il vostro gaudio sia pieno" [Gv 15,11]».

Da Cristo alla vita, passando attraverso il dono dello Spirito: ecco tracciato un itinerario impegnativo, ma redditizio: «Questo punto è molto importante. Bisogna davvero formare in noi la concezione dominante che la vita cristiana è felice. Diciamo la vita cristiana autentica; e diciamo felice nel senso superiore, intangibile e inesauribile che ci è dato dalla carità, cioè dall'azione

---

[45] Claudio Stercal, autore dell'articolo citato all'inizio, fa spesso riferimento al testo Paolo VI, *La felicità della vita cristiana,* in *Insegnamenti di Paolo VI,* XII, Tipografia Poliglotta Vaticana, Città del Vaticano 1975, 568-570.

dello Spirito Santo nelle nostre anime [...] La gioia è un dono della carità, come la pace. Non si distingue dalla carità, ma emana da essa».

Fin qui alcuni solfeggi sul tema modulati dall'insegnamento ufficiale. Può essere utile fare riferimento anche agli appunti presi da Paolo VI in occasione del ritiro spirituale del 18-27 luglio 1974, proprio un anno prima della pubblicazione di GD, per confermare che il documento, oltre ad essere il risultato di una sensibilità personale del pontefice, potrebbe aver avuto la sua incubazione o ispirazione da una prolungata meditazione e orazione di quei giorni di raccoglimento.

Dapprima sentiamo una "stoccata" contro una scienza fatua: «Per conoscere Cristo bisogna credere in Lui. L'assalto di esegesi parziali o false, l'abitudine delle formule verbali, la stanchezza che l'età infligge alla mente, e tante altre deviazioni e depressioni del pensiero affievoliscono e persino spengono talora anche nel seguace fedele la conoscenza trasfigurata di Cristo, la meraviglia, la gioia, la sempre progressiva scoperta della sua umano divina realtà, così che occorre che continuamente, finché dura questa penombra della vita presente, sia risvegliata la nostra contemplazione di Gesù Cristo. [...] Conoscere Cristo per seguirlo [...]. La vita spirituale dei veri seguaci ha qui la sua fonte».

Infine, ascoltiamo un appunto che ha la luce di un raggio di mistica: «Come abbagliato dal sole, io chiudo gli occhi davanti al mistero infinito della SS. Trinità, e solo tengo nel cuore un'impressione di beatitudine oceanica, alla cui meditazione dovrò poi sempre ritornare, aprire timidamente lo sguardo, subito inebriato d'entusiasmo, sopra un altro mistero, quello della Tua missione, o Spirito Santo».

Qui mistica e lirica si accordano in un canto infinito che ci innalza sopra l'umano rendendoci familiari del divino.

Uno sguardo retrospettivo e sintetico

Alla fine del suo articolo, Stercal propone una lettura riassuntiva ed essenziale[46]. Acquisito e pacifico che il documento viene dal cuore e dalla vita di Paolo VI, notiamo ancora la sua insistenza sul tema. Così disse nell'udienza generale di mercoledì 17 dicembre 1976: «Osiamo dire: rileggetela per avere impressa nel cuore una parola che molte altre ne ricollega ad un punto orientatore per un vero rinnovamento di senso religioso e cristiano». L'invito è quello di ritornare al

[46] Cf «*Gaudete in Domino*». *Il Magistero di una vita*, 204-206.

messaggio dell'esortazione apostolica per fare della gioia, se non proprio la sintesi, almeno un punto forte dell'Anno santo conclusosi da poco.

Ricordiamo che, chiuso l'Anno Santo 1975, il Papa ritornò su GD, invitando alla ripetuta lettura e meditazione e quasi additando la gioia come, se non proprio la sintesi, almeno un punto forte dell'anno precedente.

Un'altra osservazione riguarda un senso di infelicità che ha intaccato come un morbo pernicioso la stessa vita ecclesiale. Diagnosticato il male, ecco prontamente l'offerta della terapia: «Il balsamo d'una sincera gioia cristiana potrebbe riportare fra i fratelli di fede una rinascita di esemplare socialità cristiana».

Da ultimo, un tocco squisitamente ed esclusivamente cristiano abbina gioia e sofferenza cristiana, «perché la croce non è abolita dalla pienezza della vita cristiana; anzi vi è inalberata come trofeo di vittoria, unita all'amore, al sacrificio, alla garanzia della risurrezione».

Dalla sintesi ricaviamo che la gioia deve avere una dimensione universale che accompagna tutta la vita e tutte le sue fasi. Il cristianesimo è essenzialmente un messaggio di gioia che viene dal legame o, meglio, dalla comunione con Cristo, con il quale si può e si deve rimanere in relazione, anche nel caso di difficoltà e sofferenza.

Ne viene un'immagine a tutto tondo di Paolo VI, lontana da sciocchi stereotipi e vuote ripetizioni. Siamo in presenza di un uomo che ha parlato della gioia con accenti toccanti, perché le sue parole venivano dal cuore e dall'esperienza di vita. Un uomo che oggi è anche un santo, proposto come modello ai cristiani di tutto il mondo, affinché, abbandonati lamenti e piagnistei, siano in grado di affrontare la vita con quell'intima soddisfazione che viene dalla coscienza di un'esistenza piena e realizzata perché fondata sul dono ricevuto e sul dono offerto.

Queste note introduttive dovrebbero aiutarci a leggere con maggiore profitto il testo dell'Esortazione Apostolica *Gaudete in Domino.*
Per comodità del lettore, riportiamo il primo paragrafo dal titolo *Il bisogno di gioia nel cuore di tutti gli uomini.*

I. IL BISOGNO DI GIOIA NEL CUORE DI TUTTI GLI UOMINI

Non si esalterebbe come si conviene la gioia cristiana rimanendo insensibili alla testimonianza esteriore ed interiore, che Dio creatore rende a se stesso in seno alla sua creazione: «E Dio vide che essa era cosa buona» (6). Facendo sorgere l'uomo entro un universo che è opera di potenza, di sapienza, di amore, Dio, prima ancora di manifestarsi personalmente mediante la rivelazione, dispone l'intelligenza e il cuore della sua creatura all'incontro con la gioia, nello stesso tempo che con la verità. Bisogna dunque essere attenti all'invocazione che sale dal cuore dell'uomo, dall'età dell'infanzia meravigliosa fino a quella della serena vecchiezza, come un presentimento del mistero divino.

Affacciandosi al mondo, non prova l'uomo, col desiderio naturale di comprenderlo e di prenderne possesso, quello di trovarvi il suo completamento e la sua felicità? Come ognuno sa, vi sono diversi gradi in questa «felicità». La sua espressione più nobile è la gioia, o la «felicità» in senso stretto, quando l'uomo, a livello delle facoltà superiori, trova la sua soddisfazione nel possesso di un bene conosciuto e amato (7). Così l'uomo prova la gioia quando si trova in armonia con la natura, e soprattutto nell'incontro, nella partecipazione, nella comunione con gli altri. A maggior ragione egli conosce la gioia o la felicità spirituale quando la sua anima entra nel possesso di Dio, conosciuto e amato come il bene supremo e immutabile (8). Poeti, artisti, pensatori, ma anche uomini e donne semplicemente disponibili a una certa luce interiore, hanno potuto e possono ancora, sia nel tempo prima di Cristo, sia nel nostro tempo e fra di noi, sperimentare qualcosa della gioia di Dio.

Ma come non vedere pure che la gioia è sempre imperfetta, fragile, minacciata? Per uno strano paradosso, la coscienza stessa di ciò che costituirebbe, al di là di tutti i piaceri transitori, la vera felicità, include anche la certezza che non esiste felicità perfetta. L'esperienza della finitudine, che ogni generazione ricomincia per proprio conto, obbliga a costatare e a scandagliare lo iato immenso che sempre sussiste tra la realtà e il desiderio di infinito.

Questo paradosso, questa difficoltà di raggiungere la gioia ci sembrano particolarmente acuti oggi. È il motivo del nostro messaggio. La società tecnologica ha potuto moltiplicare le occasioni di piacere, ma essa difficilmente riesce a procurare la gioia. Perché la gioia viene d'altronde. È spirituale. Il denaro, le comodità, l'igiene, la sicurezza materiale spesso non mancano; e tuttavia la noia, la malinconia, la tristezza rimangono sfortunatamente la porzione di molti. Ciò giunge talvolta fino all'angoscia e alla disperazione, che l'apparente spensieratezza, la frenesia di felicità presente e i paradisi artificiali non riescono a far scomparire. Forse ci si sente impotenti a dominare il progresso industriale, a pianificare la società in maniera umana? Forse l'avvenire appare troppo incerto, la vita umana troppo minacciata? O non si tratta, soprattutto, di solitudine, di una sete d'amore e di presenza non soddisfatta, di un vuoto mal definito? Per contro, in molte regioni, e talvolta in mezzo a noi, la somma di sofferenze fisiche e morali si fa pesante: tanti affamati, tante vittime di sterili combattimenti, tanti emarginati! Queste miserie non sono forse più profonde di quelle del passato; ma esse assumono una dimensione planetaria; sono meglio conosciute, illustrate dai «mass media», non meno delle esperienze di felicità; opprimono la coscienza, senza che appaia molto spesso una soluzione umana alla loro dimensione.

Questa situazione non può tuttavia impedirci di parlare della gioia, di sperare la gioia. È nel cuore delle loro angosce che i nostri contemporanei hanno bisogno di conoscere la gioia, di sentire il suo canto. Noi abbiamo profonda compassione della pena di coloro sui quali la miseria e le sofferenze di ogni genere gettano un velo di tristezza. Noi pensiamo in particolare a quelli che si trovano senza risorse, senza soccorso, senza amicizia, che vedono annientate le loro speranze umane. Essi sono più che mai presenti alla nostra preghiera, al nostro affetto. Noi non vogliamo certo che nessuno si abbatta. Cerchiamo, al contrario, i rimedi capaci di portare la luce. Ai nostri occhi, essi sono di tre ordini.

Gli uomini devono evidentemente unire i loro sforzi per procurare almeno il minimo di sollievo, di benessere, di sicurezza, di giustizia, necessari alla felicità, a numerose popolazioni che ne sono sprovviste. Una tale azione solidale è già opera di Dio; essa corrisponde al comandamento di Cristo. Essa procura già la pace, ridona la speranza, rinsalda la comunione, apre alla gioia, per colui che dona come per colui che riceve, perché vi è più gioia nel dare che nel ricevere (9). Quante volte noi vi incitammo, Fratelli e Figli carissimi a preparare con ardore una terra più abitabile e più fraterna, a realizzare senza indugio la giustizia e la carità per uno sviluppo integrale di tutti! La Costituzione conciliare Gaudium et Spes e numerosi Documenti pontifici hanno insistito su questo punto. Anche se non è questo direttamente il tema che noi qui affrontiamo, non ci si dimentichi di questo dovere primordiale dell'amore del, prossimo, senza il quale sarebbe sconveniente parlare di gioia.

Ci sarebbe anche bisogno di un paziente sforzo di educazione per imparare o imparare di nuovo a gustare semplicemente le molteplici gioie umane che il Creatore mette già sul nostro cammino: gioia esaltante dell'esistenza e della vita; gioia dell'amore casto e santificato; gioia pacificante della natura e del silenzio; gioia talvolta austera del lavoro accurato; gioia e soddisfazione del dovere compiuto; gioia trasparente della purezza, del servizio, della partecipazione; gioia esigente del sacrificio. Il cristiano potrà purificarle, completarle, sublimarle: non può disdegnarle. La gioia cristiana suppone un uomo capace di gioie naturali. Molto spesso partendo da queste, il Cristo ha annunciato il Regno di Dio.

Ma il tema della presente Esortazione va ancora oltre. Perché il problema ci appare soprattutto di ordine spirituale. È l'uomo, nella sua anima, che si trova sprovvisto nell'assumere le sofferenze e le miserie del nostro tempo. Esse lo opprimono quanto più gli sfugge il senso della vita; non è più sicuro di se stesso, della sua vocazione e del suo destino, che sono trascendenti. Egli ha desacralizzato l'universo ed ora l'umanità; ha talora tagliato il legame vitale che lo univa a Dio. Il valore degli esseri, la speranza non sono più sufficientemente assicurati. Dio gli sembra astratto, inutile: senza che lo sappia esprimere, il silenzio di Dio gli pesa. Sì, il freddo e le tenebre sono anzitutto nel, cuore dell'uomo che conosce la tristezza. Si può accennare qui alla tristezza dei noncredenti, allorché lo spirito umano, creato a immagine e a

somiglianza di Dio, e perciò a Lui orientato come al proprio bene supremo, unico, resta senza conoscerlo chiaramente, senza amarlo, e di conseguenza senza provare la gioia, che arrecano la conoscenza benché imperfetta di Dio e la certezza di avere con Lui un vincolo che nemmeno la morte potrebbe infrangere.
Chi non ricorda la parola di Sant'Agostino: «Tu ci hai creati per Te, Signore, e il nostro cuore è inquieto finché non riposa in Te» (10)? Perciò, è col diventare maggiormente presente a Dio e con lo staccarsi dal peccato che l'uomo può veramente entrare nella gioia spirituale. Senza dubbio, «la carne e il sangue» ne sono incapaci (11). Ma la rivelazione può aprire questa prospettiva e la grazia operare questo rovesciamento. Il nostro proposito è precisamente quello di invitarvi alle sorgenti della gioia cristiana. Come lo potremmo, senza metterci tutti di fronte al piano di Dio, in ascolto della Buona Novella del suo amore?

Suggeriamo e consigliamo caldamente la lettura dell'intero testo, affinché il lettore possa attingere alla fonte e gustare pagine di squisita umanità e di fine spiritualità. Alla fine, avrà una maggiore conoscenza della gioia e si sentirà stimolato a ricercarla, a produrla, a diffonderla.

GIOIA SPRIZZANTE DALL'AUSTERITÀ DELL'AVVENTO
Terza domenica di Avvento (Anno C)

Avvento e Quaresima sono chiamati nel linguaggio liturgico *tempi forti* perché preparano rispettivamente al Natale e alla Pasqua, cioè all'incarnazione e alla morte-risurrezione di Gesù, due grandi misteri della nostra fede. Per una preparazione adeguata sono richiesti un rinnovato impegno di vita, una maggiore capacità di silenzio e di interiorizzazione, una più spiccata sensibilità di cordiale apertura agli altri, una più intima relazione con Dio nella preghiera. Tutto questo deve essere condito con una serena austerità che si manifesta anche esternamente con il colore violaceo dei paramenti del sacerdote, con un addobbo castigato dell'altare e della chiesa, con la soppressione dell'alleluia in Quaresima. L'invito all'austerità e alla mortificazione, atteggiamenti e segni di un più profondo cambiamento interiore, non sono sinonimi di tristezza. A ricordarcelo intervengono due domeniche chiamate *Gaudete* in Avvento e *Laetare* in Quaresima che lasciano facilmente intendere, già dalla formulazione latina, l'invito alla gioia. A circa metà del cammino (terza domenica di Avvento e quarta domenica di Quaresima), il cristiano è sollecitato a dirigersi verso la meta con il giusto atteggiamento, quello gioioso di chi va incontro al Signore che viene nel Natale o di chi partecipa con Lui alla sua Passione e Morte per poi condividere la Risurrezione. Gioia e letizia, intese rettamente e nel giusto spirito evangelico, devono connotare anche questi tempi forti e austeri.

Terza domenica di Avvento (ciclo C)

Concretamente, lo possiamo documentare presentando i testi della Terza Domenica di Avvento[47], denominata appunto *Gaudete.* I testi proposti nella Liturgia della Parola sono Sofonia 3,14-18 per la Prima Lettura, Filippesi 4,4-7 per la Seconda Lettura, Luca 3,10-18 per il Vangelo.

La scelta cristiana è gioia e vita. Occorre gridarlo forte, soprattutto ai giovani, che sono assetati di grandi ideali, anche se danno segni di indifferenza o se sembrano puntare al ribasso. Essi - e non solo - hanno bisogno di essere aiutati ad alzare lo sguardo.

L'appassionante tema della gioia soffre di "camaleontismo" cronico, perché incombe sempre il rischio che ognuno prospetti una sua ricetta di vita, pronto a buttarla via quando si dimostra inefficace e a ricercarne una nuova.

[47] Nell'anno 2018 inizia con l'Avvento il ciclo C, caratterizzato dalla lettura del Vangelo secondo Luca.

Spesso la girandola è senza fine. La gioia non è un abito che obbedisce ai capricci della moda, o che si può smettere a piacimento. La gioia, perché non risulti drogata, va attinta alla giusta sorgente, con costanza e fatica. Il Battista propone una sua ricetta che lungo i secoli ha dimostrato la sua infallibilità: condurre una vita coerente, con le finestre aperte sul vicino, lasciandosi invadere da Cristo che ci dona il suo Spirito (Vangelo). È la presenza di Qualcuno che fa sprizzare la gioia e ne alimenta il serbatoio, perché questo Qualcuno cambia radicalmente la qualità della vita, o, detto in termini teologici, «salva» (Prima Lettura). Sulla ricetta concorda pienamente anche Paolo che offre uno "spaccato" della gioia teologale che investe l'umano, lo trasforma, lo rende capace di contagiare favorevolmente gli altri (Seconda Lettura).

Vangelo: Luca 3,10-18
10Le folle lo interrogavano: «Che cosa dobbiamo fare?». 11Rispondeva loro: «Chi ha due
tuniche ne dia a chi non ne ha, e chi ha da mangiare faccia altrettanto». 12Vennero anche dei
pubblicani a farsi battezzare e gli chiesero: «Maestro, che cosa dobbiamo fare?». 13Ed egli
disse loro: «Non esigete nulla di più di quanto vi è stato fissato». 14Lo interrogavano anche
alcuni soldati: «E noi, che cosa dobbiamo fare?». Rispose loro: «Non maltrattate e non
estorcete niente a nessuno; accontentatevi delle vostre paghe».
15Poiché il popolo era in attesa e tutti, riguardo a Giovanni, si domandavano in cuor loro se
non fosse lui il Cristo, 16Giovanni rispose a tutti dicendo: «Io vi battezzo con acqua; ma viene
colui che è più forte di me, a cui non sono degno di slegare i lacci dei sandali. Egli vi
battezzerà in Spirito Santo e fuoco. 17Tiene in mano la pala per pulire la sua aia e per
raccogliere il frumento nel suo granaio; ma brucerà la paglia con un fuoco inestinguibile».
18Con molte altre esortazioni Giovanni evangelizzava il popolo.

La gioia è fatica e dono

Il brano evangelico è uno splendido lampo al magnesio che, partito da Giovanni, si riflette sulla persona di Gesù, l'Atteso, per il quale fervono i preparativi.

A livello di presentazione, individuiamo due parti: nella prima (vv. 10-14), Giovanni sollecita tre gruppi a comportarsi correttamente; nella seconda (vv. 15-17), dà una bella testimonianza su Gesù, esortando implicitamente a seguirlo. Il v. 18 mantiene una funzione conclusiva ed equivale al passaggio del testimone da Giovanni a Gesù, grazie al verbo «evangelizzava», cioè «annunciava la buona novella».

Prima del presente brano, era risuonato un vigoroso appello alla conversione, non privo di toni forti, tipici della personalità e del messaggio del Battista. Ora il tono in parte si smorza, senza perdere vigore, e trapassa nella consolante esortazione che tutti possono concorrere a preparare degnamente la venuta del Messia. Emana dal testo un forte profumo di incoraggiamento.

Giovanni predica e battezza. Delle due attività, l'evangelista Luca privilegia la prima che non manca di sottolineare anche con brani inediti come quello dei vv. 10-14. La predicazione sollecita al pentimento, reso poi visibile dal segno dell'acqua. Non si tratta certo di battesimo in senso cristiano, ma comunque di battesimo, se prendiamo la parola nel suo significato etimologico di immersione. Il battesimo-sacramento sarà possibile solo dopo la morte e risurrezione di Gesù; per il momento ci si prepara ricevendo l'acqua di Giovanni. Tale gesto esteriore attinge nelle profondità dell'essere, perché il soggetto rende pubblico il suo desiderio di migliorare la propria esistenza alla luce della predicazione. È un'ammissione della propria colpa e, implicitamente, l'umile richiesta di ricevere un aiuto dall'alto. Giovanni è lì a fare da tramite, ponendosi a metà strada tra la colpa pubblicamente ammessa e il perdono di Dio non ancora accordato.

Egli sta lì anche a ricordare che non basta la teorica decisione di cambiare vita: occorre mostrare nella prassi quotidiana i sintomi di un sostanzioso cambiamento di rotta. Da qui l'esigenza di assumere comportamenti concreti che si indirizzino secondo le indicazioni del Battista che ha il primario compito di «dare al suo popolo la conoscenza della salvezza» (Lc 1,77). La salvezza, pur rimanendo in primo luogo dono di Dio, attecchisce però solo in un terreno dissodato dalla buona volontà dell'uomo.

Tre gruppi vengono a chiedere consiglio a Giovanni per orientare in modo nuovo la loro vita: la gente comune, alcuni pubblicani e alcuni soldati. Il primo gruppo ha un sapore universale che Luca racchiude in «le folle lo interrogavano», gli altri due risentono del "caso", che è il gruppo in situazione particolare e quindi bisognoso di una parola *ad hoc*.

In generale, Giovanni chiede a tutti di impegnarsi in un amore fattivo che apre le porte del cuore, allarga gli orizzonti e schiude il borsellino. È la sollecitazione a una volontaria perequazione che tende a rendere uguali gli uomini, sollevando gli indigenti dalla loro situazione di miseria e soddisfacendo i bisogni primari del vestito e del cibo. La giustizia sociale è uno dei tanti sinonimi dell'amore.

Esistono anche i casi difficili, le categorie che noi diremmo "a rischio": i pubblicani, odiati esattori di tasse che collaboravano con l'occupante romano e che spesso calcavano la mano sulla povera gente diventando autentici strozzini (cf Lc 5,30; 19,7), oppure i soldati, mercenari che facevano del sopruso e della violenza la loro arma preferita. Per tutti Giovanni ha una parola accogliente e incoraggiante.

La salvezza non ha "colore" o "tessera di appartenenza" come qualcuno amava far credere, idea che, purtroppo, non si è spenta neppure dopo duemila anni di cristianesimo. La salvezza, proprio perché dono di Dio e quindi espressione della gratuità del suo amore, non ha corsie privilegiate o esclusive. Tutti sono potenziali destinatari di tale dono e lo saranno effettivamente nella misura in cui apriranno la loro vita al messaggio appena udito. È a questa apertura che punta Giovanni, invitando e sollecitando tutti. I segni di rinnovamento vertono esclusivamente sull'amore al prossimo: la gente deve imparare a condividere, i pubblicani a praticare l'equità, i soldati a trattare con umanità.

Di là degli esempi riportati, il messaggio si impone con solare evidenza. Nella esemplificazione dei comportamenti da tenere, passiamo a un nuovo registro dove impressiona il calore di una comprensione che apre le porte a tutti. Non è certo indulgenza del predicatore Giovanni, per nulla di "manica larga", ma coerenza con il messaggio che egli annuncia, messaggio che vuole raggiungere tutti indistintamente, superando steccati e divisioni, sia tra popolo eletto e altre nazioni, sia all'interno degli stessi ebrei. Incontriamo una pacata istruzione che ha tutta l'aria di essere un mini catechismo denso di teologia e di saggezza, di comprensione e di incoraggiamento.

Alla universalità si affianca la normalità, altro dato interessante per entrare nella sfera della salvezza. Non sono richiesti miracoli, né comportamenti eccezionali. Per fruire del dono, basta il corretto esercizio della propria professione. È come dire che le persone si santificano nel tessuto della loro storia quotidiana, facendo bene quello che devono. Viene valorizzata al massimo una sana laicità, intendendo con ciò l'inserimento nel quotidiano. A meno che si tratti di un'attività manifestamente disonesta (per esempio il furto o la prostituzione), tutte le professioni hanno una dignità che va onorata con il proprio impegno. Giovanni non richiede a nessuno di cambiare mestiere, esige piuttosto di vivere bene la propria vocazione. Ottima preparazione per attendere degnamente il Messia.

Di Lui Giovanni parla con vigore nella seconda parte del brano evangelico, alzando le note nel rigo della sua testimonianza. Compito di Giovanni è quello di preparare «un popolo ben disposto» (Lc 1,17). Egli fa da battistrada e spiana il cammino a chi deve venire dopo di lui. Ben vaccinato contro il virus da protagonismo, si guarda bene dall'arrogarsi titoli o meriti. Perciò dichiara apertamente di non essere il Messia. Affida il suo pensiero alla potenza delle immagini e alla lucidità folgorante delle parole.

La distanza abissale che separa Giovanni dal Messia viene affidata dapprima a un'immagine iperbolica. In quella società, tra i compiti dello schiavo si annoverava anche quello di slegare i lacci dei sandali del proprio padrone. Giovanni si ritiene indegno perfino di questo umilissimo servizio. Egli non si sente degno neppure di essere chiamato servo del Messia.

La sostanza del messaggio giunge nei versetti successivi che conservano un colorito palestinese e aprono a una prospettiva escatologica. Prendendo lo spunto dalla pratica del contadino che sull'aia utilizzava la pala[48] per separare il grano dalla pula, Giovanni presenta Gesù come "il giudizio di Dio"', colui che distingue e che determina. In termini semplificati, potremmo dire che è Gesù l'elemento discriminante e decisivo, colui per il quale occorre impegnarsi, se si vuole raggiungere la salvezza. In caso contrario, rifiutare Gesù equivale a rifiutare la salvezza.

Il dono della presenza di Gesù e l'impegno che ognuno compie per essere coerente e ben disposto ad accoglierlo sono il binario su cui corre la gioia cristiana.

Prima lettura: Sofonia 3,10-18

14Rallégrati, figlia di Sion,
grida di gioia, Israele,
esulta e acclama con tutto il cuore,
figlia di Gerusalemme!
15Il Signore ha revocato la tua condanna,
ha disperso il tuo nemico.
Re d'Israele è il Signore in mezzo a te,
tu non temerai più alcuna sventura.
16In quel giorno si dirà a Gerusalemme:
«Non temere, Sion, non lasciarti cadere le braccia!
17Il Signore, tuo Dio, in mezzo a te
è un salvatore potente.
Gioirà per te,
ti rinnoverà con il suo amore,
esulterà per te con grida di gioia».
18«Io raccoglierò gli afflitti,
privati delle feste e lontani da te.
Sono la vergogna che grava su di te.

---

48 La vecchia traduzione usava il termine «ventilabro», quella nuova «pala», di più immediata comprensione. Era un attrezzo di legno a forma di pala con il quale si gettava in aria il grano; questo, più pesante, cadeva a terra e la pula, più leggera, era portata via dal vento.

Un osanna al Salvatore in mezzo al suo popolo

Di gioia scintillante parla apertamente la prima lettura. Letta in connessione con il Vangelo, quindi "cristianamente", la ragione sta nella venuta del Messia, quella storica che riviviamo nel Natale, quella teologica che si attua nella vita autenticamente cristiana di ogni credente.

Due minuscole unità compongono il presente brano: un invito alla gioia (vv. 14-15) e una parola di consolazione (vv. 16-18). Le due parti hanno un comune fondamento, dato dalla presenza di Dio. Egli non si mostra più giudice, ma amore. Egli è ciò che il suo Nome esprime: JHWH, il Dio verace, il Dio presente, il Dio salvatore.

Per meglio capire il brano e la sua esplosione festosa, vale la pena ricordare il contesto precedente. Un minaccioso giudizio divino si era abbattuto su Gerusalemme. Dio si era servito della vittoria dei nemici del popolo per far capire che i rapporti di fedeltà si erano incrinati. Di conseguenza, aveva abbandonato il popolo ribelle. Ora, grazie anche alla predicazione profetica, il popolo aveva reagito positivamente, dichiarandosi disposto alla conversione. Il profeta gli annuncia: «Il Signore ha revocato la tua condanna, ha disperso il tuo nemico» (v. 15). In termini più positivi, il Signore sta in mezzo al suo popolo, segno di una comunione ritrovata. L'alleanza ha ripreso a palpitare, respirando con i due polmoni, quello di Dio e quello del popolo. Qui sta primariamente la fonte della gioia, affidata al giubilo del v. 14, il «rallegrati» che apre la lettura e dà l'intonazione a tutta la domenica. Motivo di tale gioia è la rinnovata presenza di Dio in mezzo al suo popolo. Sarà lo stesso verbo a risuonare come prima parola rivolta dall'angelo a Maria (cf Lc 1,28). Con Lei le antiche profezie prenderanno consistenza e storicità, perché Dio non sarà solo presente con il dono di una avvenuta riconciliazione, ma addirittura con il suo Figlio, non per nulla chiamato *Emmanuele,* «Dio con noi». Non sarebbe ipotizzabile comunione più piena e riconciliazione più perfetta.

L'idea del Dio in mezzo al suo popolo anima pure il brano consolatorio (vv. 16-18). «In quel giorno» rimanda a una situazione non facilmente definibile nel tempo, ma non per questo ipotetica. Il suo carattere escatologico la colloca tra i grandi interventi di Dio, che prenderanno piena forma nel Nuovo Testamento. Dio ha sospeso il giudizio di condanna contro il suo popolo traditore ed è mosso da un grande amore che riabilita Israele. Su di lui Dio esercita la sua sovranità, come pure su tutti i popoli della terra. Non si è ancora totalmente manifestata la sua potenza regale, ma l'imminente manifestazione della salvezza diventa segno, inizio e condizione di una signoria completa.

Risuona bella e consolante l'espressione di gioia attribuita allo stesso Dio «Gioirà per te, ti rinnoverà con il suo amore, esulterà per te con grida di gioia», quasi a richiamare ancora una volta che solo in Lui si trovano la fonte e la causa della vera gioia.

Anche se il presente è difficile, chi ripone la propria fiducia nella potenza di Dio salvatore non deve temere nulla. Di più, può contare sul suo amore che rinnova e sulla sua gioia, sottintesa nella festa a cui invita (cf v. 18).

Seconda lettura: Filippesi 4,4-7
4Siate sempre lieti nel Signore, ve lo ripeto: siate lieti. 5La vostra amabilità sia nota a tutti. Il
Signore è vicino! 6Non angustiatevi per nulla, ma in ogni circostanza fate presenti a Dio le
vostre richieste con preghiere, suppliche e ringraziamenti. 7E la pace di Dio, che supera ogni
intelligenza, custodirà i vostri cuori e le vostre menti in Cristo Gesù.

Una gioia che contagia
La scelta liturgica del brano si spiega per il binomio gioia-vicinanza del Signore: l'invito alla gioia e l'esortazione a compiere il bene verso tutti sono motivati da Paolo con la frase che il Signore è vicino.

Collocato verso la fine della lettera ai Filippesi, quando è il momento delle ultime raccomandazioni, il brano contiene cinque frizzanti imperativi.

Il discorso si allarga dai singoli (cf i precedenti vv. 2-3, fuori testo) alla comunità. Questa riceve l'esortazione alla gioia, tema che attraversa tutta la lettera. In precedenza Paolo aveva individuato alcuni motivi concreti che causavano la gioia (cf Fil 1,18; 2,17-18), ora l'appello è generale e insistito. La gioia ha tre aspetti: una radice interiore, un'espressione esterna e una causa ben precisa. La radice è il Signore: sempre si tratta di gioia in Lui («Siate sempre lieti nel Signore»), per distinguerla nettamente da realtà che portano lo stesso nome, ma che hanno contenuto diverso: qui Paolo si impegna a denunciare le imitazioni.

La gioia che invade l'intimo dell'individuo e della comunità, investe pure l'esterno, tutti gli altri, sotto forma di «amabilità». Infine viene indicata la causa, consistente nell'avvicinarsi del Signore. Questa precisazione orienta e determina il contenuto della gioia cristiana; è la presenza di Cristo che garantisce e assicura una condizione di benessere per sé e per gli altri: «L'attesa della parusia è per l'apostolo un motivo parenetico centrale» (J. Ernst).

La vicinanza del Signore, già reale presenza per molti aspetti, funge da deterrente contro ansie incontrollate. Chi fa echeggiare nella propria vita la semplice parola «il Signore è vicino», sperimenta già ora la pace di Dio. Paolo non pensa tanto alla pace tra gli uomini, ma alla calma interiore del cuore, che ha il suo fondamento nelle promesse di Dio. Il cristiano che organizza la propria esistenza alla luce di Cristo, non si lascia irretire da lacci che frenano il suo impegno o che smorzano la sua serenità di fondo. Anche sotto questo punto si comprende il precedente invito alla gioia. Paolo non fa mistero circa le reali e spesso dure difficoltà dell'esistenza cristiana, alludendo fin dall'inizio alle sue catene (cf Fil 1,13). Ma è altrettanto convinto che non giova lasciarsi prendere da ansiose inquietudini[49] che bloccano e rendono improduttivi. Positivamente, tutto prende senso e valore nella comunione con Cristo/Dio di cui la «pace» del v. 7 è la sacramentalizzazione, cioè il segno documentabile e visibile. La fiducia in Dio si concretizza nel manifestargli la propria situazione personale, attraverso «preghiere, suppliche e ringraziamenti». Non è certo un farGli conoscere qualcosa che già non sappia, ma è il modo per l'uomo di mantenere il filo diretto con Dio, nel dialogo di amore, nel sereno abbandono alla Sua volontà, nella fiduciosa attesa davanti a Lui. Colui che è capace di pregare e di ringraziare depone il suo affanno in Dio e ritrova pace e serenità con se stesso, una condizione indispensabile per essere nella gioia.

Potrebbero sembrare belle parole di circostanza, se non venissero dalla vita stessa di Paolo che ha dimostrato di leggere tutto, persecuzione compresa, con gli occhi illuminati dalla luce della Provvidenza (cf Fil 1,15-20). Paolo si trova in prigione quando scrive la presente lettera. Egli pensa alla sua comunità di Filippi e pensa altresì a Cristo che ha sempre riempito la sua vita. Egli pensa al ritorno di Cristo, mediante la morte che può giungere da un momento all'altro. Paolo ha detto il suo sì anche a questa situazione estrema e rimane un uomo felice, pur nelle catene e nella incertezza del suo futuro. L'incontro con Cristo trasforma in aurora di vita quello che, umanamente parlando, ha il sapore crepuscolare del fallimento o della repentina conclusione.

Conclusione

Una soffusa gioia inonda questa domenica, dal «Rallégrati» della prima parola della Prima Lettura, passando attraverso il duplice «siate lieti» paolino, fino alla "evangelizzazione di tutto il popolo" del brano evangelico. Come un benefico raggio di luce, la Liturgia della Parola della Terza Domenica di Avvento illumina la comprensione del mistero che la comunità ecclesiale si appresta a

[49] In greco si trova il verbo *merimnáo*, lo stesso di Mt 6,25.31.34, il passo che sollecita a fidarsi con serenità della Provvidenza, contenendo e, anzi, eliminando ansie e preoccupazioni eccessive che logorano la vita.

celebrare (incarnazione) e riscalda il cuore dei fedeli, sollecitati ad andare incontro al Signore che viene con l'animo inondato di gioia e con le mani cariche con visibili frutti di carità.

L'imperativo «Rallégrati», con i suoi sinonimi, deve travasarsi dalla liturgia odierna alla vita quotidiana. Rivolto un giorno a Maria, ora risuona per noi tutti, affinché in esso troviamo l'*humus* per attendere degnamente il Signore, Lui che è già venuto e che verrà.

LA MAPPA DELLA FELICITÀ
Le beatitudini (Matteo 5,1-12)

Il desiderio di felicità è radicato in ogni uomo e appartiene ai suoi bisogni fondamentali come l'aria, l'acqua, il cibo, la casa, gli amici, l'onore. Per venire incontro a tale bisogno, spuntano numerose e variegate le promesse, sbandierate spesso come ricette miracolose. C'è chi invita a godere la vita, spremendola al massimo, perché essa è breve e sfuggevole: godere il corpo, la tavola, il letto, il gioco, la lettura, la natura, la ricerca, la scoperta, insomma, una specie di insaziabile *carpe diem*. C'è chi, sul versante opposto, ritiene che il desiderio sia la macchina infernale del dolore. Da qui la necessità di controllare il potenziale del desiderio, fino a ridurlo al minimo, o tentare perfino di neutralizzarlo. C'è chi pensa che la felicità venga dalla distruzione dell'arsenale che la combatte, quindi propugna una lotta contro la malattia, la sofferenza, l'emarginazione, la povertà. C'è chi giudica con pessimismo la realtà e ritiene che nulla possa assicurare una vera e stabile felicità, perché l'uomo è schiacciato dal dubbio, dal limite, dalla sofferenza fisica e morale. Non c'è che rassegnarsi a una situazione senza uscita. C'è chi si rifugia "nell'aldilà" per sfuggire a questa valle di lacrime e addita un paradiso perduto, vivendo nell'illusione di poterlo un giorno ritrovare, fosse anche solo dopo la morte. Anche costui è un rassegnato che, anziché essere "preagonico" come il tipo precedente, è tenuto in vita dalla macchina artificiale dell'illusione.

È solo un campionario delle molteplici possibilità di definire e di voler imbrigliare la felicità. Esso denota, oltre alla fragilità di ogni proposta, il bisogno comune di ricercare un'indicazione per uno stato permanente che assicuri piena soddisfazione e completo benessere. La caccia al tesoro continua…

Gesù non si sottrae al compito di offrire una sua ricetta, comunicata, tra l'altro, con la pagina delle beatitudini che leggiamo nel Vangelo di Matteo. Ascoltare questa litania caratterizzata dall'iniziale «Beati» può suscitare sentimenti contrastanti, perfino opposti, come il serafico piacere di sentirsi accarezzati dalla felicità, o il disgusto per la presa in giro di parole che stravolgono la realtà. Per un *leader* di una nuova religione che vuole conquistare la simpatia altrui e avere dei seguaci, il manifesto programmatico sembra un'assurdità.

Veramente, a prima vista e reagendo d'istinto, la proposta evangelica sembra azzardata, illogica e utopica. A suo favore, però, giocano due ragioni di concretezza. La prima consiste nell'esperienza diretta di Gesù che, come scrive E. Renan: «non predicava opinioni personali, ma la sua persona». Più che un manifesto programmatico, è la trascrizione della sua vita. La seconda ragione viene dal tempo. Duemila anni di storia del Vangelo non hanno annebbiato il valore di questa pagina che ha trovato nei secoli non solo convinti assertori, ma anche entusiasti realizzatori. La storia certifica il successo della ricetta proposta.

Testo biblico: Matteo 5,1-12

1Vedendo le folle, Gesù salì sul monte: si pose a sedere e si avvicinarono a lui i suoi
discepoli. 2Si mise a parlare e insegnava loro dicendo:
3«Beati i poveri in spirito,
perché di essi è il regno dei cieli.
4Beati quelli che sono nel pianto,
perché saranno consolati.
5Beati i miti,
perché avranno in eredità la terra.
6Beati quelli che hanno fame e sete della giustizia,
perché saranno saziati.
7Beati i misericordiosi,
perché troveranno misericordia.
8Beati i puri di cuore,
perché vedranno Dio.
9Beati gli operatori di pace,
perché saranno chiamati figli di Dio.
10Beati i perseguitati per la giustizia,
perché di essi è il regno dei cieli.
11Beati voi quando vi insulteranno, vi perseguiteranno e, mentendo, diranno ogni sorta di
male contro di voi per causa mia. 12Rallegratevi ed esultate, perché grande è la vostra
ricompensa nei cieli. Così infatti perseguitarono i profeti che furono prima di voi.

Tematica e dinamismo

La parola di Gesù è condensata in brevi e isolate sentenze o raggruppata in discorsi di più ampio respiro. Questi non sono la trascrizione letterale di quanto detto a viva voce, perché il tempo dei registratori era ancora lontano. In compenso, gli Ebrei erano esercitati molto più dei moderni a ritenere a memoria.

Il bisogno di riunire in un discorso diverse frasi sullo stesso argomento si presenta ben presto nella comunità primitiva e favorisce il processo di ricerca e di accorpamento. Questa omogeneità di materiale aiutava la predicazione nelle sue varie esigenze: doveva rivolgersi ai credenti per approfondire la loro fede (motivazione catechetica), ai pagani per far conoscere Gesù (motivazione missionaria), ai giudei per giustificare l'operato di Gesù e degli apostoli (motivazione apologetica).

Il primo grande raggruppamento di sentenze che incontriamo nel Vangelo di Matteo costituisce quello che gli studiosi chiamano "Discorso del monte", comprendente i capitoli 5-6-7. Lo si definisce spesso lo statuto o *magna charta* che Gesù consegna alla sua comunità. Come la legge antica era normativa e vincolante per il popolo di Israele, così questa parola lo deve essere per la nuova comunità. Ciò che Gesù proclama non è un ammasso di comandamenti, ma una concezione radicalmente nuova di atteggiamento verso Dio, verso se stessi e verso gli altri. Alcune esigenze sono iperboliche nella formulazione (per esempio Mt 5,29.39), ma realistiche nel contenuto. Ciò significa che esse rispecchiano uno stile orientale esplosivo, ricco di effetto (come i nostri detti proverbiali) che va rettamente inteso per non travisarne il senso. Nello stesso tempo il messaggio va preso in seria considerazione, per non essere svilito nella sua esigenza. Non sono concessi sconti, sottrazioni o letture edulcorate. La nostra attenzione si fissa ora sulla prima parte del discorso del monte, quella che riguarda le beatitudini (Mt 5,1-12).

Il testo ha un vistoso parallelo in Lc 6,20-26. Una prima lettura mostra subito la differenza di formulazione: Matteo ha una serie di 8/9 beatitudini, mentre Luca correda le 4 beatitudini con il loro contrario, introdotto dai 4 «guai a voi».

Matteo ripete per 9 volte «beati», anche se è da richiamare che gli ultimi due trattano lo stesso argomento e quindi vanno letti insieme. Possiamo allora dire, con la migliore tradizione attestata già da sant'Ambrogio e da san Girolamo, che le beatitudini sono 8. Sono tutte costruite con uno schema comune, perché iniziano con un «beati» seguito dal soggetto («beati i poveri, gli afflitti, i miti») e da una motivazione, introdotta da «perché». Il verbo è al presente solo per la prima e per l'ottava, al futuro per le altre.

La lista delle beatitudini è introdotta dai vv. 1-2 che forniscono alcuni particolari, tra cui il luogo e i destinatari, ed è corredata dai vv. 11-12, un'espansione del v. 10, che si presenta letterariamente diversa, caratterizzata dal discorso diretto e dal pronome «voi». Tutti questi versetti non appartengono propriamente alla lista delle beatitudini, servono però come introduzione e conclusione.

Breve commento

L'evangelista Matteo prepara il lettore con una succosa concentrazione di particolari. È indicato in modo approssimativo il luogo dove Gesù pronuncia il suo discorso, quando si precisa che egli sale sul «monte». Da qui deriva l'uso di chiamarlo "discorso del monte" o "discorso della montagna", a differenza di Luca che lo ambienta in pianura.

La terminologia non inganni il lettore familiarizzato con montagne dalle alte cime. In Palestina i rilievi sono modesti, con la massima altitudine del monte Meron che non supera i 1000 metri. A Gerusalemme c'è il "Monte degli Ulivi" che, secondo i nostri parametri, sarebbe poco più di una collina, eppure conserva il nome pomposo di monte. Gesù può aver utilizzato una collinetta o un rialzo naturale. Il richiamo al monte, indipendentemente dal suo valore geografico e altimetrico, potrebbe essere una sottile allusione a una situazione analoga, quando Mosè ricevette il decalogo sul monte Sinai[50]. Matteo allora indicherebbe Gesù come il nuovo Mosè che dal monte promulga la nuova legge.

Il particolare di Gesù seduto («si pose a sedere») conferisce solennità alla scena e soprattutto autorità a quanto sarà esposto, perché richiama la posizione dell'autorità che legifera. Attorno a lui stanno i discepoli e «le folle». Gesù ha pronunciato queste parole per tutti e le ritiene attuabili: lui per primo le ha fatte diventare vita. Il discorso non prevede situazioni impossibili, né è destinato a un elitario gruppo di perfetti, né si accontenta di offrire un'etica del solo orientamento interiore. Esso è, dunque, concreto, serio, propositivo, anche se impegnativo e notevolmente "rivoluzionario". Gilbert Cesbron consacrò alle beatitudini uno dei suoi ultimi libri e scrisse: «Per me, è il testo più importante della storia umana. S'indirizza a tutti, credenti e non, e rimane, dopo venti secoli, l'unica luce che brilla ancora nelle tenebre di violenza, di paura, di solitudine in cui è stato gettato l'Occidente dal proprio orgoglio ed egoismo».

Se già la presentazione era solenne, l'impressione di maestosa autorevolezza che promana da Gesù cresce enormemente ascoltando il messaggio. La prima parola che risuona e che poi continuerà come un piacevole ritornello per 9 volte è «beati», cioè «felici». Troviamo qui disegnata la mappa della felicità.

---

[50] Collocato a sud della Penisola Sinaitica, raggiunge i 2235 metri.

Le beatitudini
Il grido di felicità che ripetutamente risuona in questa pagina fu già ascoltato in precedenza in alcune pagine del mondo biblico e giudaico[51].

La beatitudine è presente nell'AT, allorché si dichiarano felici gli uomini che vivono secondo le regole dettate dalla sapienza (cf Sir 25,7-10). Nei salmi si proclama beato l'uomo che teme (= ama) il Signore, dimostrando tale amore con l'osservanza della volontà divina espressa nella sua legge (cf Sal 128,1; 1,1). Difficilmente si trovano due beatitudini insieme e mai sono ad esse associati i "guai", come nella combinazione di Luca.

Nel giudaismo di poco anteriore a Gesù s'incontra, come nel nostro caso, una sequenza di beatitudini e anche la loro combinazione con i "guai": questi si spiegano forse per la viva speranza dei tempi ultimi. Sempre in simile contesto, si trova il discorso diretto («voi»), sconosciuto all'AT, ma presente in Mt 5,11. A differenza dell'AT, non ci sono frasi secondarie che specificano le beatitudini.

Per quanto concerne il NT, la presentazione letteraria si può quindi dire originale, prendendo un poco dall'AT e un poco dal giudaismo, senza però una copiatura vera e propria. Soprattutto il contenuto non ha precedenti e può vantare una novità assoluta.

Diversamente dalla prospettiva della letteratura sapienziale che additava una salvezza futura e terrena, Gesù annuncia una salvezza presente e senza restrizioni, perché tutti possono accedere alla felicità, a condizione che siano legati a lui. Sganciati da lui, le beatitudini non hanno senso. È lui a inserire coloro che lo seguono nella condizione di figli di Dio e di cittadini del regno, premessa e condizione di vita piena, cioè pienamente realizzata e, quindi, felice.

Beati i poveri in spirito, perché di essi è il regno dei cieli
Il primo annuncio di felicità riguarda i poveri. Si capisce fin dall'inizio lo *choc* per il lettore che sente stridente il contrasto tra quelle parole e le continue agghiaccianti notizie di persone e di interi popoli che vivono in difficoltà e che sperano di uscire dalla loro triste condizione. Se aggiungiamo il fatto di tante persone che investono denaro in lotterie, lotto, e giochi vari nella speranza di essere "baciate" dalla fortuna, riesce ancora più difficile capire come possano essere felici i poveri.

---

[51] Il nostro orizzonte è volutamente limitato a questo mondo. Per completezza, ricordiamo che «La nozione di *beatitudine/felicità* ha una grande importanza nell'antichità mediterranea e mediorientale: dalla letteratura mesopotamica a quella egiziana, dalla poesia greca arcaica alla filosofia greco-classica, il tema ha avuto numerose trattazioni dalle molteplici ricadute etiche», E. Borghi, *La giustizia per tutti. Lettura esegetico-ermeneutica del Discorso della montagna,* Claudiana, Torino 2007, 23.

Un primo aiuto per una retta comprensione viene dalla specificazione «poveri in spirito» che Matteo ha in proprio, rispetto a Luca. La specificazione impedisce una piatta identificazione tra "povertà" e "mancanza di mezzi". La povertà economica ha tante cause, perfino quella di essere frutto di vizio, di indolenza o di altra colpevole responsabilità personale. Bisogna evitare di considerare la povertà solo come ristrettezza economica.

Il povero in senso biblico è colui che si svuota di se stesso e della presunzione di costruire la sua vita in modo autonomo per lasciare sempre più spazio e interesse a Dio e al suo progetto. Povero finisce per identificarsi con umile, uno non raggomitolato su se stesso, perché aperto a Dio e agli altri. Chi si libera di se stesso per aprirsi a Dio, trova la pienezza della ricchezza che è il «regno dei cieli». Questa espressione, cara all'evangelista Matteo, indica la presenza di Dio nella storia dell'umanità e del singolo uomo. Già al tempo di Gesù era presente una corrente spirituale, quella degli *anawim,* che relatizzava il valore della ricchezza materiale a vantaggio di quella spirituale, equivalente a un sincero a pieno affidamento a Dio.

Il povero, dunque, non è un miserabile, né un rinunciatario, ma una persona molto fiduciosa in Dio, che diventa la sua ricchezza. Potremmo tradurre liberamente la frase così: "Felici veramente coloro che sono ricchi di Dio, perché di fidano di Lui". E per essere ricchi di Lui, devono lasciargli spazio e tempo, dedizione e interesse. Da qui viene il senso vero di povertà. Commenta Divo Barsotti: «Finché l'uomo non svuota il suo cuore, Dio non può riempirlo di sé. Non appena e nella misura che di tutto vuoti il tuo cuore, il Signore lo riempie. La povertà è il vuoto non solo per quanto riguarda il futuro, ma anche per quanto riguarda il passato. Nessun rimpianto o ricordo, nessuna ansia o desiderio. Dio non è nel passato, Dio non è nel futuro: Egli è la Presenza! Lascia a Dio il tuo passato, lascia a Dio il tuo futuro. La tua povertà è vivere nell'atto che vivi, la Presenza pura di Dio che è l'Eternità».

Questa beatitudine è la prima, sia perché apre la serie, sia soprattutto perché contiene in qualche modo tutte le altre che ne sono una sorta di specificazione. Vale per essa il discorso che si fa per il battesimo, il primo dei sacramenti, perché permette l'accesso a tutti gli altri. Qualcosa di analogo si può dire anche per il primo comandamento, quello dell'amore a Dio, che è riassuntivo di tutti gli altri. Il secondo poi gli è simile, nel senso che gli sta strettamente e indissolubilmente unito. In questo duplice comandamento stanno «tutta la legge e i profeti».

Non è facile fidarsi totalmente di un Dio invisibile. La difficoltà di aggrapparsi unicamente a Lui spinge a riempire la vita di cose. La smania di possedere è la macchina infernale che avvinghia le persone, centrifugandole con l'illusione che "più cose" equivalga a "più felicità". Storditi da questa droga, si dimentica il valore delle persone e il valore di Dio. Può essere utile questa riflessione di G. Fhibon: «Dio è il più ricco e il più povero di tutti gli esseri. È il tutto ma non ha niente. Non può dare che se stesso. E ciò spiega il suo insuccesso».

Gesù rivendica per se stesso il primato di Dio. Il suo amore per il Padre ha sempre orientato la sua vita. Tanti gli hanno creduto, si sono sforzati di imitarlo e sono divenuti un genuino *testimonial* della felicità.

Beati quelli che sono nel pianto, perché essi saranno consolati

Il pianto è un modo strano di comunicazione. Esprime l'incapacità di una persona di controllare sentimenti ed emozioni e perciò "scoppia in lacrime". Si piange per un grande dolore o per una grande gioia. Qui il contesto lascia intendere che si tratta di sofferenza. Infatti un'altra traduzione possibile è «beati gli afflitti». Pianto e afflizione denotano la gravità della situazione, anche se mancano dettagli per identificare la causa. Potrebbe aiutare un po' il richiamo al testo di Is 61,2-3 che si rivolge agli afflitti di Sion, scoraggiati perché la salvezza non si attua. Sono persone che piangono sulla rovina di Gerusalemme e di tutto il popolo.

Al di là di ogni possibile identificazione, ravvisiamo in questo gruppo tutti i veri discepoli di Cristo che hanno a cuore i problemi del Regno e soffrono per una chiesa non santa come dovrebbe, divisa e lacerata. Ma soffrono e piangono prima di tutto per i loro peccati che rallentano o impediscono un rinnovamento profondo. In tale penosa situazione, solo Dio può apportare la novità. Il nome di Dio non compare esplicitamente nella frase, ma lo si trova facendo attenzione al verbo «saranno consolati» che gli studiosi chiamano "passivo divino". Che cos'è? È un espediente per evitare di pronunciare il nome di Dio. Tutti sappiamo che gli Ebrei nutrono per Dio un rispetto altissimo che si manifesta anche nel non pronunciare mai il suo nome. Un mezzo per evitarlo, come nel nostro caso, è quello di trasformare in passiva la frase che ha Dio per soggetto (esempio: da «Dio ha fatto...» a «è stato fatto»). Tenuto presente questo, la motivazione della beatitudine suona «Dio li consolerà»[52]. Dio è il grande consolatore. Lo fu con il

[52] Altro esempio è Mc 10,40: «Ma sedere alla mia destra o alla mia sinistra non sta a me concederlo: è per coloro per i quali è stato preparato», da intendere: «è per coloro per i quali Dio lo ha preparato». A

suo popolo attraverso la parola dei profeti, lo è soprattutto in Gesù Cristo e nel suo Spirito, chiamato, tra l'altro, "Consolatore".

Il tempo è al futuro «saranno consolati» perché solo nell'eternità beata ci sarà consolazione piena e definitiva. Nel frattempo, Dio chiede agli uomini di impegnarsi a essere loro i segni concreti della sua consolazione nell'oggi. Come lo è stato Paolo che scrive alla comunità di Corinto: «Sia benedetto Dio, Padre del Signore nostro Gesù Cristo, Padre misericordioso e Dio di ogni consolazione! Egli ci consola in ogni nostra tribolazione perché possiamo anche noi consolare quelli che si trovano in ogni genere di afflizione con la consolazione con cui noi stessi siamo consolati da Dio» (2Cor 1,3-4).

La consolazione, anche nella sua forma più semplice di amoroso ascolto, è oggi una forma di apostolato molto apprezzata, benefica per chi la pratica e per chi la riceve. Oltre a rasserenare gli animi, la consolazione ha un salutare effetto anche sociale. Se Dio è il Consolatore per eccellenza, anche noi, suoi figli, possiamo partecipare a questo ministero e rendere operativa la beatitudine. E sarà felicità per tutti.

Beati i miti, perché avranno in eredità la terra

La beatitudine richiama da vicino il Sal 37,11: «I poveri avranno in eredità la terra». Nello stesso salmo, al v. 29 si legge: «I giusti avranno in eredità la terra». Possiamo creare un parallelo e notare che «poveri» e «giusti» si equivalgono. Se poi aggiungiamo che la lingua ebraica non fa distinzione tra poveri e miti, otteniamo un'equivalenza tra i tre termini "poveri", "giusti", "miti".

Qui si parla di persone che non opprimono e non sfruttano, che hanno rinunciato a farsi giustizia da sé e rimettono tutto nelle mani di Dio che «giudicherà con giustizia i miseri e prenderà decisioni eque per gli umili della terra» (Is 11,4). Sono persone sottomesse, ma non rassegnate, semplici ma non ingenue, docili a Dio e rispettose dei suoi tempi.

Il loro atteggiamento è segnato ancora nel Sal 37,27: «Sta' lontano dal male e fa' il bene e avrai sempre una casa». La scelta del bene è ricompensata con il possesso di una casa o di una terra. Questo era importante per la mentalità biblica. Sentenziavano i rabbini: «Chi non può chiamare sua una terra, non è uomo».

Dio ricompensa queste persone con un possesso che è il segno esterno di una presenza. Il migliore possesso resta Lui. Così si esprime l'Autore della

---

conferma di questa interpretazione si può leggere il passo parallelo di Mt 20,23: «per coloro per i quali il Padre mio lo ha preparato».

Lettera agli Ebrei: «Essi aspirano ad una patria migliore, cioè a quella celeste. Per questo Dio non si vergogna di essere chiamato loro Dio. Ha preparato infatti per loro una città» (Eb 11,16). Perciò a buon diritto A. Sand propone questa interpretazione: «Nel testo attuale "terra" è la "terra promessa", e va intesa come sinonimo di regno dei cieli (v. 3). Il parallelismo poveri di spirito = miti, viene di conseguenza conservato anche nella promessa: regno dei cieli = terra».

Gesù ha dimostrato nella sua vita come realizzare questa situazione difficile: è stato coraggioso, ha suscitato interrogativi nel cuore degli uomini, ha scoperchiato situazioni inveterate che si erano incancrenite (per esempio polemizza sul digiuno, sul riposo sabbatico), ma non è mai ricorso alla violenza. Subirà la morte come agnello condotto al macello, secondo l'immagine del profeta Isaia. Ma era anche sicuro della protezione e della vicinanza del Padre.

Sul suo esempio i cristiani imparano a essere forti, ma non violenti, decisi ma non aggressivi, coraggiosi e intrepidi difensori dei diritti di Dio, scopo e meta della loro vita.

Beati quelli che hanno fame e sete della giustizia, perché saranno saziati

La giustizia è la ricerca e l'attuazione della volontà di Dio. Bisogna quindi conoscerla, ricercarla e renderla viva nella vita di tutti i giorni. Già al momento della tentazione, quando Satana voleva sottoporre Gesù alla sua volontà, la risposta chiara e inequivocabile era stata: «Non di solo pane vivrà l'uomo, ma di ogni parola che esce dalla bocca di Dio» (Mt 4,4). La citazione vale come impegno programmatico di Gesù, che nella sua vita ha sempre ricercato e attuato quello che il Padre voleva.

Se c'è una fame di pane da soddisfare - e Gesù è intervenuto due volte a moltiplicare il pane[53] – esiste un altro bisogno di nutrimento. Quando il corpo è sazio, resta ancora un'altra fame che può essere altrettanto tormentosa. È la fame dello spirito e del cuore, la fame di essere come Dio ci vuole.

Coloro che sentono questo bisogno sono simili ai "poveri" che hanno messo Dio al centro della loro vita. E diventano anche attivi nella vita sociale e civile, lottano per la liberazione dell'uomo da tutte le sue schiavitù, sempre nella prospettiva di realizzare quella libertà e giustizia che è la conformità alla volontà di Dio.

La ricompensa di questo impegno è futura e posta nelle mani di Dio, alluso ancora una volta nel passivo «saranno saziati». Il futuro potrebbe sembrare un elegante modo per sfuggire alla specificazione dell'intervento

[53] Cf Mc 6,34-44; 8,1-9.

divino. In parte è vero, perché nessuno può stabilire i tempi a Dio. Abbandonarsi alla sua volontà è anche assecondare i tempi divini. Ma c'è di più. Il futuro rileva l'urgenza di non sentirci mai sazi, appagati di quello che abbiamo fatto, e di continuare la ricerca e l'approfondimento della volontà divina. In questo sforzo sono compresi anche tutti gli impegni a costruire un mondo in cui il rispetto per ogni uomo e per tutto l'uomo sia un principio cardine del progetto di Dio sull'umanità e sul mondo.

Beati i misericordiosi, perché troveranno misericordia

La misericordia è una caratteristica che inerisce a Dio come se fosse il suo proprio nome «Il Signore, il Signore, Dio misericordioso e pietoso» (Es 34,6). La qualifica passa nel Nuovo Testamento anche a Gesù, chiamato il «sommo sacerdote misericordioso» (Eb 2,17).

La misericordia identifica e definisce l'impegno divino per l'umanità, bisognosa di stringere l'alleanza con Dio che era stata infranta e desiderosa di essere liberata dal peccato che l'ha allontanata da Lui. La misericordia è l'aggancio divino che permette agli uomini di ritrovare in se stessi l'immagine divina che il peccato aveva deturpato e così, rinnovati grazie a Cristo, essere annoverati tra i «familiari di Dio» (Ef 2,19).

Il Vangelo trabocca di parole e di gesti che cantano la misericordia. Gli incontri di Gesù con i peccatori sono una sinfonia di amore: ciechi, storpi, lebbrosi, sfiduciati, derelitti, hanno trovato in Lui colui che li ha accolti nella loro realtà, li ha capiti, li ha aiutati a rinnovarsi nel corpo e nello spirito. Anche le parole di Gesù sono un inno alla misericordia che si fa comprensione, accoglienza, primo passo verso l'altro. Basti ricordare la parabola della pecora perduta e l'appassionata ricerca del pastore, finché non la ritrova, oppure le imperiose esigenze perché la comunità cristiana sia fondata sulla mutua comprensione e sul perdono. Il tema è trattato sinfonicamente in molte pagine, basti citare il capitolo 18 di Matteo o il 15 di Luca.

I misericordiosi sono coloro che riproducono nel nome e soprattutto nella vita il titolo divino. Essi imitano Dio, distribuendo amore e serenità, comprensione e fiducia, perdono e futuro, e si impegnano a ricostruire il tessuto sociale lacerato da discordie e inimicizie. Per farlo, cominciano da se stessi.

Costoro sono felici perché Dio sta al centro della loro vita, in attesa che diventi la totalità della loro esistenza nell'eternità beata. È quanto viene espresso con «troveranno misericordia», ancora una volta un futuro di compimento, con vistosi prodromi nel presente storico.

La beatitudine ha avuto il suo "acuto" nell'anno giubilare straordinario della misericordia, indetto da Papa Francesco nel 2016. Grazie a approfondimenti, studi, dibattiti e, soprattutto, al fattivo impegno di tante persone di buona volontà, il tema è tornato al centro dell'interesse e ha promosso un rinnovamento degli animi.

Beati i puri di cuore, perché vedranno Dio

Il cuore è il centro della persona, la sede dell'intelligenza, della volontà e degli affetti. Qui «cuore» equivale un po' a «spirito» della prima beatitudine.

Anche per questa beatitudine esiste un forte richiamo a testi dell'AT, come il Sal 24,3-4: «Chi potrà salire il monte del Signore? Chi potrà stare nel suo luogo santo? Chi ha mani innocenti e cuore puro, chi non si rivolge agli idoli, chi non giura con inganno». Il salmista richiama le condizioni necessarie per accedere a Dio: solo colui che non ha fatto il male («mani innocenti»), né lo ha progettato («cuore puro»), né si rivolge agli idoli, è idoneo a salire al tempio, luogo privilegiato di incontro con Dio.

La purezza di cuore è la semplicità che rende trasparente lo sguardo, come suggerisce Mt 6,22: «La lampada del corpo è l'occhio; perciò, se il tuo occhio è semplice, tutto il tuo corpo sarà luminoso». San Francesco ha un'ammonizione che suona così: «Veramente puri di cuore sono coloro che disdegnano le cose terrene e cercano le cose celesti, e non cessano mai di adorare e vedere il Signore Dio, vivo e vero, con cuore e animo puro».

La beatitudine è indirizzata a tutti coloro che costruiscono una vita nella rettitudine interiore, purificando continuamente intenzioni e pensieri, perché «dal cuore provengono propositi malvagi, omicidi, adulteri, impurità, furti, false testimonianze, calunnie. Queste sono le cose che rendono impuro l'uomo» (Mt 15,19-20).

La ricompensa è l'agognato desiderio dell'uomo di vedere Dio. Ci aveva provato Mosè, con la sua esorbitante richiesta: «Mostrami la tua gloria», ricevendo soddisfazione solo in parte. Dio gli risponde: «Tu non potrai vedere il mio volto, perché nessun uomo può vedermi e restare vivo» (Es 33,18.20). I secoli trascorrono, ma il bruciante desiderio dell'umanità permane. Ci prova questa volta Filippo con Gesù: «Signore, mostraci il Padre e ci basta» e si sente rispondere: «Da tanto tempo sono con voi e tu non mi hai conosciuto, Filippo? Chi ha visto me, ha visto il Padre» (Gv 14,8-9). Cristo è la risposta al desiderio dell'umanità, perché Lui è uno con il Padre.

La vista dell'uomo Gesù è caparra per un incontro "faccia a faccia", meglio, "cuore a cuore" che sarà possibile solo nell'eternità beata, quando coloro che hanno incontrato Gesù e hanno purificato continuamente la loro esistenza, potranno essere in comunione con Dio che è Padre, Figlio e Spirito Santo. Questo è il principale contenuto del *videre Deum* o del *quaerere Deum* o del *quaerere vultum* Dei che ha sempre caratterizzato la spiritualità, fissandosi anche nel titolo di un recente documento del Magistero: «La ricerca del volto di Dio attraversa la storia dell'umanità, da sempre chiamata a un dialogo d'amore con il suo Creatore»[54].

Beati gli operatori di pace, perché saranno chiamati figli di Dio

La pace è un bene primario e irrinunciabile dell'uomo. Là dove manca, l'umanità è impoverita, privata di una componente essenziale e costitutiva. Il termine suscita un appassionato desiderio ed è oggetto di continua ricerca. Sarà bene inquadrarlo nei suoi contorni biblici.

La nostra mentalità abbina istintivamente "pace" e "guerra", intese come due contrari. Si parla di pace in assenza di guerra. Ciò è vero solo in parte. Nella Bibbia sono rarissimi i casi in cui pace e guerra sono accoppiate[55]. La pace è un concetto vasto e profondo, che ha in Dio la sua origine, investe tutta la vita e tutti i settori, è affidata all'uomo come bene da custodire e da diffondere, fino ad arrivare a Cristo, definito «nostra pace» (Ef 2,14).

Gesù ha parlato di una pace che Lui è venuto a portare, diversa dalla pace che offre il mondo. Si comprende il valore della pace in connessione con il giorno della Risurrezione quando Gesù, apparendo ai suoi, rivolge come prima parola «Pace a voi». Non si tratta di un augurio («la pace sia con voi»), bensì del dono del Risorto alla sua comunità. La prima parola è un dono, il dono per eccellenza, perché pace indica l'avvenuta riconciliazione tra cielo e terra, grazie alla morte e alla risurrezione di Gesù. La pace è la condizione dell'uomo nuovo, ricreato dal dono di Gesù.

Con questo ricco sottofondo si comprende meglio la beatitudine. Coloro che operano la pace, detti anche «costruttori di pace» (meno bene «pacifici»), sono i risorti con Cristo che vivono e distribuiscono ai fratelli il dono ricevuto. Non basta uno stato di non belligeranza, né un irenico sentimento di unione, per rientrare nella beatitudine. Occorre godere interiormente del frutto della

---

[54] Prime parole della Costituzione Apostolica di Papa Francesco *Vultum Dei quaerere. Sulla vita contemplativa femminile* (29.06.2016), a cui farà seguito l'Istruzione applicativa *Cor orans* (01.04.2018).

[55] Per esempio, Qoelet 3,8: «Un tempo per la guerra e un tempo per la pace».

risurrezione e saperlo vivere nella vita di tutti i giorni, condividendolo con le persone vicine e con quelle incontrate occasionalmente. Così facendo, «saranno chiamati figli di Dio».

«Essere chiamati» è un modo biblico per dire «diventano», «sono» effettivamente figli di Dio, come conferma questo passo della Prima lettera di Giovanni: «Vedete che grande amore ci ha dato il Padre per essere chiamati figli di Dio, e lo siamo realmente!» (1Gv 3,1).

Perché allora il tempo futuro, se la risurrezione pone queste persone nella condizione di essere già figli di Dio? La risposta viene ancora dalla Prima lettera di Giovanni: «Carissimi, noi fin d'ora siamo figli di Dio, ma ciò che saremo non è stato ancora rivelato» (1Gv 3,2). La nostra figliolanza è una specie di "degustazione" o "assaggio" di ciò che vivremo in pienezza e in modo definitivo nell'eternità di Dio.

Il cristiano, ricco della pace che Dio gli dà in Cristo per mezzo dello Spirito, non si accontenta di goderne personalmente. La beatitudine incoraggia e benedice tutti gli sforzi perché il bene della risurrezione raggiunga tutti gli uomini, anche nella forma di una convivenza civile, serena, fatta di accoglienza, di mutuo rispetto e di collaborazione. È un gradino per la costruzione di quella pace che ha in Dio la sua fonte e il suo apice. Perciò, come scrive W. Trilling: «Beati quelli che nella vita quotidiana portano la pace, riconciliano i nemici, spengono gli odi, uniscono i cuori divisi, con un piccolo gesto, con una parola conciliante, ma che sale da un cuore pieno di Dio!».

Beati i perseguitati per la giustizia, perché di essi è il regno dei cieli

L'ottava e ultima beatitudine ha una prima formulazione simile alle precedenti (v. 10), poi è dotata di una espansione che ne illustra ulteriormente il senso (vv. 11-12). Che si tratti di un'espansione, e non della nona beatitudine, lo si capisce sia dal contenuto, identico a quello della precedente, sia dalla formulazione inusitata con la presenza del «voi», tipico del discorso diretto.

Soggetto di questo nuovo aspetto della felicità sono «i perseguitati per la giustizia». Avevamo già incontrato la giustizia nella quarta beatitudine, dove si parlava di coloro che avevano fame e sete di giustizia. Ora si prolunga il tema, con una variante. Se prima era la ricerca della volontà di Dio che interessava, ora è la resistenza in questa stessa volontà che diventa primaria.

Significa che qualcuno ha vantaggio a scardinare il nostro rapporto con Dio, azzerandolo o "rendendolo innocuo" come lo è per certi cristiani "all'acqua di rose". Insomma, cristiani sì, però senza troppo impegno, quando la voglia e il tempo lo permettono... Così non funziona! Gesù non elude, né sorvola, le reali difficoltà che comporta la scelta cristiana. Però, non benedice una vita di compromessi, né una sorta di cristianesimo *part time* oppure *on demand*. Una seria adesione al Vangelo richiede coraggio e qualche volta perfino eroismo.

Che cosa significhi essere perseguitati per la giustizia è in modo solare illustrato dall'espansione: «Beati voi quando vi insulteranno, vi perseguiteranno e diranno, mentendo, ogni sorta di male contro di voi per causa mia» (v. 11). Aderire a Cristo (= «giustizia» o «per causa mia») ha sempre comportato nella storia bimillenaria della Chiesa alcune difficoltà. Queste assumono toni e colori diversi secondo i luoghi e le circostanze. Può essere l'opposizione violenta contro i cristiani dei primi secoli - come pure del nostro tempo, perché il martirologio continua ad essere scritto - con il risultato di numerosi martiri, può essere il dileggio o la beffa nei confronti della religione considerata un sottoprodotto dell'umanità o un elemento di cultura primitiva, può essere l'indifferenza di chi non ha alcun interesse per Cristo e per la sua comunità, può essere il discredito di valori evangelici. Insomma, esistono diverse modalità in cui il cristiano può sperimentare la beatitudine, quando è chiamato a testimoniare la propria fedeltà a Cristo e il suo amore a Lui attraverso le scelte della vita quotidiana, pur in un contesto di contrasto, di indifferenza, di aperta ostilità. Un'insospettabile testimonianza viene da Francesca Mambro, una ex terrorista, condannata all'ergastolo: «Ricordo ancora quando c'è stato il funerale del giudice Vittorio Bachelet, quando i figli all'altare dissero di perdonare gli assassini del padre: Io credo che quella sia stata la sconfitta di ogni terrorismo e di ogni violenza».

Gesù ha vissuto per primo questa beatitudine, dimostrando e insegnando una fedeltà a tutta prova. Per amore al Padre e agli uomini è andato fino in fondo, bevendo il calice che il Padre gli aveva preparato (cf Mt 20,22). I cristiani sono felici se sanno imitarlo nella piena dedizione, senza indietreggiare quando la prova si fa incalzante e la "croce" pesante. Per costoro scatta la ricompensa di avere «il regno dei cieli».

Ritorna il verbo con il tempo al presente come nella prima beatitudine. Ritorna pure l'espressione «regno dei cieli» che incornicia tutto il quadro di questa mappa della felicità. Come già detto a proposito della prima beatitudine, anche ora il regno dei cieli è un'espressione per indicare Dio stesso. La migliore ricompensa per coloro che affrontano difficoltà solo perché sono cristiani, è quella di essere con Dio, nel senso di sperimentare concretamente, e nel presente, l'onnipotenza divina e la sua amorosa vicinanza.

Gesù lo aveva detto ai discepoli quando li preparava per l'invio in missione: «Ecco: io vi mando come pecore in mezzo a lupi; siate dunque prudenti come i serpenti e semplici come le colombe. Guardatevi dagli uomini, perché vi consegneranno ai tribunali e vi flagelleranno nelle loro sinagoghe; e sarete condotti davanti a governatori e re per causa mia, per dare testimonianza a loro e ai pagani. Ma, quando vi consegneranno, non preoccupatevi di come o di che cosa direte, perché vi sarà dato in quell'ora ciò che dovrete dire: infatti non siete voi a parlare, ma è lo Spirito del Padre vostro che parla in voi» (Mt 10,16-20).

Sperimentare Dio come amore presente e come forza che fa affrontare torture disumane è storia della Chiesa di tutti i secoli. Valga come esempio la citazione di D. Bonhöffer, morto in campo di concentramento: «È venuta l'ora della resistenza in silenzio e di accendere a tutti gli angoli dell'orgoglioso edificio l'incendio della verità, perché un giorno tutto l'edificio crolli». Eppure, anche nella sofferenza disumana e atroce causata dagli uomini, brillano serenità e perfino gioia, come testimoniato da Paolo Le-Boo-Tinh, uno dei martiri vietnamiti[56] che così scriveva nel 1843 agli alunni del Seminario di Ke-Vinh: «Io, Paolo, prigioniero per il nome di Cristo, voglio farvi conoscere le tribolazioni nella quali quotidianamente sono immerso, perché infiammati dal divino amore, innalziate con me le vostre lodi a Dio… Questo carcere è davvero un'immagine dell'inferno eterno: ai crudeli supplizi di ogni genere, come i ceppi, le catene di ferro, le funi, si aggiungono odio, vendetta, calunnie, parole oscene, false accuse, cattiverie, giuramenti iniqui, maledizioni e infine angoscia e tristezza… In mezzo a questi tormenti, che di solito piegano e spezzano gli altri, per la grazia di Dio sono pieno di gioia e letizia, perché non sono solo, ma Cristo è con me. Egli, nostro maestro, sostiene tutto il peso della croce…». Sono parole che si commentano da sole, uscite dal vissuto, prima che dalla bocca.

Al v. 12 compare per la prima volta nel vocabolario di Matteo il termine «ricompensa». E si tratta di una ricompensa «grande», che potremmo anche considerare «grandissima», poiché essa è «nei cieli». Si comprende il valore della felicità qui indicata e di tutto il discorso sulle beatitudini, quando si fa attenzione, come si è cercato di fare nel breve commento, che tutto è orientato verso Dio, presente nel tempo e nella storia, meta ultima e definitiva di ogni uomo. È Lui, Padre, Figlio e Spirito Santo, la ricompensa e la radice di ogni felicità.

[56] Il 19 giugno 1988 san Giovanni Paolo II canonizzò 117 di questi martiri vietnamiti. Si calcola che tra il 1652 e il 1886 siano stati circa 130.000 i cristiani uccisi per la fede e tra loro laici, catechisti, religiosi, sacerdoti e vescovi.

La mappa della felicità

Come possiamo dire che le beatitudini siano la mappa della felicità, quando inneggiano a poveri, perseguitati, oppressi, persone che molte volte non contano o che stanno al fondo della scala sociale? La risposta a questa situazione paradossale può venire solo da una corretta comprensione del contenuto della felicità. Proviamo a individuare alcune caratteristiche che la identifichino e la qualifichino.

Incarnata. Essa deve essere realistica, concreta, se non vuole essere scambiata per un'illusione o, peggio, per anestetico o una droga. Gesù proclama le beatitudini che sono a prevalente tasso autobiografico. Prima di proclamarle, egli le vive. Infatti, la Buona novella è Cristo. Lui è il povero, il mite, il misericordioso, il portatore di pace... In Lui si riscontra identità tra messaggio e messaggero, tra il dire, l'agire e l'essere. La sua forza, il segreto dell'efficacia della sua missione sta nella totale identificazione col messaggio che annuncia: egli proclama la 'buona novella' non solo con quello che dice o fa, ma con tutto il suo essere.

Complessiva e interiore. La felicità deve investire tutta la persona e toccare le corde profonde e multiple dell'esistenza. Una felicità solo in superficie potrebbe essere scambiata per quella del *clown* da circo, il pagliaccio, obbligato per mestiere a far ridere, anche se dentro si porta un tormento. Il fatto che Gesù richiami situazioni di dolore e di emarginazione vuole indicare che la felicità non è abbarbicata al totale benessere: quando sto bene, ho una sicurezza economica e psicologica, sono rispettato e onorato, ho una buona relazione con gli altri... Se così fosse, la condanna all'infelicità sarebbe assicurata, perché tale presunta situazione è utopica e, anche se ci fosse, prima o poi, su un punto o su un altro, si incrina e si guasta.

Gesù afferma con vigore il suo «beati» proprio in situazioni umanamente svantaggiate, per ricordare la qualità della gioia. Scrisse Papa Paolo VI, oggi santo, nell'Esortazione Apostolica *Gaudete in Domino* del 1975: «La società tecnologica ha potuto moltiplicare le occasioni di piacere, ma essa difficilmente riesce a procurare la gioia. Perché la gioia viene da un'altra parte. Essa è spirituale. [...] Una inalterabile gioia è componente necessaria nella psicologia cristiana, anche nelle avversità e nelle tribolazioni»

Un bene da esportare. Sarà stato notato che spesso le beatitudini hanno un'apertura all'esterno: gli affamati di giustizia, i misericordiosi, i portatori di pace... La gioia cristiana non è una fortuna, è una virtù. Non è fatta per essere consumata, ma per venire donata: «Si è più beati nel dare che nel ricevere» (At

20,35). Se questo bene non viene donato, c'è da dubitare seriamente che sia vera gioia. Scrive F. Tagliaferri: «Il vero nemico della gioia non è il dolore che sta dentro la struttura dell'esistenza. È l'egoismo che lo provoca dall'esterno con le sue mille iniziative, da quelle selvagge a quelle mascherate di buone azioni: l'egoismo che spreca la vita, l'egoismo che vuole di più per sprecare di più, l'egoismo che si rifiuta a chi non ha».

Un bene durevole, con prospettive di eternità. Abbiamo visto che, eccetto la prima e l'ultima, le beatitudini sono formulate con il tempo al futuro. Può sembrare una promessa di cui non è garantita la realizzazione, oppure un modo elegante per sfuggire al presente o lasciare tutto nel vago. Ovviamente non è così.

Gesù non dà certo l'impressione di promettere qualcosa di estemporaneo o di remoto. Egli vive la gioia e la comunica. L'annuncio che Lui porta contiene i semi fecondi di felicità e perciò K. Barth scrisse: «All'uomo che ascolta la lieta novella e la prende a cuore non è concesso, anzi è proibito, non essere un uomo felice». Il futuro allora sta a indicare che sebbene nell'esistenza quotidiana sia presente la beatitudine, la sua pienezza sarà possibile solo alla fine. La comprensione del futuro è connessa con l'ultimo punto.

Dio è la vera gioia. La prima beatitudine lo aveva annunciato subito con una espressione cara all'evangelista Matteo, «regno di Dio», che indica Dio stesso in quanto regna (cf anche l'ultima). I poveri sono dichiarati felici perché sono di Dio e Dio è con loro. Non si tratta di un possesso, ma di una comunione, che è una relazione di intimità. La vera gioia è un fatto di relazione personale (le cose non danno vera gioia), fondato sull'amore. E questa relazione è con Dio stesso.

Nelle altre beatitudini, Dio è richiamato talora in modo esplicito («vedranno Dio», «saranno chiamati figli di Dio»), talora in modo implicito con la formula del passivo divino («saranno consolati», «saranno saziati»), oppure in modo allusivo («troveranno misericordia»). Non ci può essere vera felicità senza Dio. Lui è la meta ultima del nostro pellegrinare, la soddisfazione piena di quella gioia che già caratterizza e accompagna il nostro cammino. Lo richiama il Catechismo della Chiesa Cattolica al numero 1726: «Le beatitudini ci insegnano il fine ultimo al quale Dio ci chiama: il Regno, la visione di Dio, la partecipazione alla natura divina, la vita eterna, la filiazione, il riposo in Dio».

Le beatitudini sono monito e invito. Monito a revisionare la nostra esistenza cristiana alla luce della felicità per non cadere nell'apatia della vita spirituale: «Il segno inequivocabile dell'agonia di Dio è che il Signore non desta più gioia nel cuore» (Larrañaga). L'invito è a riscoprire questo propellente che l'amore divino ha deposto nel nostro cuore: «La gioia è il gigantesco segreto del cristiano» (Chesterton), perché, come dice san Paolo, quasi anticipando Matteo: «Il regno di Dio [...] è giustizia, pace, gioia nello Spirito Santo» (Rm 14,17).

Le beatitudini sono parole provocatorie e scandalose, paradossali e esigenti, dette nel presente "feriale" di contraddizioni, ingiustizie, delusioni. Se sono provocazioni che non hanno il tocco leggero della carezza, sono però parole vere, incarnate nella vita di Cristo e di tanti cristiani e, quindi, sono portatrici di speranza e di attesa per l'avvenire "festivo" del regno di Dio, finalmente parte integrante del mondo rinnovato.

L'intonazione iniziale «beati» è come dire che vale la pena di vivere, che la vita è bella. Sì, le beatitudini sono un inno alla vita che, anche se solcata dal dolore e ferita da innumerevoli avversità, merita di essere gustata fino in fondo, assaporata nell'oggi, e goduta nell'eternità beata di Dio.

Conclusione

Ci permettiamo una conclusione insolita, composta, dapprima, da una serie di domande e, poi, da una preghiera.

Sollecitati dal tema tanto avvicente della felicità cantata nelle beatitudini, lasciamo al lettore alcuni interrogativi, ai quali, se avrà piacere, potrà rispondere nel segreto del suo cuore:

1. Che idea ho della felicità? Posso dire di essere una persona felice? Perché? Se non lo sono, so individuare qualche causa che mi impedisce di esserlo? Che cosa mi suggerisce il discorso di Gesù?
2. In quale beatitudine mi rispecchio meglio? Perché? In quale non mi ritrovo per niente? Perché?
3. Mi sento costruttore della felicità altrui? Come lo sono in famiglia? E nella vita sociale e professionale?
4. Penso forse che la felicità debba essere sempre e necessariamente accompagnata da benessere fisico, gratificazione altrui, condizioni favorevoli in campo sociale, professionale, familiare e di relazioni con gli altri? Come riesco a combinare, concretamente, le difficoltà della vita con la gioia proclamata come bene attuale e stabile?
5. Ho una mia ricetta della felicità che posso comunicare? Da chi ho appreso qualche utile spunto a vivere con piena serenità interiore? Che cosa ho imparato?
6. Posso dire che ripongo in Dio la mia felicità? Come e perché?

7. Quale funzione di mediazione ha la comunità ecclesiale nel costruire un insieme di persone che vivono e diffondono lo spirito delle beatitudini? Avrei qualche suggerimento da dare?
8. Nella mia famiglia (parentela, comunità parrocchiale, cerchia di amici e conoscenze) posso dire che si conoscono e si praticano le beatitudini? Come? Quali in particolare? Che cosa potrei e potremmo fare di più per una loro diffusione e pratica?

La lettura della pagina di Matteo può far sgorgare anche tante preghiere. Ne proponiamo una.
Signore, abbiamo tanta fame e sete di gioia. Vorremmo essere felici, sempre.
Le tue beatitudini ci entusiasmano e ci scoraggiano.
Ci entusiasmano perché vediamo in te un cantore della felicità
e una persona che sa dare indicazioni precise, collaudate da te,
sperimentate da milioni di persone che si sono fidate di te e affidate a te,
Il tempo non ha usurato il tuo messaggio,
né lo fa apparire superato, nonostante il valzer delle mode.
Anche questo ci entusiasma.
Siamo però perplessi e un po' scoraggiati,
perché lo troviamo un programma ardito, con esigenze forti, per persone granitiche.
Grazie, Signore, che non ci fai sconti sull'impegno,
che ci proponi vette ardue,
grazie soprattutto perché ci stai vicino per rendere questo sogno una realtà,
e già oggi ci fai assaporare la tua gioia, come prezioso anticipo di quella senza fine
con te, con il Padre e con lo Spirito Santo.
AMEN.

MARIA, FONTE DELLA NOSTRA GIOIA
MARIA, CAUSA NOSTRAE LAETITIAE
(Luca 1,26-38)

Se Gesù è l'uomo della felicità celebrata nelle beatitudini e attuata nella sua vita, Maria è la donna della gioia. Lei, madre e discepola, non poteva non seguire il Figlio anche su questa strada, perciò è invocata giustamente *causa nostrae laetitiae, fonte della nostra gioia.* Alla tristezza dovuta alla colpa dei nostri progenitori, subentrò Lei, segno di speranza e motivo di gioia per tutta l'umanità, realizzando la profezia di Isaia «La vergine concepirà e partorirà un figlio» (Is 7,14) e più ancora la promessa del primo annuncio di salvezza: «Io porrò inimicizia fra te e la donna, fra la tua stirpe e la sua stirpe» (Gen 3,15)[57]. In Lei le antiche profezie trovano compimento nel momento in cui accetta il progetto divino di diventare la Madre del Dio fatto uomo che viene a restituire all'umanità la prospettiva di vita e di rinnovata comunione con Dio. Perciò san Giovanni Damasceno poteva cantare: «Tu, Maria, hai generato la gioia di tutti, la vera gioia che dissipa la tristezza del peccato»; gli fa eco san Gregorio il Taumaturgo: «Tu sei il serbatoio di gioie celesti». Non è un caso che la prima parola indirizzata dall'angelo a Maria sia il dolce imperativo «Rallegrati» che ella subito fa suo colorando di gioia il *Magnificat*: «L'anima mia magnifica il Signore e il mio spirito esulta in Dio, mio salvatore».

La seguiremo nel suo itinerario di gioia attraverso due testi molto noti, l'annuncio della nascita di Gesù che è un gioioso inno alla vita (Luca 1,26-38) e, nel capitolo successivo, il mistero gaudioso di due madri straordinarie che, incontrandosi, favoriscono la relazione dei figli che portano nel grembo (Luca 1,39-56).

UN GIOIOSO INNO ALLA VITA
(Luca 1,26-38)

La pagina dell'annuncio a Maria della nascita di Gesù è molto conosciuta e meritatamente famosa. L'attributo di "celeberrima" può essere dato senza enfasi, sicuri di non essere smentiti, perché celebrata da artisti, cantata da poeti, onorata dal popolo. Poesia, arte, predicazione e devozione popolare hanno contribuito in

---

[57] L'importanza di queste due citazioni è documentata anche dal fatto che campeggiano sulla facciata della basilica dell'Annunciazione a Nazaret, là dove Maria diede il suo amoroso e gioioso assenso al mistero dell'incarnazione.

mille modi a divulgarla. Sarebbe arduo voler recensire tutte le opere artistiche. Già a partire dal II secolo, nel cimitero di Priscilla a Roma, si trovano tracce d'affreschi riguardanti l'Annunciazione. A puro titolo indicativo, citiamo alcuni nomi tra i più prestigiosi della pittura italiana e straniera: Simone Martini, Giotto, Beato Angelico, Piero della Francesca, Leonardo, El Greco, Roger van der Weyden, Antonello da Messina, Botticelli, Jan van Eyck.

Molteplici sono i motivi di tanto successo, alcuni di ordine esterno o pratico, altri di ordine spirituale o sentimentale. Il racconto procede per quadri successivi, tanto chiari e nitidi, da far immaginare i "fotogrammi" della scena. La teologia vi trova affermazioni capitali su Gesù e sul mistero dell'incarnazione, come pure sulla persona di Maria. Basti pensare al titolo «piena di grazia» che sta a fondamento del dogma dell'Immacolata Concezione. La devozione popolare interpreta tutta la vicenda della Vergine Madre come modello da contemplare e da imitare. Diversi motivi, quindi, rendono questa pagina familiare e semplicemente stupenda. Ispirandosi soprattutto ad essa, Teodoro il Lettore, un autore greco del VI secolo, diffuse la notizia che Luca fosse il pittore della Vergine. L'informazione fu presa troppo alla lettera, immaginando Maria in posa e l'evangelista intento a ritrarla. In realtà Luca è maestro del colore teologico e non del pennello, perché qui ci regala il "quadro" più colorato e dettagliato di Maria.

A questo punto occorre subito precisare che anche il nostro racconto, al pari di tutto il Vangelo, è eminentemente attento a Gesù. Tutti gli altri personaggi che compaiono, Maria compresa, valgono nel loro riferimento a Lui. Senza Gesù, non avrebbe senso la presenza di colei che sarà chiamata a essere sua madre.

Testo biblico: Luca 1,26-38

[26]Al sesto mese, l'angelo Gabriele fu mandato da Dio in una città della Galilea, chiamata
Nazaret, [27]a una vergine, promessa sposa di un uomo della casa di Davide, di nome Giuseppe.
La vergine si chiamava Maria. [28]Entrando da lei, disse: «Rallegrati, piena di grazia: il Signore
è con te».

[29]A queste parole ella fu molto turbata e si domandava che senso avesse un saluto come
questo. [30]L'angelo le disse: «Non temere, Maria, perché hai trovato grazia presso Dio. [31]Ed
ecco, concepirai un figlio, lo darai alla luce e lo chiamerai Gesù. [32]Sarà grande e verrà
chiamato Figlio dell'Altissimo; il Signore Dio gli darà il trono di Davide suo padre [33]e
regnerà per sempre sulla casa di Giacobbe e il suo regno non avrà fine».

[34]Allora Maria disse all'angelo: «Come avverrà questo, poiché non conosco uomo?». [35]Le
rispose l'angelo: «Lo Spirito Santo scenderà su di te e la potenza dell'Altissimo ti coprirà con
la sua ombra. Perciò colui che nascerà sarà santo e sarà chiamato Figlio di Dio. [36]Ed ecco,
Elisabetta, tua parente, nella sua vecchiaia ha concepito anch'essa un figlio e questo è il sesto

mese per lei, che era detta sterile: [37]nulla è impossibile a Dio». [38]Allora Maria disse: «Ecco la serva del Signore: avvenga per me secondo la tua parola». E l'angelo si allontanò da lei.

Tematica e dinamismo

Il brano ha un diretto riferimento a quanto precede per via di quel «sesto mese» (v. 26) che richiama immediatamente i cinque mesi di Elisabetta, citati due versetti prima. Ben più del legame cronologico, vale la relazione teologica tra i due nascituri, messa in luce dagli annunci della loro nascita. L'annuncio della nascita di Giovanni è rivolto al padre, nel solenne contesto della liturgia del tempio, a Gerusalemme. Nel caso di Gesù, è rivolto alla madre, una semplice donna, raggiunta nel contesto quotidiano della sua casa, nella sconosciuta borgata di Nazaret. Luca costruisce il dittico dei due annunci e prepara così il dittico delle nascite. È un voluto parallelismo tra Giovanni e Gesù: questi verrà alla luce sei mesi dopo il primo, ma gli sarà di gran lunga superiore. La combinazione, se da un lato mostra la sproporzione a tutto vantaggio di Gesù, dall'altro evidenzia lo stretto legame tra i due.

Nell'insieme, il brano ha una lineare e armonica struttura interna. Dopo un'introduzione che offre le coordinate spazio-temporali, sono presentati i personaggi che animano la scena, con particolare attenzione a Maria (vv. 26-27). Il centro, il vero personaggio del brano è Gesù, che sarà disvelato progressivamente. La parte più ampia del brano è occupata dal dialogo, incorniciato dall'arrivo e dalla partenza dell'angelo (v. 28a e 38b). Il dialogo si snoda sulla traiettoria di un triplice intervento verbale dell'angelo cui corrisponde una triplice reazione di Maria. È facile notare che l'angelo prende sempre l'iniziativa e distribuisce il suo messaggio in un'introduzione (saluto iniziale) e nel contenuto, articolato in due parti; nella prima sono annunciate la nascita e la futura grandezza del bambino, mentre nella seconda, teologicamente più sostanziosa, si dà la vera identità del bambino. Alla progressione delle parole dell'angelo che espone sempre più dettagliatamente il progetto divino, corrisponde una reazione sempre più personale di Maria, fatta inizialmente di silenzio riflessivo, poi di domanda, e infine di consenso. I tre interventi dell'angelo e le altrettante reazioni di Maria sono illustrati dal seguente schema:

I ANGELO: saluto (v. 28b)
MARIA : reazione emotivo- intellettuale (v. 29)

II ANGELO: prima parte del messaggio (vv. 30-33):
risposta al turbamento di Maria (v. 30)
annuncio del concepimento e nome (v. 31)

grandezza del figlio (vv. 32-33)
MARIA : reazione verbale: domanda (v. 34)

III ANGELO: seconda parte del messaggio (vv. 35-37):
identità profonda del nascituro (v. 35)
segno: gravidanza di Elisabetta (v. 36)
citazione biblica (v. 37)
MARIA : reazione verbale: adesione (v. 38a)

Oltre che a quanto precede, il brano è pure agganciato a quanto segue. Il successivo episodio della visita della Vergine a Elisabetta sarà diretta conseguenza del messaggio angelico. Maria, informata della gravidanza dell'anziana parente, deciderà di recarsi da lei per recarle il prezioso servizio della sua opera e lì canterà il suo *Magnificat* (vv. 39-56). Luca ha costruito un grandioso affresco a più scene, ben concatenate tra loro.

Breve commento

Una donna, chiamata a gioire, come punto di partenza.

Con 1,26 inizia un nuovo brano. Sono presenti i caratteri di una situazione iniziale con luogo, tempo, composizione della famiglia, nomi, condizioni di gravidanza e predizioni sul bambino. Presentando un'altra famiglia e un'altra nascita, Luca organizza un nuovo reticolo di relazioni, mettendolo però in diretto e vistoso parallelismo con il racconto precedente – l'annuncio a Zaccaria della nascita di Giovanni Battista - di cui ripropone il genere letterario.

Compare il nome di Nazaret, oscuro villaggio della Galilea, mai prima citato nei testi dell'Antico Testamento, né in quelli giudaici. Acquisterà fama solo con la lunga permanenza di Gesù, circa trent'anni, che sarà identificato come il "Nazareno", come apparirà anche sul cartello della croce.

L'attenzione iniziale verte su una donna, chiamata prima due volte «vergine» e solo alla fine identificata come «Maria». Si dà la sua condizione matrimoniale «promessa sposa», indicando la particolare condizione di donna già sposata, ma non ancora abitante con il marito. Nella prassi matrimoniale giudaica il matrimonio era celebrato in due fasi, la prima, con l'impegno dei due, che rimanevano ancora nelle rispettive case paterne, la seconda con la coabitazione e l'avvio della completa vita di coppia. Giuseppe è l'uomo con il quale Maria è legata. Di lui non si dirà più nulla in seguito, anche quando dovrà essere dato il nome al bambino, compito solitamente riservato al padre. Tutto questo lascia intendere il ruolo abbastanza marginale di Giuseppe nel vangelo di Luca, a differenza di quanto sappiamo dal vangelo di Matteo, dove la sua presenza e il suo ruolo saranno più incisivi.

Una donna, Eva, apre l'Antico Testamento, un'altra donna, Maria, dischiude le porte al Nuovo che sarà inaugurato da Gesù. Prima, una vicenda conclusasi tragicamente con il peccato, ora una prospettiva aperta alla grazia. Dio, mediante il suo messaggero, interviene nella vita di Maria e con la sua proposta intende far compiere un salto di qualità a tutta la storia.

Maria è come il microcosmo che riflette il macrocosmo della storia della salvezza: è parte del popolo dell'Antica Alleanza, ma è convocata come primizia del nuovo popolo di Dio; è invitata a collaborare in prima persona affinché il Figlio di Dio possa inserirsi nel tessuto della famiglia umana; è abilitata a tale compito con uno speciale favore divino che si chiama *grazia*, prototipo di tutti i carismi elargiti dal Signore ai suoi fedeli. Ella è chiamata a essere il tempio vivente di Dio che si fa uomo, realizzando pienamente e anticipando quello che, per analogia, dovrà essere ogni cristiano[58].

Dio entra in relazione con lei mediante Gabriele, il messaggero dei tempi decisivi, lo stesso che era intervenuto con Zaccaria. L'angelo irrompe nella ferialità della vita di Maria con un saluto solenne, quale non era mai risuonato in tutta la tradizione biblica: «Rallegrati, piena di grazia: il Signore è con te» (Lc 1,28). La prima parola, anzi, il primo imperativo che Maria ha ricevuto dal cielo è sorprendente e tonificante, perché sollecita alla gioia. Sta succedendo qualcosa di insolito e di estrema importanza, se Maria deve entrare in una pienezza di contentezza. Forse non le è difficile richiamare testi messianici come Sofonia 3,14 che invitavano il popolo (*Figlia di Sion*) alla gioia, nell'imminenza di eventi grandiosi. Con tutta probabilità Maria non ha più dimenticato quel perentorio invito, facendolo diventare un impegno di vita[59].

Il titolo «piena di grazia» deve essere inteso in modo corretto. In termini rigorosamente teologici, solo Dio può dirsi pieno di grazia e tale lo presenta la Bibbia: «misericordioso e pietoso... ricco di grazia e di fedeltà» (Es 34,6). La grazia è la manifestazione del libero amore di Dio, realtà visibile dell'intima natura divina. L'applicazione a Maria può avere solo senso derivato, perché ella è destinataria privilegiata del dono di Dio, abilitata a una intima comunione con Lui e, di conseguenza, può dirsi «piena di grazia». Ciò significa che tutta la benevolenza divina (*charis*) è già riversata in lei, che diventa così la 'graziosa', la 'gratificata' per eccellenza. L'appellativo le viene attribuito quasi come un nome proprio e lascia intendere che la grazia fa parte della sua persona, possesso

58 1Cor 3,16: «Non sapete che siete tempio di Dio e che lo Spirito di Dio abita in voi?».
59 Cf A. Pronzato, *Tutti a scuola di Maria per imparare la gioia,* Gribaudi, Milano 2018, 9.

fin dalla nascita. In questo titolo sta uno dei principali testi biblici che fondano il dogma dell'Immacolata Concezione.

L'idea della pienezza della grazia è suffragata dal successivo «il Signore è con te» che vale come suo equivalente. Con tale titolo, Maria è ammessa a partecipare in modo più intimo alla vita divina e, perciò, a fruire della sua potenza. Infatti, la grazia è la vita divina, donata perché diventi a sua volta generativa.

Sempre la chiamata di Dio produce o collabora all'espansione della vita, essendo Dio la sorgente e la ragione di ogni esistenza. La grazia che raggiunge Maria supera ogni immaginazione e travolge gli argini del possibile. Il dono si presenta sovrabbondante per la eccezionalità del suo fine: la grazia accordatale consiste nel rendere possibile la venuta di Colui che è «pieno di grazia e di verità» (Gv 1,14), e al cui apparire rende manifesta «la grazia di Dio che porta salvezza a tutti gli uomini» (Tt 2,11). Maria è dotata della pienezza della grazia perché la Grazia in persona, Gesù Signore, possa rendersi presente in mezzo agli uomini. Per il NT la grazia è l'amore di Cristo che strappa l'uomo dal peccato e lo fa passare alla vita nuova. Maria è invitata a rallegrarsi, perché sarà chiamata a svolgere un ruolo attivo nel dare concretezza storica alla Grazia. La presenza di Dio nella vita di Maria e la sua abilitazione a promuovere la vita umana del Figlio di Dio sono la causa della gioia, evocata dall'iniziale «Rallegrati».

Giustamente si fa notare una specie di equivalenza tra il titolo «piena di grazia» e il successivo «Il Signore è con te». Come quest'ultimo costituisce l'elemento essenziale dell'alleanza con Dio (cf 1Sam 16,18), così la pienezza di grazia indica la più alta espressione di comunione tra la creatura e il suo Creatore. Inoltre, l'affermazione «il Signore è con te» vale come assicurazione della protezione divina, quasi l'impegno da parte di Dio a camminare accanto alla sua creatura.

Maria reagisce con una sorpresa e con un iniziale disorientamento. Non si ritrova in quelle parole misteriose e potenti. Era ignara, fino a questo momento, del progetto divino. Sperimenta la sorpresa che coglie ogni persona raggiunta dell'intervento di Dio nella sua storia, allorché si viene catapultati fuori dai binari della consuetudine e proiettati oltre gli orizzonti dell'effimero. Lo sconquasso sta a indicare la novità che si prepara quando Dio fa irruzione nell'esistenza umana. Anche Maria è sorpresa, e in parte disorientata, dall'annuncio angelico e mentre sta riflettendo le viene assicurato: «Non temere perché hai trovato grazia presso Dio» (Lc 1,30). La grazia è anche la ragione principale del coraggio. L'angelo la rassicura, aiutandola a capire il progetto di Dio nel rivelare la prima parte del messaggio.

A servizio della vita

Il messaggio dell'angelo consiste in un annuncio di vita. A Maria viene prospettato che diventerà madre di un bambino: «Ed ecco, concepirai un figlio, lo darai alla luce e lo chiamerai Gesù», tratteggiato con caratteri messianici: «Sarà grande e verrà chiamato Figlio dell'Altissimo; il Signore Dio gli darà il trono di Davide suo padre e regnerà per sempre sulla casa di Giacobbe e il suo regno non avrà fine» (vv. 32-33). È un concentrato di teologia dell'AT, ricco di promesse profetiche che danzano tra le parole (cf 2 Sam 7; Mi 4,7-8; Is 9,6). La novità esaltante consiste nel fatto che quelle promesse perdono la dura scorza che le avvolgeva. Il tempo futuro, come d'incanto, diventa il presente della realizzazione. Accanto allo stupore attonito, non mancano le perplessità, quelle suscitate da un nome tanto solenne («Gesù» = «Dio è salvezza») da imporre, la non menzione di Giuseppe, benché fosse stato citato poco prima. Imporre il nome al bambino era compito del padre, qui totalmente latitante. Maria sembra lasciata sola nel suo "ministero generativo". Solo lei è chiamata al servizio della vita di questo eccezionale bambino. Qualcosa riesce a capire, molto le sfugge.

L'intimità con Dio toglie ogni paura, infonde fiducia e autorizza a porre delle domande. Maria si interroga, e interroga, per comprendere meglio. La vita con Dio non assomiglia a una tavola pitagorica dove tutti i numeri sono collocati in un posto prefissato, logicamente comprensibile. Qui l'intelligenza ansima e stenta a capire: «Come avverrà questo, poiché non conosco uomo?». L'espressione, formulata secondo la mentalità semitica, non appare di immediata comprensione per noi. Il "non conoscere", in questo preciso contesto sponsale, indica la mancanza di rapporti matrimoniali. Maria dichiara il suo stato di verginità, essendo sposa di Giuseppe perché ha già celebrato la prima fase del matrimonio, ma non ancora coabitante con lui, perché manca la seconda fase, quella che dava l'avvio alla normale vita di coppia. L'angelo parla di una maternità, senza alludere a Giuseppe, anzi, perfino escludendolo dal compito che gli spettava di dare il nome al bambino. Sarà Maria stessa a svolgere questo ruolo, come indicato dall'angelo. I conti non tornano, la logica è spezzata. Da qui la domanda, segno che Maria sta usando l'intelligenza. Dio rispetta la natura umana, aiutando la creatura a collaborare intelligentemente e con coscienza piena.

L'intervento di Maria, divenuto parola che interpella, mostra una persona alla ricerca del senso della vita. Ella si presenta come una persona in cammino, che fatica a trovare la strada della comprensione. Questa, a un certo punto, si ferma. Oltre non è possibile andare, a causa della finitudine dell'essere umano. Il cammino prosegue con altri mezzi. Pascal introdurrebbe qui “le ragioni del cuore” e Giovanni Paolo II parlerebbe di *fides et ratio,* “la fede e la ragione”, le due ali date da Dio all’uomo per salire fino a Lui. In effetti, il significato arriva un po' alla volta, prima con la ricerca intellettuale, poi mettendosi dalla parte di Dio, cercando di inserirsi nella sua logica. Così facendo si passa dalla razionalità, alla fiducia e quindi all'amore. È un itinerario da compiere con fatica e con determinazione.

Maria lo sperimenta quando le viene prospettata, nella seconda parte del messaggio, la nascita verginale. Ancora una volta l'intelligenza si paralizza. L'esperienza e il senso comune non bastano più. Occorre orientarsi altrove e appellarsi alla misteriosa potenza creatrice di Dio. Chi accetta di collaborare con Lui, produrrà effetti sorprendenti, impensabili, addirittura sovrumani. L'uomo con Dio diventa semplicemente "divino". Maria "corre il rischio" della fiducia totale in Dio.

L'opera di Dio all'interno della persona umana è espressa nella seconda parte del messaggio, quando viene annunciata la nascita verginale, espressione della misteriosa potenza creatrice di Dio. Maria entra nel mistero divino e gli appartiene totalmente. Tale è il senso dei verbi «scenderà su di te» e «ti coprirà con la sua ombra», che non hanno nella Bibbia un significato generativo ed escludono categoricamente che lo Spirito abbia la funzione di sostituire il padre terreno. Il testo intende dire che la nascita del bambino non rientra nel circuito delle regole biologiche, perché appartiene all'ambito divino che opera prodigi. Maria viene a sapere che «Colui che nascerà sarà santo e sarà chiamato Figlio di Dio» (v. 35). In termini semplificati, darà la vita ad un bambino che è anche Dio. Per questo ella potrà ricevere il titolo di "madre di Dio", come definirà solennemente il concilio di Efeso nel 431.

Qui vale il saggio consiglio di avvicinarsi al mistero in punta di piedi. Un eccesso di dimestichezza con l'Assoluto, dovuto a una malintesa interpretazione dell'Incarnazione, può ingenerare equivoci. Se i cristiani non riscoprono l'alterità di Dio, si va verso una fede narcisista che perde i suoi riferimenti ultimi. Per evitare il rischio o per porvi rimedio, va proposta una solida “disciplina dell'arcano”.

Il v. 35, manifesto centro teologico del brano, ha una ricca valenza trinitaria perché parla del Padre, del Figlio e dello Spirito. Dio, il Padre, apre esplicitamente il brano quando dispone di inviare l'angelo e implicitamente lo conclude quando Gabriele ritorna a missione compiuta. Tutto parla del rapportarsi di Dio a Maria, del conferire la grazia che la abilita alla risposta, del realizzare le promesse antiche, del preparare e rendere possibile la presenza del Figlio in mezzo agli uomini. Lo Spirito è qui inteso come la forza creatrice di Dio che chiama all'esistenza, come si può notare dal parallelismo tra «Spirito Santo» e «potenza dell'Altissimo». Anche se il v. 35 risente di una pneumatologia ancora embrionale, sprizza la sorprendente novità che il bambino ha la vera identità di Figlio di Dio. Nello stesso tempo, sarà anche il figlio di Maria. Prende avvio la nuova umanità, frutto dell'intervento divino che domanda la collaborazione della vecchia umanità nella persona di Maria, già rinnovata dalla grazia.

Anche il segno del concepimento di Elisabetta, in sintonia con il messaggio, è una celebrazione della vita. Quello che Dio opera è semplicemente sorprendente, eccezionale. Per Lui l'eccezionale è la norma. Il Dio della grazia è penetrato nell'esistenza di Zaccaria e di Elisabetta e ha accordato loro, pur anziani, di essere genitori. Sul rigo della vita, Luca racconta in modo descrittivo il rinnovato legame tra Dio e l'uomo. Il Dio fedele vuole ricominciare con un concepimento, quello in tarda età di Elisabetta, quello verginale di Maria. Così la citazione biblica «nulla è impossibile a Dio» (v. 37) fa riecheggiare le parole di Sara in Gn 18,14: «C'è forse qualcosa di impossibile per il Signore?». La domanda ha attraversato i secoli, si è identificata con il dramma di donne sterili, finché approda a Nazaret per trovare risposta. Qui la vita fiorisce nel seno verginale di Maria. Ella testimonia che la vita appartiene a Dio che la fa sorgere quando e come vuole, anche al di fuori delle vie normali. A Nazaret il mistero della vita non si esaurisce e continua la sua corsa fino alla Risurrezione. Anche in questo contesto troviamo le donne che per prime vanno al sepolcro: sempre la donna in relazione col mistero della vita, nel suo sorgere e nel suo risorgere.

Un'adesione di amore e di gioia

L'opera di Dio è sospesa, quasi condizionata, dal permesso e dal coraggio di un'umile fanciulla. Dio ama chiedere la collaborazione, perché intrattiene con le persone un rapporto dialogico di libertà e di amore. Maria, interpellata, dà il suo assenso.Viene chiamata in causa la sua volontà, la sua libera decisione di collaborare al progetto di Dio. Solo a questo punto la persona può dirsi a pieno titolo *partner* di Dio. L'importanza della risposta è mirabilmente descritta dalla sensibilità poetica e teologica di san Bernardo: «Rispondi presto, o vergine... Apri il tuo cuore alla fede, le tue labbra alla parola, il tuo seno al Creatore».

Maria risponde: «Eccomi, sono la serva del Signore, avvenga di me quello che hai detto» (v. 38). Parole semplici e sublimi suggellano il più grande atto di fede nella storia del mondo, perché rappresentano «Il vertice di ogni comportamento religioso davanti a Dio, perché esse esprimono, nella maniera più elevata, la passiva disponibilità unita all'attiva prontezza, il vuoto più profondo che si accompagna alla più grande pienezza» (H. Schürmann).

La risposta di Maria è il primo atto di fede cristiana, le sue parole prendono la temperatura del fuoco, perché sono l'*Amen* di tutta la creazione al progetto di Dio, un'espressione di amore incandescente. Il termine, non esplicitato nel testo, vi è inevitabilmente sotteso: solo per amore si dà assenso all'Amore che chiama.

Non sarà irrilevante notare che la risposta di amore deve essere necessariamente gioiosa. La traduzione italiana non permette di percepire le sfumature del testo greco che usando una rara formula verbale - il modo ottativo - contiene inevitabilmente l'ingrediente della gioia che ben si accompagna alla componente di amore, tipica di una risposta libera. Amore e gioia sono la coppia vincente di una vita piena e realizzata.

Relazione, ascolto, domanda, uso dell'intelligenza e infine appello alla volontà e all'amore gioioso sono le tappe dell'incontro di Dio con Maria. Se si è seguito tale percorso, si può dire con sant'Ambrogio che ogni persona genera Cristo: «Beati anche voi che avete udito e creduto: ogni anima che crede, concepisce e genera il Verbo di Dio».

L'annunciazione è un privilegio di Maria in cui tutta l'umanità è stata coinvolta. Con Lei si è compiuta la prima unione e, più ancora, la comunione di Dio con l'umanità. La vita comincia davvero a fiorire. E ciò è una grande motivo di gioia.

Maria, icona di Dio e modello di ogni credente

La grazia non esime dalla fatica del credere. Il vecchio Simeone, dopo aver parlato di Gesù come segno di contraddizione, profetizza a Maria: «Anche a te una spada trafiggerà l'anima» (Lc 2,35). Quello di Simeone appare come un secondo annuncio a Maria, con il quale si presenta una maternità attraversata dal dolore e dalla sofferenza: sarà il suo modo specifico di partecipare alla passione redentrice. Qualche anno più tardi Maria deve rinnovare la sua adesione di fede e di amore, seguitando sul cammino della croce: già si va scolpendo la figura della *Virgo dolorosa.* Maria dovrà stare vicino al figlio, rinunciando a capirlo totalmente, com'è bene espresso nell'episodio di Gesù ritrovato al tempio. Le parole del figlio non sono pienamente comprese dalla madre. Gesù pronuncia le sue prime parole e Maria le ultime del Vangelo di Luca: a lei resta l'impegno di meditarle nel suo cuore (cf Lc 2,51) diventando la prima discepola del suo figlio. Anche per lei la vicinanza a Gesù significa un crescere nella fede; in questo Maria diventa sorella di ogni uomo nel condividere la gioiosa fatica del credere e della crescita nella fede[60].

Più che un'eccezione, Maria deve essere vista come una promessa e una compiuta realizzazione del destino futuro di ogni uomo, modello in cui specchiarsi e punto di riferimento. Ella è l'icona dell'amore di Dio, quasi fosse una sua sacramentalizzazione. In questa linea trovano giustificazione tanti attributi che le sono stati rivolti nei secoli. Sentiamo la voce di alcuni contemporanei: «Maria, sacramento della tenerezza materna di Dio» (P. Claudel); «Il femminile autentico e puro e, per eccellenza, un'energia luminosa e casta, portatrice di ideale e di bontà» (Teilhard de Chardin); «Maria, donna senza aggettivi, icona del mondo femminile... è l'immagine non solo della donna nuova, ma della nuova umanità preservata dai miraggi delle false liberazioni» (T. Bello). Non ci resta che accordarci con queste voci, arricchendo la sinfonia con una vita che imiti Maria.

[60] Tema ampiamente trattato da san Giovanni Paolo II al numero 16 dell'enciclica *Redemptoris Mater* (25 marzo 1987).

Appendice
La devozione mariana

La pagina proposta ha un inconfutabile spessore teologico e mistico che spiega anche il suo successo. Cogliamo l'opportunità per un approfondimento sul senso della devozione mariana.

Riferimenti a Maria sono reperibili quasi esclusivamente nei Vangeli. Al di fuori di essi si registrano due passi, At 1,14 e Gal 4,4, di cui il primo è ancora opera di Luca. Quella di Paolo rimane l'unica voce al di fuori dei Vangeli, con l'indiscusso pregio di essere anche la testimonianza più antica. L'affermazione è scarna, ma essenziale: «Quando venne la pienezza del tempo, Dio mandò il suo Figlio, nato da donna, nato sotto la Legge, per riscattare quelli che erano sotto la Legge, perché ricevessimo l'adozione a figli» (Gal 4,4-5). Maria non è nominata e occupa un posto secondario, anzi parentetico, nell'economia della lettera, una delle prime riflessioni sui rapporti Israele-Chiesa. «Donna», in connessione con la nascita, fa riferimento alla maternità. Maria è colei che Dio ha scelto per permettere al Figlio suo di diventare la persona umana che entra nella trama del tempo: Gesù di Nazaret, figlio di Dio e figlio storico della Vergine. Solo in rapporto a Lui si capisce e si definisce la sua presenza che sarà sempre funzionale al figlio e da Lui dipendente.

L'esistenza di Maria testimonia la dimensione umana di Cristo, proclama la incontestabilità del Dio fatto uomo, ammette il rischio della storia assunto dal Figlio con l'incarnazione.

È ormai tramontato il tempo durante il quale abbiamo pagato lo scotto di una devozione mariana, se non proprio falsa, almeno malamente impostata. Dimenticando l'ammonimento evangelico che il tralcio staccato dalla vite si secca e viene gettato nel fuoco, si è preteso di onorare Maria senza tenere in dovuto conto Cristo: è rimasto in mano il ramo secco di una devozione non teologicamente motivata e penalizzata con un forte calo. Grazie al cielo, questo tempo sta alle nostre spalle. A noi spetta il compito di recuperare il tempo perduto. Dobbiamo inserire in modo vitale il nostro amore a Maria nell'amore a Cristo e alla Chiesa, condizione indispensabile perché possa rifiorire l'autentica pietà mariana. La pagina appena letta ci aiuta a tessere un discorso di Maria articolato con quello di Cristo, a vedere Maria in servizio alla Vita, quella di Cristo e, suo tramite, quella di tanti fratelli.

Per seguire la giusta strada disponiamo, oltre al bene incomparabile della Parola di Dio, di preziosi sussidi: il Concilio Vaticano II ha inserito il tema di Maria nel discorso su Cristo e sulla Chiesa (*Lumen gentium*, cap. VIII), Paolo VI ne ha parlato con vibrante passione in quella magistrale esortazione che è la *Marialis Cultus* del 1974 e Giovanni Paolo II ci ha fatto lo stupendo dono della *Redemptoris Mater* nel 1987.

Dalla rinnovata impostazione derivano alcune conseguenze che valgono anche come linee operative. Tra i vari punti, indichiamo:

1. La devozione a Maria non è facoltativa come gli accessori di un'automobile o decorativa come gli orecchini delle signorine: essa, al contrario, appartiene alla vita spirituale di ogni cristiano. Il legame con Cristo comprende il legame con Maria,

perché «Un cristiano è anche un mariano», come ricordava Paolo VI durante il pellegrinaggio al santuario della Vergine di Bonaria (Cagliari) nel 1970.

2. Se elemento costitutivo, la devozione non può essere periodica come le alte e le basse maree, né stagionale come tanti frutti. Essa si distribuisce nell'arco dell'anno, anche se alcuni mesi come quelli di maggio e di ottobre, possono conoscerne una fioritura più variopinta.

3. La devozione si concretizza in preghiera, gesti e vita. Le modalità differiscono secondo le sensibilità, gli usi e le circostanze. Si possono utilmente raccomandare:

- la recita individuale e, quando possibile, comunitaria del Rosario[61];
- la preghiera dell'*Angelus* per incorniciare biblicamente la giornata (mattino e sera);
- la meditata lettura e la ripetizione di brani o frasi bibliche;
- la lettura di validi libri che parlino di Maria;
- la visita a santuari mariani con la partecipazione ai sacramenti.

Infine si ricorda che la conoscenza del ruolo di Maria nella storia della salvezza deve portare alla imitazione di colei che è Madre di Cristo e Madre della Chiesa. L'imitazione delle sue virtù rimane la devozione più vera e più valida.

Concludendo, a Lei rivolgiamo la seguente preghiera:

O Maria, tu sei l'Amen al progetto di Dio, icona di santità,
nella quale tutti noi possiamo specchiarci.
Tu sei l'oggi del nostro domani,
la primizia della nostra incompletezza,
la perfezione della nostra imperfezione.
Tu che sei uno squarcio di futuro,
intercedi presso il tuo Figlio e nostro Signore,
perché possiamo generarlo nella nostra vita, ogni giorno,
partecipando così al tuo carisma di Madre.
AMEN.

[61] Per una ricca presentazione e una giusta valorizzazione si può leggere con frutto *Rosarium Virginis Mariae,* Lettera Apostolica di san Giovanni Paolo II (16 ottobre 2002).

MISTERO GAUDIOSO
MADRI STRAORDINARIE PER FIGLI ECCEZIONALI
(Luca 1,39-56)

Un giorno un cronista intervistò Madre Teresa di Calcutta ed esordì: «Lei che ha fatto la scelta dei poveri...». Fu immediatamente bloccato dalla reazione dell'interessata: «Io ho scelto Gesù Cristo» che ovviamente non condivideva la priorità assegnata ai poveri. Occorre invertire l'ordine. L'amore incondizionato a Lui porta ad interessarsi del prossimo, senza condizionamenti o controlli del colore della pelle, ceto sociale, appartenenza religiosa o altre classificazioni umane. Ancora una volta è confermata un'antica regola, più volte collaudata e divenuta poi un pilone portante della spiritualità cristiana: il credente che aderisce a Dio trova spazio e slancio anche per il prossimo. Amore a Dio e amore al prossimo sono due facce della stessa medaglia, come si evince dal grande comandamento proclamato da Gesù e riformulato da Giovanni: «Se uno dice: "Io amo Dio" e odia suo fratello, è un bugiardo. Chi infatti non ama il proprio fratello che vede, non può amare Dio che non vede» (1Gv 4,20). La vita con Dio non isola la persona in uno sterile misticismo, ma la apre al prossimo in uno slancio più maturo e più consapevole. La vera fede si ammanta di provvida carità.

Maria ne è un esempio vivente. Anziché appartarsi a contemplare il mistero che sta vivendo, preferisce aprirsi al prossimo bisognoso. Si reca dalla parente Elisabetta a portare il suo aiuto. L'incontro di due donne e, più precisamente, di due madri, diventa un'icona del servizio reciproco, della gratitudine a Dio e agli uomini, un "messale" per la preghiera quotidiana. Insomma, un episodio che gronda umanità e spiritualità, in una cornice di gioia vera.

Testo biblico: Luca 1,39-56

39 In quei giorni Maria si alzò e andò in fretta verso la regione montuosa, in una città di
Giuda. 40 Entrata nella casa di Zaccaria, salutò Elisabetta. 41 Appena Elisabetta ebbe udito il
saluto di Maria, il bambino sussultò nel suo grembo. Elisabetta fu colmata di Spirito
Santo 42 ed esclamò a gran voce: «Benedetta tu fra le donne e benedetto il frutto del tuo
grembo! 43 A che cosa devo che la madre del mio Signore venga da me? 44 Ecco, appena il tuo
saluto è giunto ai miei orecchi, il bambino ha sussultato di gioia nel mio grembo. 45 E beata
colei che ha creduto nell'adempimento di ciò che il Signore le ha detto».
46 Allora Maria disse:
«L'anima mia magnifica il Signore
47 e il mio spirito esulta in Dio, mio salvatore,
48 perché ha guardato l'umiltà della sua serva.

D'ora in poi tutte le generazioni mi chiameranno beata.
49Grandi cose ha fatto per me l'Onnipotente
e Santo è il suo nome;
50di generazione in generazione la sua misericordia
per quelli che lo temono.
51Ha spiegato la potenza del suo braccio,
ha disperso i superbi nei pensieri del loro cuore;
52ha rovesciato i potenti dai troni,
ha innalzato gli umili;
53ha ricolmato di beni gli affamati,
ha rimandato i ricchi a mani vuote.
54Ha soccorso Israele, suo servo,
ricordandosi della sua misericordia,
55come aveva detto ai nostri padri,
per Abramo e la sua discendenza, per sempre».
56Maria rimase con lei circa tre mesi, poi tornò a casa sua.

Il lettore che arriva a questa pagina evangelica ha già avuto l'opportunità di conoscere Elisabetta e Maria, perché di loro Luca aveva tracciato un itinerario umano e religioso. Sono due donne accomunate dall'essere madri, rese tali da uno speciale favore divino. Il presente brano ha una funzione unificante perché le due donne, finora relazionate a distanza, vengono a trovarsi insieme, si scambiano confidenze, si arricchiscono reciprocamente, attingendo entrambe alla comune fonte dello Spirito Santo.

Il brano è quindi diretta conseguenza del precedente che narrava l'annuncio della nascita di Gesù. Maria, informata dall'angelo del concepimento dell'anziana parente, si incammina verso di lei. Due unità minori compongono il tutto: i vv. 41-45 riportano "il cantico di Elisabetta", le solenni parole che pronuncerà all'indirizzo di Maria; i vv. 46-55 sviluppano la preghiera di Maria, più conosciuta come *Magnificat,* dalla prima parola del testo latino. Dal confronto delle due parti, vediamo che la prima è dominata dalle parole di Elisabetta, mentre la seconda da quelle di Maria. Sono due madri che, ciascuna a proprio modo, cantano un inno alla vita. Il tutto è preceduto dall'incontro delle due donne, con annotazioni geografico-cronologiche (vv. 39-40), e concluso con il v. 56, con Maria che ritorna a casa, dopo un soggiorno di circa tre mesi. Tutto l'episodio è sigillato da una partenza e da un ritorno, impreziosito da uno squisito gesto di carità durato circa novanta giorni.

Breve Commento

Nell'AT, uomini e donne si abbeverano alla comune convinzione dell'importanza della generazione. Il figlio è il futuro dell'uomo e della donna. Non per nulla il «Crescete e moltiplicatevi» risuona come il primo comandamento che si incontra aprendo la Bibbia. Un modo particolare della benedizione divina è la prole, tanto meglio se numerosa, come suggerisce la promessa di Dio ad Abramo: «Io ti colmerò di benedizioni e renderò molto numerosa la tua discendenza, come le stelle del cielo e come la sabbia che è sul lido del mare» (Gn 22,17). In caso contrario, la sterilità equivale a umiliazione e giudicata spesso come una punizione.

L'incontro di Maria e Elisabetta (vv. 30-40)

Maria, dopo la stupenda esperienza di Nazaret che la promuoveva a ruolo di «Madre di Dio», non appare una creatura beata in se stessa o isolata nella sua intimità divina, bensì un essere corporeo, fatto di concretezza, di sensibilità e di disponibilità. Ella lascia la mistica tranquillità della sua casa e si mette in strada.

Maria che va da Elisabetta dà vita a un incontro, conosciuto spesso con il titolo di *Visitazione,* reso famoso dall'iconografia e dall'agiografia. La scena, come la precedente dell'annuncio della nascita di Gesù, ha catalizzato l'attenzione degli artisti e della devozione popolare. Rimane fissata nel secondo mistero gaudioso del Rosario, facendo seguito al primo che riguarda l'annuncio a Maria della nascita di Gesù..

Due donne diverse per età e per situazione, sono accomunate nel magico gioco della vita, chiamate in quest'ora solenne della storia della salvezza a essere lo strumento docile e intelligente del Signore della vita. Due madri si incontrano, ciascuna portando dentro di sé una vita fecondata in modo sorprendente, fuori dalla logica biologica. Due storie diverse, eppure accomunate da un unico disegno e tessute dalla mano silenziosa della Provvidenza che fa incontrare i due concepiti, portati dalle rispettive madri.

All'inizio c'è un movimento spaziale. Maria lascia Nazaret, collocata al nord della Palestina, per recarsi «verso la regione montuosa, in una città di Giuda», circa centocinquanta chilometri più a sud. La località è stata individuata dalla tradizione nell'attuale Ain Karem, a circa 9 km da Gerusalemme. Lo spostamento fisico testimonia la sensibilità interiore di Maria, non chiusa a contemplare in modo privato il mistero della divina maternità che si compie in lei, ma proiettata sul sentiero della carità. Il viaggio, non privo di fatica e di disagi, favorirà la bella immagine di «Maria pellegrina».

Si muove per portare aiuto alla sua anziana parente. Anche se qualcuno parla di «cugina», il termine greco *synghenís* del v. 36 rimane abbastanza vago nel determinare il grado di parentela, e quindi va preferito il più generico «parente». Lo spostamento di Maria è corredato dall'aggiunta «in fretta» che sant'Ambrogio interpreta così: «Maria si avviò in fretta verso la montagna, non perché fosse incredula della profezia o incerta dell'annunzio o dubitasse della prova, ma perché era lieta della promessa e desiderosa di compiere devotamente un servizio, con lo slancio che le veniva dall'intima gioia... La grazia dello Spirito Santo non comporta lentezze».

Sebbene il testo evangelico non esprima chiaramente il motivo del viaggio, siamo in grado di scoprirlo, collegando logicamente alcune informazioni. L'annuncio angelico aveva notificato a Maria la gravidanza di Elisabetta, arrivata già al sesto mese (cf v. 37). L'informazione di Luca che Maria si fermò per tre mesi (cf v. 56), permette di trovare la somma di nove mesi, quelli necessari per la nascita. La conclusione si impone da sola: Maria non compie una visita di cortesia, tanto meno un viaggio turistico, ma reca aiuto alla futura mamma. Ella si muove e va là dove la chiama l'urgenza di un bisogno, dimostrando fine sensibilità e concreta disponibilità. Ancora più preziosa è questa giovanile presenza, se pensiamo all'età matura di Elisabetta e alla sua inesperienza di maternità. Troviamo in Maria la carità sopraffina. Di che cosa si tratta? Sopraffina è quella carità che arriva senza essere richiesta. Se è già piacevole ricevere una risposta positiva alla richiesta di un bisogno, è ancora più bello essere aiutati, pur senza averne espresso il desiderio. È d'oro la carità che previene la richiesta di aiuto, segno di una fine sensibilità e di delicata attenzione agli altri.

Maria si mette in cammino. Grazie a lei anche Gesù, prima ancora di nascere, è in movimento verso gli altri, profetico anticipo della sua missione itinerante che lo vedrà portatore a tutti della parola che aiuta e che salva. Questo brano, al pari dei precedenti, è prima di tutto cristologico, e ha lo scopo di fissare lo sguardo su di Lui. A prima vista, sembrerebbe una scena dominata dalle due donne che si incontrano e si parlano, una specie di *Vangelo in rosa* o di *Vangelo al femminile*. Un supplemento di attenzione aiuterà a capire che il centro dell'interesse sta nei concepiti, che le due madri portano in grembo.

La Visitazione è l'occasione propizia perché si incontrino i loro bambini, a questo punto ancora allo stadio di feti.

Il cantico di Elisabetta (vv. 41-45)
La prima scena è dominata da una loquace Elisabetta che parla quando Maria giunge da lei. In analogia al cantico di Maria che segue subito dopo, identifichiamo queste parole come "cantico di Elisabetta". Due eventi lo causano e lo spiegano. Il primo, apparentemente ordinario, è l'ingresso di Maria nella casa di Zaccaria con il conseguente saluto rivolto a Elisabetta. È una felice "provocazione". Il saluto origina il secondo evento, il sussulto del bambino che sembra riconoscere la voce di Maria e, più ancora, sembra relazionarsi a Colui che ella porta in grembo. Luca usa un verbo greco particolare, *skirtáo*, che significa propriamente «saltare», «sussultare». Lo potremmo tradurre, un po' liberamente, con «danzare» [62] , per distinguerlo dal naturale movimento fisiologico che provano tutte le madri in attesa. Qui è qualcosa di diverso, di straordinario. È la percezione del piccolo Giovanni in presenza del piccolo Gesù, una forma di omaggio che il primo rende al secondo, inaugurando, non ancora nato, quell'atteggiamento di rispetto e di amorosa sudditanza che avrà poi in tutta la vita.

Tocchiamo qui il cuore teologico del racconto. Sebbene la scena sia dominata solo dalle due donne, in realtà esse si presentano come "ostensori" o "arche sante" che portano il frutto del concepimento. L'incontro delle due madri è l'occasione per l'incontro dei due figli che portano in grembo, Giovanni e Gesù. Il brano, più che l'incontro delle due madri, è l'insolito rapportarsi dei due nascituri. Si instaura, ancora a livello di feto, quella dipendenza gerarchica, un misto di servizio incondizionato e di gioia piena, che caratterizzerà la vita di Giovanni. Egli, da adulto, testimonierà: «Lo sposo è colui al quale appartiene la sposa; ma l'amico dello sposo, che è presente e l'ascolta, esulta di gioia alla voce dello sposo. Ora questa mia gioia è piena. Lui deve crescere; io, invece, diminuire» (Gv 3,29-30). Al presente, c'è solo una percezione che si riverbera in un sussulto di gioia. Commenta sant'Ambrogio: «Elisabetta udì per prima la voce, ma Giovanni percepì per primo la grazia».

Luca utilizza l'episodio per mettere alla luce quanto si era compiuto nell'intimità di Nazaret. Solo ora, grazie al dialogo con un'interlocutrice, il mistero della divina maternità lascia la sua segretezza e la sua dimensione individuale, per diventare un fatto noto, oggetto di apprezzamento e di lode.

---

[62] La traduzione non è poi così peregrina, perché i traduttori greci dell'Antico Testamento, meglio conosciuti come *I Settanta,* usarono lo stesso verbo per descrivere la danza di Davide davanti all'arca: «Quando l'arca del Signore entrò nella Città di Davide, Mical, figlia di Saul, guardando dalla finestra vide il re Davide che saltava e danzava [verbo *skirtào*] dinanzi al Signore…» (2Sam 6,16).

Le parole di Elisabetta documentano che lo spessore teologico attraversa il "concepito" più che la madre: «Benedetta tu fra le donne e benedetto il frutto del tuo grembo! A che cosa devo che la madre del mio Signore venga da me?» (vv. 42-43). Con un'espressione semitica che equivale a un superlativo («fra le donne»), Maria è celebrata per la sua funzione o carisma e per la sua adesione incondizionata a tale vocazione. Maria è grande perché è «Madre del Signore», *theotokos,* come formulerà il concilio di Efeso. Elisabetta sa esattamente quanto è avvenuto, perché parla «colmata di Spirito Santo». Il mistero della divina maternità rende grande Maria, e a lei sono riservate una benedizione («benedetta tu») e una beatitudine («beata»).

La benedizione è una formula tipica dell'AT, dove il verbo ebraico *barak* e il sostantivo derivato *berakah* si trovano ben 398 volte. Secondo diversi studiosi, la radice ebraica *brkh* è collegata a *berekh* (= ginocchio) creando il nesso tra la benedizione e l'inginocchiarsi, tipico atto di adorazione e di omaggio alla divinità. Nella Bibbia le benedizioni si dividono in "ascendenti", quando celebrano Dio per qualche intervento (cf Sal 41,14) e "discendenti", quando si invoca la potenza di Dio su qualcuno o su qualcosa (cf Nm 6,24-27), o quando è lo stesso Dio a benedire (cf Gn 1,28). La benedizione è un dono che ha relazione con la vita. Potremmo affermare che la ricchezza fondamentale della benedizione è quella della vita e della fecondità: questo vale tanto per la terra, quanto per le persone (cf Dt 28,1-14). Lo vediamo bene nel nostro passo, quando alla benedizione per Maria viene affiancata quella per il figlio: «e benedetto il frutto del tuo grembo!». Maria viene celebrata proprio per la sua maternità. Così la benedizione viene da Dio e a lui ritorna ora sotto forma di invocazione e di preghiera. È il riconoscimento di ciò che egli ha fatto.

La beatitudine del v. 45, la prima del Vangelo di Luca, certifica l'adesione di Maria alla volontà divina. Ella quindi non è solo destinataria privilegiata di un arcano disegno che la rende benedetta, ma pure persona responsabile che accetta e aderisce. Maria non è una creatura che sa, ma una creatura che crede, perché si è aggrappata a una parola nuda che ella ha rivestito di amore. Ora Elisabetta le riconosce questo amore, espresso come «credere nell'adempimento delle parole del Signore», e la celebra come la prima di tutte le donne. Maria va da Elisabetta per un servizio domestico, Elisabetta le restituisce il servizio liturgico della lode, riconoscendola benedetta come madre e beata come credente.

Il mistero di quella singolare visita è il mistero della comunicazione di due donne, diversificate per età, ruoli, ambiente, caratteristiche, eppure accomunate nel costruire la storia della salvezza. Entrambe portano un figlio nel grembo e anziché parlare di sé, parlano di Dio, della sua grandezza, dei suoi interventi prodigiosi. Sono madri capaci di lodare, di ringraziare, di esultare. Grazie a loro, l'incontro di due madri in attesa, diventa l'incontro del frutto che hanno in grembo. Il passaggio, delicatamente accennato, assume grande spessore teologico: Giovanni percepisce la presenza del suo Signore ed esulta, esprimendo con il suo sussultare la gioia a contatto con la salvezza. Di tale salvezza si farà interprete Maria nel canto che segue.

La preghiera di Maria, il Magnificat *(vv- 46-55)*

Finora Luca ha "dipinto" Maria come madre in cammino per un servizio di carità, riconosciuta e celebrata da Elisabetta per la divina maternità. Ora Maria, che senza aver detto una parola si sente compresa, riconosciuta, accettata ed esaltata, risponde. La sua è una parola abbondante, la più lunga di tutto il Vangelo. Più che parola, è preghiera.

Ci accontentiamo di una presentazione sommario del cantico, rimandando agli studi specializzati, sia per una trattazione completa delle problematiche (origine, modelli, struttura, autore...), sia per un commento approfondito[63].

Sono ravvisabili due parti. La prima, narrativa, con l'esplosione dei verbi mostra la gioia incontenibile di Maria (vv. 46-50), la seconda, descrittiva, con l'uso del parallelismo antitetico presenta in concreto l'azione salvifica ed escatologica di Dio (vv. 51-55).

La prima parte inizia con la voce solista di Maria che parla in prima persona: «L'anima mia (= io) magnifica il Signore e il mio spirito esulta in Dio, mio salvatore». L'inizio è un tripudio, un'esplosione di gioia. Se vogliamo individuarne la causa e trovare un possibile centro di raggruppamento di tutte le idee, lo potremmo individuare nel concetto teologico di "salvezza", registrato fin dalle prime battute nel titolo dato a Dio: «mio salvatore». La salvezza ha in Dio la sua causa, nell'individuo (o nel gruppo) il suo destinatario. Dall'«io» di Maria al «Tu» divino, passando attraverso il «noi» comunitario, la salvezza è cantata nella sua origine (Dio) e nei suoi destinatari (Maria e popolo). Maria interpreta la storia di Israele, racchiusa nella formula di Dt 26,7: «Allora gridammo al Signore, al Dio dei nostri padri, e il Signore ascoltò la nostra voce, vide la nostra umiliazione, la nostra miseria e la nostra oppressione». Partendo dalla sua storia personale, Maria dà voce alla storia di Israele, spingendo lo sguardo più avanti, abbracciando idealmente tutti gli uomini. La sua vicenda diventa prototipo di

[63] Tra la numerosa bibliografia segnaliamo l'ampio e ben documentato studio di A. Valentini, *Il Magnificat. Genere letterario, struttura, esegesi,* EDB, Bologna 1987.

quella della comunità ecclesiale e di ogni cristiano. Come suggerisce sant'Ireneo, qui Maria «profetizza per la Chiesa».

Perciò la comunità cristiana, da secoli, ha la bella abitudine di inserire il cantico nella preghiera serale. Maria ha intonato un canto, le cui note si propagano nel tempo e nello spazio.

La persona che ha fatto l'esperienza di Dio salvatore impara a celebrarlo nella lode e nel ringraziamento. Il *Magnificat* è la risposta orante alla presenza di Dio nella vita della sua creatura. E Maria riconosce questo legame particolare: «Grandi cose ha fatto per me l'Onnipotente» (v. 49). Nel corso della storia Dio ha ripetutamente dispiegato la sua grazia, intervenendo in favore del popolo. All'inizio, e come modello esemplare delle «grandi cose», si pone l'esperienza dell'esodo egiziano, archetipo di ogni liberazione (cf Sal 106,21-22); poi si sperimenta il secondo esodo, quello da Babilonia (cf Gl 2,21); il terzo, ultimo e definitivo, sarà la redenzione messianica, epilogo delle «grandi cose». Maria è cosciente di segnare il tornante della storia della salvezza, perciò celebra nel canto l'intervento di Dio che dispiega la sua onnipotenza manifestandosi amorevole verso le sue creature.

Sarebbe ovvio obiettare che il testo non lascia trapelare nessun riferimento a Gesù o alla maternità divina. Il contesto di Luca aiuta a superare la difficoltà. Il *Magnificat,* inserito dopo il racconto dell'annunciazione e dopo la "pubblicità" fatta da Elisabetta, lascia intendere che tra le «grandi cose» compiute da Dio sia da annoverare, *in primis*, la presenza del Figlio di Dio nel grembo della Vergine, «la serva» su cui si è posato lo sguardo compiacente e compiaciuto dell'Onnipotente.

A partire da quest'ora solenne e decisiva della storia, la salvezza assume un nuovo contenuto. Come in passato non fu una chimerica illusione, bensì la celebrazione di un evento reso tangibile con la liberazione dalla schiavitù egiziana, così oggi prende concretezza nella persona del Messia. La celebrazione di Maria è, quindi, per la salvezza, un tempo rappresentata dagli interventi di Dio e ora condensata nella persona di Gesù.

L'esperienza personale tende a irradiarsi in un'esperienza universale. Nella seconda parte del *Magnificat* Maria amplia l'orizzonte e coinvolge il coro dei fedeli: «di generazione in generazione la sua misericordia per quelli che lo temono». Vede la salvezza operata attraverso sostanziosi ribaltamenti. Si tratta della metodologia divina che ritorna puntualmente nella storia come scelta "estrosa", riecheggiata anche nelle beatitudini. Ben otto verbi scandiscono solennemente l'agire divino con il gioco del contrasto: «ha disperso i superbi...

ha rovesciato i potenti… ha innalzato gli umili…». Chi appariva in vantaggio, si trova rovinosamente perdente, chi sembrava emarginato gode una insperata superiorità. Per usare un linguaggio caro a Papa Francesco, sembra l'esaltazione e la valorizzazione di tutte le periferie. Il ribaltamento lascia trasparire la *theologia crucis*, quando uno strumento di morte diventerà vessillo di vita.

I verbi del cambiamento sono al passato, perché riferiscono una liberazione storica già avvenuta. Gli studiosi chiamano la forma verbale greca *aoristo gnomico*, perché il tempo, sebbene sia riferito al passato (aoristo), ha una valenza anche per il presente e il futuro, descrivendo una situazione che si ripete. Perciò il *Magnificat* è «storia e profezia, ricordo e attesa, evento e annuncio» (Ortensio da Spinetoli).

È un modo sorprendente di usare il tempo al di là del tempo. Il cantico scivola dal temporale verso l'atemporale, cioè verso l'essere stesso di Dio. Lo dimostrano i participi («coloro che lo temono»), l'infinito («ricordarsi»). Anche il vocabolario, con le sue immagini semitiche contrapposte l'una all'altra, vorrebbe esprimere l'inesprimibile. Più che uno sconquasso, si tratta di un ordine per rimettere a posto ciò che gli uomini hanno scompaginato con il peccato. La condizione di morte è ora superata dalla nuova situazione che ristabilisce la priorità e l'eccellenza della vita. Il beneficio divino raggiunge gli *'anawim,* i «poveri di spirito» che ripongono in Dio la loro fiducia, aprendogli il loro cuore e permettendogli di ripristinare nel creato il marchio originale del «tutto buono».

Il cantico esalta le scelte estrose di Dio, che Paolo formulerà così alla comunità di Corinto: «Ma quello che è stolto per il mondo, Dio ha scelto per confondere i sapienti; quello che è debole per il mondo, Dio lo ha scelto per confondere i forti; quello che è ignobile e disprezzato per il mondo, quello che è nulla, Dio lo ha scelto per ridurre al nulle le cose che sono, perché nessuno possa vantarsi di fronte a Dio» (1Cor 1,27-29).

Il *Magnificat*, perla della letteratura degli *'anawim,* è pure il manifesto dei diritti di tutti coloro che aspettano un giusto riconoscimento. Vale come promessa di Dio: Lui che non ha doveri verso nessuno, si impegna con se stesso, con una fedeltà inossidabile. La conclusione, «ricordandosi della sua misericordia, come aveva detto ai nostri padri, per Abramo e la sua discendenza per sempre», è lo scrigno che contiene l'impegno di Dio a continuare l'opera salvifica, ristabilendo ordine, giustizia, dignità di tutti. La nascita di Gesù, ora presente nel seno di Maria, segna l'inizio del compimento.

Perciò vale il suggerimento di Martin Lutero: «Questo santo cantico della Madre di Dio dovrebbe essere ben imparato e ritenuto da tutti».

Novità perenne: gioioso inno alla vita

Finito di leggere il *Magnificat*, può sorgere l'impressione di essere in presenza di una composizione poco originale, una specie di calco di testi biblici, con parecchie reminiscenze di salmi. L'impressione è fondata. Non per questo possiamo declassarlo, riducendolo a una sbiadita fotocopia. Le parole e le espressioni si possono copiare, i sentimenti no. Richiamiamo il principio generale secondo cui la novità attinge alle segrete sorgenti del cuore e della vita. Quante volte la comunissima frase «Ti amo» suona originale e nuova, anche se da molti ripetuta e da tutti conosciuta. La sintonia affettiva di due cuori o la forte carica di amore rende nuovo agli occhi e agli orecchi di qualcuno ciò che sembra scontato o banale ad altri.

Maria ripropone temi antichi, eppure carichi di novità, avvalorando il principio secondo cui Dio non fa cose nuove, ma fa nuove le cose (cf Ap 21,5). Si tratta di arricchire di novità le parole antiche, proprio come il battesimo fa nuova una creatura già esistente, trasformandola dall'interno.

Alla fine, siamo grati a Maria e a Elisabetta, due madri che ci hanno regalato due preghiere diventate patrimonio della comunità ecclesiale orante: le parole di Elisabetta entrano a far parte dell'*Ave Maria*; le parole di Maria costituiscono il *Magnificat.*

Siamo sollecitati a metterci in viaggio come Maria per portare Gesù, a lasciarci riempire dello Spirito Santo per cantare, come Elisabetta, il miracolo della vita, a lodare il Signore, in un infinito M*agnificat.* La gioia attinge a piene mani anche a queste sorgenti.

Alla fine, lasciamo risuonare la squisita sensibilità poetica di Rainer Maria Rilker[64] che interpreta così la nostra scena:

Ancora le era facile andare, al principio,
ma nella salita a volte lo avvertiva
il suo corpo miracoloso –
e si fermava, allora respirando, sugli alti

monti di Giuda. Non la terra, ma per lei
la sua pienezza intorno era distesa;
andando lo sentì: questa grandezza
mai era stata varcata – questa, che ora percepiva.

[64] Poeta, scrittore e drammaturgo austriaco di origine boema (1875-1926), è considerato uno dei più importanti poeti di lingua tedesca del XX secolo.

E la spingeva a posare la mano
sul grembo dell'altra, già più largo.
E barcollarono le donne l'una verso l'altra
e i capelli e vesti si toccarono.

Ciascuna, colma del suo tempio,
nella compagna sua si riparava.
Ah, il Salvatore in lei ancora un fiore;
ma il Battista in grembo alla cugina
ruppe la sua gioia dando guizzi.

Conclusione

La riflessione su Maria *causa nostrae laetitiae* deve passare dalla testa alla vita, dalla comprensione all'attuazione. Lo richiamava san Giovanni Paolo II durante la visita pastorale a una parrocchia romana il 25 febbraio 1996, prima domenica di Quaresima: «La vostra Parrocchia è dedicata a Maria Santissima *Causa Nostrae Laetitiae*; Maria è causa della nostra letizia perché ci porta la vera gioia, la vera letizia: Gesù, Verbo di Dio e Salvatore del mondo. Carissimi Fratelli e Sorelle, sappiate essere anche voi, come Maria, portatori dell'autentica letizia, della vera gioia: portatori di Gesù negli ambienti in cui vivete ed operate».

Lo sollecitava anche il vescovo Tonino Bello: «"Fonte della nostra gioia", insinuaci il sospetto che, nell'ultimo giorno, tuo Figlio ci rimprovererà per non aver riso abbastanza su questa terra. Abbiamo interpretato troppo alla lettera l'espressione della Salve Regina: "gementi e piangenti". Bisogna completare con "e ridenti". Probabilmente la terra è una valle di lacrime. Ma il Signore ci ha dato il riso per prosciugarla almeno un po'»[65].

[65] Citato da A. Pronzato, *Tutti a scuola di Maria per imparare la gioia,* 13.

IL MIO CUORE ESULTA NEL SIGNORE
La gioia nei primi due capitoli del Vangelo secondo Luca

La gioia è una delle aspirazioni fondamentali dell'uomo, manifesta o nascosta in ogni pensiero e azione, distribuita su tutto l'arco della vita. Potrebbe sintetizzare lo scopo o l'alimento dell'esistenza, come riferito da sant'Agostino: «Il nutrimento dell'animo è quello che gli dà gioia»[66]. Gli fa eco Pascal: «Tutti gli uomini cercano di essere felici, senza eccezioni; e tutti tendono a questo fine, sebbene diversi siano i mezzi che usano. [...] La volontà non fa mai il più piccolo passo se non in direzione di questo soggetto. Esso è il motivo di tutte le azioni di tutti gli uomini, finanche di quelli che si impiccano»[67]. La gioia, o felicità, è necessaria, indispensabile per una vita che sia veramente "umana".

Se il bisogno è universale e urgente, il suo appagamento non è canalizzato nello stesso modo. La promessa giunge da tante parti e attraverso vari canali. La molteplicità di proposte denota la caducità e la fragilità delle medesime e, nello stesso tempo, certifica il bisogno comune di ricercare un'indicazione per uno stato permanente di completo benessere.

Il credente si avvale di una ricetta che considera sicura perché fondata su Cristo, l'uomo-Dio, e collaudata dalla bimillenaria storia della Chiesa, che ha visto fiorire uno stuolo innumerevole di uomini e donne vissuti nella gioia, a imitazione del Maestro.

Prendiamo una particella di tale ricetta, concentrando la nostra attenzione sui primi due capitoli dell'evangelista Luca, noto interprete e cantore di gioia all'interno della sinfonia neotestamentaria. Partiremo da un semplice esame dei testi che contengono il nostro tema e li uniremo in un ideale *puzzle,* per tentare di decifrarne il messaggio. Passeremo, in un secondo momento, a una considerazione complessiva sulla gioia, prima di approdare a una conclusione.

I testi biblici

Raccogliamo i testi di Lc 1-2 che contengono il vocabolario della gioia, dando loro uno sguardo e inserendoli nel contesto. Tenteremo, alla fine, una sintesi.
I passi sono sei in totale:
Lc 1,14: Avrai gioia ed esultanza, e molti si rallegreranno della sua nascita.
Lc 1,28: Entrando da lei, disse: «Rallégrati, piena di grazia: il Signore è con te».

---

[66] *Le Confessioni*, XIII, 27.
[67] *Pensieri*, 425.

Lc 1,44: Ecco, appena il tuo saluto è giunto ai miei orecchi, il bambino ha sussultato di gioia nel mio grembo (cf v. 41).
Lc 1,46-47: Allora Maria disse: «L'anima mia magnifica il Signore e il mio spirito esulta in Dio, mio salvatore.
Lc 1,58: I vicini e i parenti udirono che il Signore aveva manifestato in lei la sua grande misericordia, e si rallegravano con lei.
Lc 2,10: l'angelo disse loro: «Non temete: ecco, vi annuncio una grande gioia, che sarà di tutto il popolo».
Consideriamo ora i singoli passi.

Breve commento
Lc 1,14: *Avrai gioia ed esultanza, e molti si rallegreranno della sua nascita.*
Nello scenario solenne del tempio, un angelo appare a Zaccaria rivelandogli che la preghiera di avere un figlio è stata esaudita. Dopo aver imposto di chiamarlo Giovanni, aggiunge: «Avrai gioia ed esultanza, e molti si rallegreranno della sua nascita». La prima nota informativa riguarda la gioia. Non lo possiamo dire un caso fortuito. Prima di precisare il compito futuro o di fornire altre indicazioni, l'idea che un senso di benessere avvolga le persone con la sua nascita apre piacevolmente l'animo del lettore a ricevere notizie supplementari sul bambino. In genere i commentatori non si attardano molto sul particolare della gioia e non tutti registrano che è la prima volta che questo concetto fa la sua comparsa[68], attraversando poi come un filo d'oro il blocco di Lc 1-2, e continuando per tutto il resto del Vangelo, fino al penultimo versetto. Un supplemento di riflessione può aiutare a percepire la sensibilità di Luca, attento anche in questo caso a registrare i sentimenti.

La gioia ha un orizzonte molto aperto, perché investe il padre, diretto interessato, e un complessivo «tutti», da intendere in senso lato, riguardante cioè tutta la comunità. Si viene a creare una bella sintesi tra individuo e popolo. La gioia ha una precisa causa, la nascita, subito richiamata ed espressa alla fine del versetto. Se ogni nascita è motivo di soddisfazione e di compiacimento perché una nuova vita è apparsa, qui la ragione supera il semplice dato anagrafico. Il contesto aiuta a capire che colui che nasce sarà un profeta, con i tratti particolari del precursore: «egli sarà grande davanti al Signore; *non berrà vino né bevande inebrianti*, sarà colmato di Spirito Santo fin dal seno di sua madre e ricondurrà

[68] Lo mette bene in luce G. Rossé, *Il Vangelo di Luca*, Città Nuova, Roma 1992, 40: «Emerge per la prima volta il motivo della gioia, importante nell'opera di Luca. Quest'elemento non fa parte dello schema abituale delle annunciazioni, ed è quindi un elemento introdotto di proposito nel nostro racconto: la gioia caratterizza il tempo dell'intervento definitivo di Dio, il tempo del compimento».

molti figli d'Israele al Signore loro Dio. Egli camminerà innanzi a lui con lo spirito e la potenza di Elia, per ricondurre i cuori dei padri verso i figli e i ribelli alla saggezza dei giusti e preparare al Signore un popolo ben disposto» (vv. 15-17).

La specificazione della funzione di questo bambino permette di dare un senso particolare alla gioia per la sua nascita, che ha un preciso accento escatologico, richiamato dalla citazione di Ml 3,1, e messianico, dato dal preciso contesto in cui si trova.

«Gioia ed esultanza» non appartengono semplicemente al mondo dei sentimenti umani, esprimendo piuttosto l'emozione dei credenti quando percepiscono la vicinanza di Dio: «la gioia è il profumo di Dio, segno della sua presenza» (S. Fausti).

Lc 1,28: *Entrando da lei, disse: «Rallegrati, piena di grazia: il Signore è con te».*

Lo stesso angelo Gabriele che era apparso a Zaccaria, si presenta ora a Maria, dando vita a un insistito parallelismo che piace a Luca. Non per questo si crea un doppione né, tanto meno, una fotocopia. Cambia la geografia, ora la sconosciuta Nazaret anziché la gloriosa Gerusalemme, cambia lo scenario, ora una modesta abitazione privata e non lo sfarzoso tempio, cambia il destinatario, ora una semplice fanciulla e non il sacerdote nella pomposità della sua funzione.

Anche il saluto gode di un forte accento di novità che lo rende singolare, oltre che eccezionale. Mai, fino a questo momento, una donna beneficiata con un messaggio divino aveva ricevuto un saluto. Mai un destinatario di saluto ne aveva ricevuto uno così solenne e denso di significato. Il confronto più facile e immediato si può fare con quello rivolto a Zaccaria: «Non temere, Zaccaria, la tua preghiera è stata esaudita e tua moglie Elisabetta ti darà un figlio...». Dopo l'invito a bandire ogni forma di timore, Gabriele passa subito al contenuto del messaggio. Qui è un'altra musica. Il destinatario è oggetto di una speciale attenzione che si fissa su una serie di parole, densamente ricche di teologia e di reminiscenze bibliche. Potremo convincercene con un supplemento di attenzione.

Il saluto è tripartito: «Rallegrati, piena di grazia: il Signore è con te». Come già visto sopra parlando di Maria[69], Il titolo più rilevante è «piena di grazia», da leggere in forma passiva «tu che sei stata colmata della grazia», per essere più fedeli all'originale greco. La grazia fa riferimento primariamente a

[69] Cf il capitolo *Maria, fonte della nostra gioia.*

Dio «misericordioso e pietoso... ricco di grazia e di fedeltà» (Es 34,6) e diventa la manifestazione del suo amore. Solo secondariamente possiamo applicare la pienezza di grazia a Maria, destinataria privilegiata del dono di Dio e abilitata a una comunione intima con Lui. L'appellativo suona quasi come un nome proprio e lascia intendere che la grazia fa parte della sua persona, possesso fin dalla nascita. L'importanza di tale attributo emerge anche dal dogma dell'Immacolata Concezione[70] che trova qui uno dei principali fondamenti biblici.

La pienezza della grazia trova eco nel successivo «il Signore è con te» che ne è quasi un prolungamento o un sinonimo. Maria è ammessa a partecipare in modo più intimo alla vita divina e, perciò, a fruire della sua potenza. Infatti, la grazia è la vita divina donata perché diventi a sua volta generativa.

Dopo la breve illustrazione della seconda e terza parte del saluto, torniamo alla prima, «rallegrati», che ci interessa più direttamente, e ora più facilmente comprensibile, dopo quanto è appena stato illustrato. La formula propone il saluto usuale nel greco del tempo, equivalente all'ebraico *shalom*, ma con nuovi accenti che sono un invito alla gioia messianica, tema ricorrente nei primi due capitoli del Vangelo secondo Luca. Si sente il richiamo alla promessa di Sof 3,14-17. C'è aria di compimento che dà la stura a un inebriante sentimento di gioia, che Silvano Fausti traduce liberamente così: «Gioisci perché è giunto il momento promesso, rallegrati come Dio stesso si rallegra, partecipa alla sua gioia. La gioia di Dio è piena perché può finalmente gioire delle sue creature (Sal 104,31). E Maria può dire non solo: "La mia gioia è nel Signore" (Sal 104,34), ma addirittura: "Il Signore è la mia gioia". Il suo vuoto è stato colmato, l'assenza si è fatta presenza»[71].

Lc 1,44: Ecco, appena il tuo saluto è giunto ai miei orecchi, il bambino ha sussultato di gioia nel mio grembo (cf v. 41).

Dopo l'esaltante esperienza di Nazaret che promuoveva Maria a Madre di Dio, ella si mette in cammino. Grazie a lei anche Gesù, prima ancora di nascere, è in movimento verso gli altri, profetico anticipo della sua missione itinerante che lo vedrà portatore a tutti della parola che aiuta e che salva. Il brano è prima di tutto cristologico, con lo scopo di fissare lo sguardo su di Lui. A prima vista, sembrerebbe una scena dominata dalle due donne che si incontrano e si parlano. Un supplemento di attenzione aiuterà a capire che il centro dell'interesse sta nei concepiti, che le due madri portano in grembo.

---

[70] Proclamato da Pio IX nel 1854.

[71] *Una comunità legge il Vangelo di Luca*, EDB, Bologna 1994, 31.

Maria saluta educatamente per prima, quando entra in casa di Elisabetta. L'evangelista aveva registrato già al verso 41 una nota particolare: «Appena Elisabetta ebbe udito il saluto di Maria, il bambino sussultò nel suo grembo». C'è una percezione da parte di Giovanni, affidata al verbo greco *skirtào* tradotto con «sussultò». Al v. 44 l'idea ritorna sulla bocca della madre: «il bambino ha sussultato di gioia nel mio grembo», questa volta con l'esplicito riferimento alla gioia. Perciò, siamo autorizzati a pensare quasi a una "danza", come già visto in precedenza[72], manifestazione di un ritmo con allegria.

Poiché non si tratta del movimento sperimentato da tutte le mamme in dolce attesa, bensì di qualcosa di straordinario, possiamo convincerci che l'attenzione dell'evangelista è riferita proprio ai concepiti che le due donne portano nel grembo. Quella "danza" per il suo Signore è come un amoroso inchino di Giovanni, che inizia già fin d'ora quella totale e devota sudditanza che manifesterà in seguito durante tutta la sua vita, fino al martirio.

Dalla scena viene un felice riverbero: «La gioia messianica, che Gabriele ha preannunciato come effetto della nascita del Precursore (cf. 1,14), che ricolmerà tra poco Maria stessa (cf. v. 47) e che un angelo annuncerà ai pastori (cf. 2,10), ha toccato Giovanni ancora racchiuso nel ventre materno al semplice suono della voce di Maria, nel momento in cui ha "sentito" la presenza di Cristo portato dalla madre» (F. Mosetto). Ancora una volta vediamo la gioia scaturire da un incontro personale, per quanto eccezionale, a conferma che la sua vera sorgente sta nella relazione personale, non nel possesso delle cose.

Lc 1,46-47: Allora Maria disse: «L'anima mia magnifica il Signore e il mio spirito esulta in Dio, mio salvatore.

Nel *Magnificat* troviamo due parti. La prima, narrativa, con l'esplosione dei verbi mostra la gioia incontenibile di Maria (vv. 46-50), la seconda, descrittiva, con l'uso del parallelismo antitetico dipinge in concreto l'azione salvifica ed escatologica di Dio (vv. 51-55).

La prima parte inizia con la voce solista di Maria che parla in prima persona: «L'anima mia (= io) magnifica il Signore e il mio spirito esulta in Dio, mio salvatore» (vv. 46-47). L'esultanza è affidata a verbi che prendono una tonalità escatologica, perché iniziano nel tempo e sfociano nell'eternità. Saper gioire della grazia di Dio è il nobile destino dell'uomo. Tutti i doni che egli ci elargisce sono finalizzati a farci partecipi del piacere del suo cuore, sono i segni del suo

[72] Cf il capitolo *Maria, fonte della nostra gioia.*

amore, potremmo quasi dire che sono come i gioielli che l'amato dà all'amata, perché di lui gioisca.

Se vogliamo individuare un possibile centro di aggregazione di tutte le idee, lo potremmo trovare nel concetto teologico di "salvezza", registrato fin dalle prime battute nel titolo dato a Dio: «mio salvatore». La salvezza ha in Dio la sua causa, nell'individuo (o nel gruppo) il suo destinatario. Dall'«io» di Maria al «Tu» divino, passando attraverso il «noi» comunitario, la salvezza è cantata nella sua origine (Dio) e nei suoi destinatari (Maria e popolo). Maria interpreta la storia di Israele, racchiusa nella formula di Dt 26,7: «Allora gridammo al Signore, al Dio dei nostri padri, e il Signore ascoltò la nostra voce, vide la nostra umiliazione, la nostra miseria e la nostra oppressione». Partendo dalla sua storia personale, Maria dà voce alla storia di Israele, spingendo lo sguardo più avanti, abbracciando idealmente tutti gli uomini. La sua vicenda diventa prototipo di quella della comunità ecclesiale e di ogni cristiano. Come suggerisce sant'Ireneo, qui Maria «profetizza per la Chiesa».

Perciò la comunità cristiana ha, da secoli, la bella abitudine di inserire il cantico nella preghiera serale. Maria ha intonato un canto, le cui note si propagano nel tempo e nello spazio.

Lc 1,58: I vicini e i parenti udirono che il Signore aveva manifestato in lei la sua grande misericordia, e si rallegravano con lei.

La nascita di Giovanni ha un benefico effetto sulla cerchia di parenti e vicini che sono contagiati dalla gioia. Il motivo della gioia è espresso in termini schiettamente religiosi. Il Signore aveva manifestato la sua grande misericordia verso Elisabetta e Zaccaria. Ogni nascita è un ampliarsi del cerchio del dono e della danza della vita. Ancora una volta il sentimento positivo è legato a una dimensione spirituale.

Lc 2,10: l'angelo disse loro: «Non temete: ecco, vi annuncio una grande gioia, che sarà di tutto il popolo».

La nascita di Gesù, registrata nei versetti precedenti, scatena una reazione che ha per scenario il cielo e per messaggero un angelo. I pastori sono privilegiati destinatari di questa "buona notizia", cioè del Vangelo, come si esprime il testo greco. Essi godono nella nostra mentalità di un'istintiva simpatia, perché sono parte integrante dei presepi. Sarebbe difficile immaginare la scena senza la loro presenza. La realtà storica al tempo di Gesù era di ben altro colore. Uno studio accurato del contesto storico e culturale di Israele in quel tempo cancellerebbe buona parte di quell'alone romantico che li avvolge. Nella società, essi costituivano una categoria poco invidiabile. Nel trattato *Sanhedrin* del Talmud, il più importante documento della tradizione giudaica, leggiamo che i pastori non potevano essere eletti giudici e neppure fare da testimoni in un processo, perché considerati impuri per la loro convivenza con gli animali e disonesti per le violazioni dei confini. Insomma, gente emarginata e poco raccomandabile!

Eppure, proprio a questi "poveri" giunge per primo il lieto annunzio del Natale. Luca lascia risuonare anche in questo particolare la sua attenzione specialissima alle persone che non contano. Per un gioco di inversione, già registrato nel *Magnificat*, proprio a loro giunge il sorprendente messaggio: «Non temete: ecco, vi annuncio una grande gioia, che sarà di tutto il popolo: oggi, nella città di Davide, è nato per voi un Salvatore, che è Cristo Signore» (vv. 10-11). C'è un riverbero sorprendente di gaudio, affidato alla solenne espressione «grande gioia» che ritornerà, in questa forma di "superlativo" solo alla fine del vangelo, Lc 24,52. Continua l'onda lunga della gioia che caratterizza il Vangelo di Luca. L'esultanza è la medesima che l'angelo Gabriele aveva augurato a Maria. Ora essa è annunziata ai pastori e, tramite loro, all'intero popolo messianico. Per la prima volta nella storia della salvezza le promesse cedevano il posto alla realtà.

Troviamo un concentrato di titoli cristologici che prenderanno spessore e contorni ben definiti con il mistero pasquale. Solo allora si capirà bene che la morte e risurrezione di Gesù hanno valore redentivo per tutti gli uomini («Salvatore»), che egli è l'unico e autentico inviato di Dio che porta a compimento la storia di salvezza iniziata nell'Antico Testamento («Cristo»), che nel Gesù di Nazaret, vero uomo nato dalla vergine Maria, sussiste la natura divina, essendo egli stesso Dio («Signore»). A questa comprensione piena perverrà la comunità primitiva, com'è registrato nel discorso di Pietro nel giorno di Pentecoste (cf At 2,36).

La salvezza è un termine morale, politico. C'è l'idea di vittoria, di salvataggio da una condizione negativa e la restituzione della pienezza o della integrità. Parlando di Dio o di Cristo, la salvezza è liberazione dal peccato che è, in effetti, lo stato di alienazione da Dio. Per Luca la salvezza è intimamente collegata all'evento-Cristo. Lui solo tra i sinottici chiama Gesù «Salvatore» (Lc 2,11) e usa il termine astratto di «salvezza» (Lc 19,9).

L'eccezionalità del messaggio è affidata a un sentimento formulato nel superlativo «grande gioia»: se già la nascita di Giovanni aveva motivato tale sentimento registrato in Lc 1,14, a maggior ragione «molti si rallegreranno» per la nascita di Cristo. A partire dall'annuncio di rallegrarsi rivolto a Maria, la gioia messianica si estende a «tutto il popolo», da identificare dapprima con i figli di Israele e poi con tutte le genti. All'orizzonte si profila una partecipazione universale al regno salvifico di Dio e del suo Messia.

Visione complessiva e risultato

Il sentimento della gioia attraversa il testo lucano dell'infanzia, con una grande concentrazione nel primo capitolo. Da un elementare rilievo statistico emergono questi risultati a livello lessicale: due volte il sostantivo *charà (gioia)* (1,14; 2,10), due volte il sostantivo *agalliasis (esultanza)* (1,14.44), due volte il verbo *chairo (gioire)* (1,14.28) e una volta il suo composto *synchairo (gioire con)* (1,58), una volta il verbo *agalliazo (esultare)* (1,47). Due sono, perciò, le principali radici che danno vita al lessico.

Se ora guardiamo i destinatari o i diretti fruitori della gioia, troviamo una tipologia variegata: Zaccaria (1,14a), un generico e complessivo «tutti» (1,14b), Maria (1,28.47), Giovanni (1,44), i «vicini e parenti» (1,58), i pastori (2,10).

Più interessante notare la causa che provoca o favorisce il sentimento di gioia: per Zaccaria, «tutti» e «vicini e parenti» è la nascita di Giovanni, invece per Maria, i pastori e Giovanni è la nascita di Gesù. Il primo dato che si impone è che la gioia è da collegarsi con una nascita o, più in generale, con il sorgere della vita, una metà dei passi per quella di Giovanni e l'altra metà per quella di Gesù[73].

Se continuiamo l'indagine e la riflessione, notiamo una convergenza verso la nascita di Gesù, perché Giovanni è tutto orientato verso di Lui, come dimostra già con il movimento gioioso nel grembo materno. Tutta la sua vita è impostata sul Messia, a cominciare dalla nascita. In termini assoluti, non avrebbe senso la sua presenza senza quella di Gesù. Perciò possiamo concludere che tutti i passi che registrano un sentimento gioioso sono, in ultima analisi, collegati alla persona di Gesù.

Un ulteriore passo ci porta verso la precisazione dell'identità di Gesù. Maria è invitata a rallegrarsi, lei che è stata riempita della grazia divina e appartiene a Dio, perché le viene chiesto il compito di essere la madre di colui che «sarà santo e sarà chiamato Figlio di Dio» (1,35). Elisabetta celebra le lodi di Maria chiamata a una precisa ed eccezionale funzione: «Benedetta tu fra le donne e benedetto il frutto del tuo grembo! A che cosa devo che la madre del

[73] Per la precisione, tre volte per la nascita di Giovanni (1,14: due volte; 1,58) e tre volte per quella di Gesù (1,28.44; 2,10), cui aggiungere 1,47 che esprime gioia in Dio salvatore, ma senza escludere, dato il contesto, il riferimento alla divina maternità.

mio Signore venga da me?» (1,42-43). La somma celebrazione del bambino è affidata al trattato teologico dell'angelo che proclama: «Oggi, nella città di Davide, è nato per voi un Salvatore, che è Cristo Signore» (2,11). Ne viene a chiare lettere che la gioia è collegata con la nascita di colui che è Cristo Signore, il salvatore. Appare evidente che gioia e salvezza sono intimamente collegate.

La gioia

Il tema della gioia è ben registrato nei primi due capitoli di Luca, così da dare un'intonazione particolare. Il tema, sempre molto avvincente e seducente, merita di essere approfondito un poco. Possiamo usare quasi come sinonimi i termini di gioia, letizia, esultanza e gaudio, anche se ognuno possiede sfumature proprie.

Poiché sull'argomento si possono trovare interpretazioni diverse e non raramente contraddittorie, sarà utile distinguere subito la gioia vera dai suoi surrogati.

Dai surrogati alla vera gioia

Alla fiera dei desideri, la bancarella della felicità è sempre quella più visitata e più ambita. Nessuna sorpresa in questo, perché la voglia di sentirsi soddisfatti ci accompagna fin dal primo istante della nostra vita e si spegne solo al momento della morte. La felicità è, quindi, il motore dell'esistenza e per essa si è disposti a tutto.

Chiara e comune la meta, non lo sono altrettanto i mezzi per raggiungerla, perché identificati nel denaro, o nel successo, o nell'impegno sociale, o in altro ancora, in un colorato mosaico di possibilità. Non è però detto che tutti i mezzi conducano alla meta. Perciò devono essere vagliati e verificati. L'esperienza insegna che ricette proposte e ampiamente reclamizzate si rivelano in seguito messaggi drogati e ideali stregati. La vita di tutti i giorni si muove nel dedalo di mille subdole insidie che, come le sirene di Ulisse, incantano e distolgono dal reale[74]. La gioia cristiana non è una fortuna, è una virtù. Non è fatta per essere

---

[74] Lo confermano le acute osservazioni di E. Fromm, *Avere o essere*, Mondadori, Milano 1986, 155-156: «I piaceri degli edonisti ad oltranza, la soddisfazione di sempre nuove cupidigie, i piaceri della società attuale, danno origine a diversi gradi di *euforia*, ma non conducono alla *gioia*. Anzi, la mancanza di gioia rende necessaria la ricerca di piaceri sempre nuovi, sempre più eccitanti.

La gioia è concomitante nell'attività produttiva; non si tratta di una 'esperienza culminante' che raggiunga improvvisamente l'agire e improvvisamente termini, ma piuttosto di un altipiano, di uno stato emozionale che accompagna l'esperienza produttiva delle proprie essenziali facoltà umane. [...]. Piacere ed eccitamento lasciano il posto alla tristezza. Il detto 'dopo il coito ogni animale è triste' riflette appunto questa situazione relativamente al sesso e all'amore, il quale è una 'esperienza culminante' di intensa eccitazione e quindi elettrizzante e piacevole, ma necessariamente seguita da delusione. La gioia nel sesso può essere sperimentata solo qualora l'intimità fisica sia accompagnata dall'intimità amorosa».

consumata, ma per essere donata, secondo il detto: «Si è più beati nel dare che nel ricevere» (At 20,35).

Possiamo individuare diversi tipi di felicità. Li semplifichiamo in tre:

- Felicità di tranquillità: è la felicità di coloro che non vogliono nessuna preoccupazione, nessun rischio. Perciò riducono i contatti, restringono i bisogni, induriscono l'epidermide e si rinchiudono nel loro guscio. Difficile, in questo caso, mantenere il termine 'felicità', perché il contenuto ha tutto il sapore del più gretto egoismo. Eppure non mancano persone che impostano la loro esistenza su tali parametri.
- Felicità di piacere: lo scopo della vita non consiste nell'agire o nel creare, ma solo nel godere. Il principio regolatore è quello del minimo sforzo, cercando di ricevere il massimo beneficio. L'uomo felice, secondo questo schema, sarebbe colui che assapora l'attimo che tiene in mano. Sebbene sia raro incontrare persone che cercano di vivere così, anche in questo caso il termine 'felicità' è usato in chiave egoistica e, di conseguenza, risulta improprio.
- Felicità di sviluppo: la felicità non è intesa come un oggetto che si tiene per sé, ma l'effetto dell'azione, quasi un 'sottoprodotto' dello sforzo. Nessun cambiamento beatifica se non tende alla pienezza, al punto esterno di se stesso, in avanti. La felicità si commisura sugli altri e non su se stessi. Ora possiamo parlare di una prospettiva positiva e accettabile.

La gioia favorisce un'apertura sugli altri, sull'Altro, sull'infinito: «Il vero egoismo della gioia non è il dolore che sta dentro la struttura stessa dell'esistenza. È l'egoismo che lo provoca dall'esterno con le sue mille iniziative, da quelle selvagge a quelle mascherate di buone ragioni: l'egoismo che spreca la vita, l'egoismo che vuole di più per sprecare di più, l'egoismo che si rifiuta a chi non ha. La gioia deve essere letta nel contesto di una realtà complessiva che ingloba tutto e tutti. L'uomo è come imbevuto dell'avventura del mondo, un mondo che sale verso più complessità e più coscienza, fino alla ricapitolazione in Dio tramite il Cristo universale. La felicità è incorporarsi nella totalità del processo in corso, inserire l'avventura della propria esistenza nell'avventura più globale del mondo, vivendo secondo il ritmo di tre momenti: essere se stessi ('incentrazione'), aprirsi agli altri ('decentrazione'), nello slancio umano e cristiano in avanti verso Dio che chiama e attira ('supercentrazione'). Abbiamo così tre verbi: ESSERE, AMARE, ADORARE che sono altresì espressione di tre atteggiamenti fondamentali, quello della creatività, quello dell'amore e quello dell'adorazione»[75].

La gioia di una presenza vivificante

Stranamente, troviamo la gioia in contesti e situazioni che sembrerebbero limitarla o eliminarla. Pensiamo all'angelo che invita Maria a rallegrarsi e nello stesso tempo le prospetta una maternità carica di incognite e incomprensibile alla ragione umana. Ci sarebbe piuttosto motivo per rimanere perplessi, perfino disorientati. La gioia di una prospettiva di maternità sembrerebbe offuscata da un nugolo di perplessità. Ovviamente non è così, e rimane valido l'invito alla gioia piena, incondizionata. La gioia che inonda i primi due capitoli non elimina l'ombra della croce, come si profila nelle parole di Simeone a Maria: «Ecco, egli è qui per la caduta e la risurrezione di molti in Israele e come segno di contraddizione – e anche a te una spada trafiggerà l'anima –, affinché siano svelati i pensieri di molti cuori» (Lc 2,34-35).

C'è gioia perché Gesù è presente. Lo è, dapprima, nella persona del suo precursore. Abbiamo visto che la nascita di Giovanni causa un sentimento positivo, che, in ultima analisi, è da collegarsi alla sua funzione, quella di preparare la strada al Messia, cioè a Gesù.

La gioia diventa esplosiva nel «rallegrati» detto a Maria, prima di prospettarle la divina maternità, e diventerà somma («grande gioia»), quando ai pastori sarà annunciata, come un Vangelo, la nascita di Gesù. Un bambino causa di solito la felicità dei suoi genitori. Se poi questo bambino si chiama Gesù e di Lui si conosce la missione di salvatore, allora la gioia raggiunge l'apice e diventa "stellare". Gioia e salvezza sono correlate, come scrive Beda il Venerabile: «Esulta in Dio suo salvatore, lo sguardo di colui che solo si diletta nel ricordo del suo creatore dal quale spera la salvezza eterna»[76].

Gesù, portato da Maria a Elisabetta, causa il movimento gioioso di Giovanni e l'esultante reazione della madre alle parole della parente. L'incontro singolare tra le madri e i nascituri produce una gioia che ha origini particolari: «La diffusione della gioia non avviene per un semplice contagio naturale o per una semplice affinità di persone aventi la stessa sensibilità e gli stessi desideri. Essa è opera dello Spirito Santo. Comunicando la grazia nell'incontro, lo Spirito

---

[75] R. Gibellini, *Prefazione* al libro di P. Teilhard de Chardin, *Sulla felicità*, Queriniana, Brescia ^{2}1991, 11-12.

[76] *Omelie*, Lib. 1,4, CCL 122, 25.

Santo comunica la gioia: la gioia è di origine divina come la grazia e ha bisogno di un agente divino per la sua trasmissione»[77].

La gioia di Zaccaria e Elisabetta ha una ricaduta esterna e felicemente contagiosa, espressa nel «molti» (v. 14) e nei «parenti e vicini» (v. 58). Per la sua intima natura, la gioia è un bene che si travasa felicemente negli altri. La gioia ampia e profonda, che fin da quaggiù si diffonde nel cuore dei veri fedeli, non può che apparire 'diffusiva di sé', proprio come lo sono la vita e l'amore, di cui essa è una sintesi felice. Essa risulta da una comunione umano-divina, e aspira a una comunione sempre più universale. In nessun modo potrebbe indurre colui che la gusta a una qualche attitudine di ripiegamento su di sé. Essa dà al cuore un'apertura cattolica sul mondo degli uomini, mentre gli fa sentire, come una ferita, la nostalgia dei beni eterni.

Resta acquisito, che solo una persona - ed è Cristo che ci apre la comunicazione con il Padre e lo Spirito - può essere l'autentica sorgente della pienezza interiore: «Se una qualunque "notizia lieta rianima le ossa" (Pr 15,30), il Vangelo fa trasalire l'animo di una gioia ineffabile e inenarrabile, perché annuncia non una semplice dottrina consolatoria, ma un evento di reale salvezza, che ha il suo avvio nell'Alleanza e si conclude nell'Incarnazione, nella Risurrezione e, infine, nel Regno dei cieli»[78]. La nascita di Gesù, assicurando la sua presenza in mezzo agli uomini, è caparra di felicità, in attesa del compimento, quando la presenza sarà un "faccia a faccia" o, meglio, un "cuore a cuore", e Dio sarà «tutto in tutti» (1Cor 15,28).

Conclusione

La gioia, bene stabile e duraturo

Abbiamo visto la sostanziosa presenza del sentimento della gioia all'inizio del Vangelo di Luca, motivato dalla nascita di colui che sarà il Salvatore. Il resto del Vangelo si impegnerà a mostrare la continuità del sentimento: c'e gioia quando si ritrova qualcosa che era stato smarrito[79], quando si conosce che il proprio nome è scritto nel cielo[80], quando Gesù compie le opere e soprattutto è portatore di salvezza[81], quando si sperimenta la sua presenza di Risorto, anche se non più

[77] J. Galot, *Il cristiano e la gioia, nota caratteristica della Buona Novella*, Città Nuova, Roma 1986, 24.

[78] F. Gioia, *Nati per la gioia. Una teologia biblica dei sentimenti*, Ancora, Milano 2005, 154.

[79] Lc 15,5.7.9.32.

[80] Lc 10,20.

[81] Lc 13,17; 19,37 e il caso felice di Zaccheo 19,6.

visibile[82]. Lo sviluppo del racconto evangelico continua e conferma la linea abbozzata nei primi capitoli: la vera gioia non compare mai come uno stato d'animo profano e attinge sempre alla fonte genuina e perenne dell'amore fedele di Dio che in Gesù adempie le sue promesse e promuove la storia alla sua massima espressione.

La gioia non è più uno stato momentaneo, una condizione occasionale o, meno ancora, eccezionale. Essa deve essere parte costitutiva dell'uomo, una colorata espressione della sua partecipazione al divino.

La pregevole sintesi di sant'Agostino[83] ci conferma nel valore della gioia come bene stabile e duraturo e, soprattutto, ci educa a comprendere che la nostra appartenenza a Dio come figli, l'essere salvati da Gesù, sono le ragioni profonde e inossidabili della nostra felicità:

L'Apostolo ci comanda di rallegrarci, ma nel Signore, non nel mondo [...] abbia il sopravvento la gioia nel Signore, finché non sia finita la gioia nel mondo. Cresca sempre più la gioia nel Signore, mentre la gioia nel mondo diminuisca sempre finché sia finita. E noi affermiamo questo, non perché non dobbiamo rallegrarci mentre siamo nel mondo, ma perché, pur vivendo in questo mondo, ci rallegriamo già nel Signore. [...]

Perciò, fratelli, rallegratevi nel Signore, non nel mondo; cioè rallegratevi nella verità, non nel peccato, rallegratevi nella speranza dell'eternità, non nei fiori della vanità. Così rallegratevi: e dovunque e per tutto il tempo che starete in questo mondo, «il Signore è vicino! Non angustiatevi per nulla» (Fil 4,5-6).

[82] Lc 24,52.
[83] *Disc.* 171, 1-3.5; PL 38, 933-935.

UNA GIOIOSA METAMORFOSI
Zaccheo, da "arcipubblicano" a "arcicontento"
(Luca 19,1-10)

Tutto ciò che vive, si sviluppa e si trasforma. La trasformazione, detta più elegantemente metamorfosi, caratterizza la vita. A primavera, alberi scheletriti si vestono a festa e danno avvio al festival del colore, documentando che la vita è sprizzata là dove sembrava allignasse solo la morte. Il bruco, una larva dal corpo vermiforme che si muove goffamente sulla terra, diventa l'aristocratica farfalla che si libra nel cielo. Pure l'uomo conosce la metamorfosi nelle varie fasi della sua esistenza.

Vediamo ora tale trasformazione come promozione verso una vita migliore, rompendo il guscio di pessimismo creato da certe correnti di pensiero. Ciò che i Greci ritenevano impossibile ed esprimevano nelle loro massime «gli dei stessi non saprebbero cambiare il passato», diventa nella Bibbia un'esigenza che Gregorio di Nissa così sintetizza: «Quaggiù si va sempre di inizio in inizio, fino all'inizio senza fine».

Un'autentica trasformazione interiore postula un complesso processo non attivato da automatismi. Al principio ateo degli assiro-babilonesi del vivere *ina raminaschu,* cioè in modo autonomo, staccato da Dio, l'uomo biblico oppone il principio della costante conversione – cioè cambiamento interiore - che lo avvicina a Dio. Questo motiva e genera una gioia profonda. Il Vangelo abbonda di esempi.

Tra le tante possibilità, privilegiamo Zaccheo, simpatica figura, esclusiva del Vangelo di Luca. Piace un po' a tutti, ai ragazzi per la sua aria di monello che sale sulla pianta per vedere, agli adulti per la determinatezza e il coraggio ai limiti dell'eroismo. Ha un fisico piccolo, eppure possiede una grande statura morale, perché addita all'uomo di ogni tempo la possibilità di ribaltare una vita. Tutto questo, ovviamente, dopo aver incontrato Cristo, averlo ascoltato ed essere stato preso al liberante laccio del suo amore. Zaccheo può essere classificato "un piccolo grande uomo".

Testo biblico: Luca 19,1-10

1Entrò nella città di Gerico e la stava attraversando, 2quand'ecco un uomo, di nome Zaccheo,
capo dei pubblicani e ricco, 3cercava di vedere chi era Gesù, ma non gli riusciva a causa della
folla, perché era piccolo di statura. 4Allora corse avanti e, per riuscire a vederlo, salì su un

sicomòro, perché doveva passare di là.[5]Quando giunse sul luogo, Gesù alzò lo sguardo e gli disse: «Zaccheo, scendi subito, perché oggi devo fermarmi a casa tua». [6]Scese in fretta e lo accolse pieno di gioia. [7]Vedendo ciò, tutti mormoravano: «È entrato in casa di un peccatore!». [8]Ma Zaccheo, alzatosi, disse al Signore: «Ecco, Signore, io do la metà di ciò che possiedo ai poveri e, se ho rubato a qualcuno, restituisco quattro volte tanto». [9]Gesù gli rispose: «Oggi per questa casa è venuta la salvezza, perché anch'egli è figlio di Abramo. 10Il Figlio dell'uomo infatti è venuto a cercare e a salvare ciò che era perduto».

Tematica e dinamismo

Il racconto è collocato alla conclusione del grande viaggio che porta Gesù a Gerusalemme, la città santa che lo vedrà morire e risorgere. Questo bipolarismo di luce e di tenebre è espresso nel contesto che abbraccia il nostro brano: esso è collegato con la parabola delle mine (cf Lc 19,11-27), che segue subito dopo, perché esprime la possibilità di trafficare bene i doni ricevuti. Ancora più appariscente il parallelismo con l'episodio del cieco di Gerico che precede immediatamente il nostro (cf Lc 18,35-43). Si parla di un cieco che chiede a Gesù di poter recuperare la vista e proprio in forza della sua fede ottiene la guarigione. L'identità di luogo, Gerico, ha forse favorito la vicina collocazione dei due episodi: questi sono affini soprattutto per il comune itinerario, dalle tenebre alla luce, dalla passività al dinamismo, dalla lontananza da Cristo alla comunione con Lui.

Per quanto concerne la struttura, dopo l'introduzione (vv. 1-2) balzano evidenti due blocchi: un avvenimento (vv. 3-6) e la valutazione del medesimo (vv. 7-10). In modo più dettagliato distinguiamo:

Introduzione (vv. 1-2)

Sono fornite l'indicazione del luogo e la presentazione dei due protagonisti: Gesù, indicato senza nome e colto nel suo passaggio da Gerico e Zaccheo, presentato in modo dettagliato con nome, professione, e condizione sociale.

A. L'avvenimento (vv. 3-6)

1. Uno cerca e l'altro è cercato: i due sono a distanza (v. 3)
2. Colui che cerca si impegna a superare la distanza (v. 4)
3. Colui che è cercato diventa colui che cerca: inversione dei ruoli (v. 5)
4. La distanza è superata: i due si incontrano (v. 6)

B. La valutazione (vv. 7-10)

1. La valutazione degli avversari: l'incontro è criticato da «tutti» che da esso prendono le distanze (v. 7)
2. La valutazione di Zaccheo: l'incontro diventa per lui motivo di cambiamento di vita; incontro fisico, ma anche incontro spirituale (v. 8)

3. La valutazione di Gesù: l'incontro con le persone, soprattutto con i peccatori, appartiene alla sua missione:

- con Zaccheo, caso concreto (v. 9)
- con tutti, prospettiva generale e conclusione (v. 10).

Breve commento

Gesù passa attraverso Gerico. La città, posta a 250 metri sotto il livello del mare e a circa 10 chilometri dal Mar Morto, è un'oasi subtropicale stupenda, un fiore in mezzo a un assolato paesaggio desertico.

Gerico, chiamata dalla Scrittura *paradisus Dei*, non è una città innocente. Lo stesso nome, che potrebbe significare "la profumata", non riesce a conferirle un alone di castità. Infatti, favorita dal clima, fu sempre stazione mondana, frequentata da proconsoli romani, mercanti fenici, principi e re. Erode il Grande andava lì a svernare e perciò aveva fatto costruire uno splendido palazzo con piscine, anfiteatro e giardini da favola. Cleopatra, innamorata dei balsami profumati e dei palmizi di Gerico, si era fatta regalare la città da Antonio, allora uno dei padroni del mondo con Ottaviano e pochi altri[84].

Gesù è di passaggio. Sicuramente è transitato da qui tante volte, tutte le volte che doveva salire a Gerusalemme. Egli è quindi conosciuto, tanto più che siamo verso la conclusione della sua vita apostolica, e di sé avrà fatto parlare sia per i suoi interventi prodigiosi sia per i suoi discorsi di ben altro impasto rispetto a quelli dei maestri abituali.

A Gerico si trova un uomo chiamato Zaccheo. Il suo nome significa "il giusto", "il puro" - noi tradurremmo Innocenzo- una vera beffa del destino, perché egli è capo dei pubblicani e ricco, due qualifiche che gravano sulla sua reputazione come una spada di Damocle. In quanto pubblicano era un peccatore per i giudei; in quanto ricco era "un caso difficile" anche per Gesù che aveva detto poco prima: «Quanto è difficile per quelli che possiedono ricchezze, entrare nel Regno di Dio» (Lc 18,24). Che la sua ricchezza non sia pulita lo si apprenderà in seguito dalla pubblica confessione dell'interessato. Gliela garantiva la sua professione che poteva esercitare con profitto a Gerico, città di esportazione del balsamo, e perciò serbatoio di facili *business* dei pubblicani. Avendo Luca precisato che egli è capo dei pubblicani (in greco *architelónes*, cioè "arcipubblicano"), ci ha offerto una precisa caratterizzazione sociologica,

[84] Non sorprende che la tradizione abbia localizzato proprio a Gerico la tentazione di Gesù, quando gli sono mostrati i regni della terra.

dandoci un quadro a tutto tondo. Cerchiamo di conoscere meglio questa professione.

La professione di pubblicano

Pubblicano è un nome comune che designa genericamente un esattore di tasse, uno che riscuote denaro, considerato soprattutto nella sua veste di appaltatore. La tradizione giudaica aveva stilato una lista di mestieri ritenuti religiosamente contaminati, in quanto inducevano in comportamenti contrari alla legge. Figurava certamente il mestiere di esattore delle tasse[85]. La sua posizione religiosa e morale era seriamente compromessa: «Si riteneva che un gabelliere non potesse correggersi, anche volendolo, perché gli sarebbe stato impossibile rintracciare e risarcire le persone che aveva danneggiato. Gli esattori erano equiparati ai ladri, agli adulteri, agli assassini. L'espressione «pubblicani e peccatori» la dice lunga sul concetto che si aveva di queste persone (cf Mt 18,17; 21,31-32; Lc 18,11; 19,7)»[86].

Per maggior precisione occorre distinguere tra impresari doganali e semplici impiegati doganali. Gli impresari concludevano con l'amministrazione romana gli accordi per la esazione delle tasse. Pagavano anticipatamente l'appalto e durante i dodici mesi che seguivano - tanto durava l'appalto - cercavano di trarre il massimo profitto. Potevano arrivare a una vera e propria fortuna. Probabilmente Zaccheo appartiene a questo gruppo perché di lui si dice che era «capo dei pubblicani» e l'aggiunta «ricco» denota che aveva fatto fortuna.

L'impresario affidava poi il lavoro vero e proprio di dogana ad altri che lo svolgevano come impiegati. Costoro costituivano un gruppo fluttuante, socialmente indifeso, e difficilmente arrivavano a una consistente ricchezza. Il loro lavoro consisteva essenzialmente nella riscossione di dazio - il cosiddetto *portorium* - tassa che si pagava per l'introduzione di merci in una città o in un particolare territorio, per l'esportazione, per pedaggi, e cose simili. Le tasse dirette invece (imposta fondiaria, imposta personale, ecc.), stabilite dai Romani,

---

[85] Il Talmud babilonese, nel trattato *Sanh* 25b, elenca: Giocatore di dadi, usuraio, organizzatore di concorsi di piccioni, mercante di prodotti durante l'anno a maggese, pastore, collettore di imposte, pubblicano. Questi mestieri «non soltanto erano oggetto di sommo disprezzo, se non addirittura di odio da parte dell'opinione pubblica; erano anche ufficialmente illegali e proscritti *de jure*. Colui che esercitava uno di questi mestieri non poteva più diventare giudice, e l'impossibilità di addurre la propria testimonianza nei processi lo equiparava allo schiavo. In altri termini, era privato anche di quei diritti civili e politici di cui tutti gli Israeliti potevano godere, persino colui che, come il bastardo, aveva un'origine gravemente macchiata», J. JEREMIAS, *Gerusalemme al tempo di Gesù*, Dehoniane, Roma 1989, 471.

[86] M. Masini, *Il Vangelo del perdono*, Paoline, Milano 2000, 45.

erano riscosse non dai pubblicani, ma dai magistrati giudei che agivano sotto il controllo del procuratore romano.

Le irregolarità commesse dai pubblicani erano numerose. A partire da Nerone vi fu l'obbligo di esporre presso le stazioni di dogana le tariffe in vigore[87]. Come spesso accade, fatta la legge, trovato l'inganno: poiché il dazio era calcolato percentualmente in base al valore della merce, bastava ai pubblicani "gonfiare" il valore della merce per aumentare l'incasso. L'iniquo profitto, però, non finiva nelle loro tasche, bensì in quelle dell'impresario.

Superfluo ricordare il disprezzo che circondava questo mestiere già detestato perché visto come collaborazione con l'occupante romano e poi, soprattutto, perché si trattava di un autentico strozzinaggio[88]. Ecco perché il nome di pubblicano, etimologicamente "colui che riscuote il denaro pubblico", da nome designante una professione, finì per classificare una disprezzata categoria di persone che tutti temevano. I farisei, cultori della purità legale, nutrivano nei loro confronti una cordiale antipatia e li tenevano lontano da sé.

Zaccheo, capo dei pubblicani, si porta addosso l'odio rancido di tutti e il disprezzo, quindi l'isolamento, dei benpensanti.

L'incontro con Gesù

Con queste premesse c'è poco di buono da sperare da quest'uomo che può essere facilmente etichettato. Il seguito del racconto di Luca documenterà, invece, proprio il contrario. Le etichette si incollano sulle bottiglie del vino per conoscere qualità e annata, oppure sui libri per identificarli e collocarli al posto giusto in biblioteca, non agli uomini che possono cambiare posto e, ben più importante, possono cambiare vita a tal punto da essere "irriconoscibili". In questo caso la metamorfosi, è raccomandata, e non solo auspicata.

Zaccheo offre con il suo comportamento una prima nota positiva perché «cercava di vedere chi era Gesù», voleva cioè vederlo in faccia, non accontentandosi del "sentito dire". Il suo desiderio non si può dire estemporaneo o fugace, perché il verbo «cercava», al tempo imperfetto, denota un'azione che si prolunga nel tempo. Lo dimostrano le difficoltà della bassa statura e della numerosa folla che, da iniziale impedimento, sono superate con l'ingegno e la ricerca di mezzi idonei. Quando si vuole, molte difficoltà cessano di essere tali,

---

[87] Cf Tacito, *Annali*, XIII, 51.

[88] «Poiché si riteneva che il denaro dei pubblicani fosse contaminato dall'ingiustizia, le loro offerte non potevano entrare nella cassa dei poveri e delle elemosine del tempio. I pubblicani erano anzi ritenuti inquinati nella loro stessa persona, per cui era loro interdetto l'accesso ai pubblici uffici e perfino proibiti di poter fungere da testimoni in un processo», M. Masini, *Il Vangelo del perdono*, 46.

perché vinte con la tenacia, con l'intuito e con l'aguzzare l'ingegno, versione più elegante del popolare "sapersi arrangiare".

Il suo desiderio è vivo, forse bruciante, se lo spinge a tanto. Dove attecchisce questo desiderio? Su un fondo di pura curiosità? Sulla gratificazione di poter dire: «Anch'io l'ho visto, c'ero anch'io»? Su qualcosa di più profondo? Il testo tace sulla motivazione e, di conseguenza, ogni conclusione non supera lo stadio della supposizione. Del resto avviene spesso così e l'incontro con Gesù nasce da un desiderio difficilmente identificabile nella sua radice ultima. Sappiamo pure che Luca non intende descrivere la psicologia dei suoi personaggi, preferendo mostrare le grandi tappe di un cammino che può servire ai suoi lettori.

Zaccheo corre avanti per precedere il corteo che sta attraversando la città e trova rifugio su un albero. In quel momento non pensa alla sua dignità, alla ridicolaggine cui si espone davanti a quelli che lo conoscevano. A Gerico egli è di casa perché qui lavora e, con tutta probabilità, qui abita. Non pensa a questo e sale come un monello su un albero: il procuratore capo delle imposte se ne sta come una cornacchia sopra un sicomoro[89]. L'albero permette una facile ascesa, perché ha un tronco basso; le foglie larghe garantiscono a Zaccheo un sicuro rifugio. La postazione è quindi ottima per vedere. Forse egli ne approfitta per non essere visto. Se ciò corrisponde al vero, l'atteggiamento di Zaccheo non è corretto: chi vuol vedere deve anche lasciarsi vedere. Non si deve ricorrere alla involontaria complicità delle foglie.

Gesù passa sotto l'albero, è visto da Zaccheo e soddisfa il suo desiderio. Contemporaneamente gli rivolge la parola e lo invita a compiere quel movimento che Zaccheo non voleva o non poteva fare. Non voleva, perché occorreva scomodarsi da una vita che, tutto sommato, aveva rivestito come un abito, o non poteva, perché ibernato dal giudizio glaciale dei benpensanti che spesso bloccano molto di più di una catena di ferro. Gesù lo invita in due modi, prima con lo sguardo e poi con la parola.

Lo sguardo si differenzia dal semplice vedere quanto la volontà dall'istinto. Vedere è un fatto esterno, meccanico, tipico di tutti gli animali. Guardare invece coinvolge anche la volontà ed è proprio della persona. Per questo lo sguardo possiede spesso una carica tale da sostituire anche un fiume di parole. Lo sguardo di Dio possiede inoltre la possibilità di trasformazione. Dio ha osservato la miseria del suo popolo e interviene (cf Es 3,7-8); Gesù guarda

---

[89] Si tratta di una pianta mediterranea che ha il frutto simile a un fico e foglie larghe come quelle di un gelso e da qui il nome sicomoro (*sico* = fico e *moro* = gelso).

attentamente il ricco interessato alla strada per il Regno dei cieli e gli comunica il suo amore: «Gesù fissò lo sguardo su di lui, lo amò» (Mc 10,21). Lo sguardo è il primo elemento di comunicazione usato da Gesù per Zaccheo, il primo segno per dirgli che si interessa di lui. Commenta don Mazzolari: «Io posso anche non vedere il Signore: lui, mi vede sempre, non può non vedermi. Io posso scantonare, lui no. L'amore si ferma sempre e viene inchiodato dalla pietà. Io guardo e mi scandalizzo, guardo e giudico, guardo e condanno, guardo e tiro diritto: lui mi guarda, si ferma e si muove a pietà»[90].

Poi arriva la parola che, preparata dallo sguardo, non giunge più spaesata e forestiera.

La parola di Gesù

La prima parola che risuona è «Zaccheo», il nome proprio, quello che identifica una persona e la distingue da un'altra. Zaccheo si sente chiamato per nome, conosciuto personalmente nella sua identità più vera e profonda. Forse gli altri lo chiamano "pubblicano", "strozzino", "quello là" o con qualche altro nome generico o con un nomignolo. Gesù, un estraneo, uno di passaggio, lo conosce e lo chiama per nome. Chiamato per nome, Zaccheo è posto nella condizione di rispondere e, ben più, di entrare in dialogo con Gesù, da persona a persona, da eguali.

La seconda parola è un imperativo: «Scendi subito». Gesù invita Zaccheo a lasciare il suo rifugio per mettersi allo scoperto, lo invita a compiere quel passo che dimostra la libera volontà dell'uomo. Se prima Gesù si era avvicinato a Zaccheo, tocca ora a Zaccheo avvicinarsi a Gesù. È la logica del dialogo: guardare in faccia, parlarsi, compiere ciascuno un passo verso l'altro. L'imperativo non è una violenza nei confronti dell'altro, quanto piuttosto la garanzia che avvicinarsi non è proibito, anzi desiderato e richiesto[91]. I farisei e tutti i benpensanti rifuggivano dalla compagnia dei pubblicani e dei peccatori in genere perché era gente 'sporca' che contaminava. Con il suo imperativo Gesù dichiara che non teme nessun contagio, che non mantiene le distanze dell'indifferenza o del disprezzo. È un imperativo che avvicina, un imperativo che crea uguali. Questo imperativo viene accompagnato, quasi rinforzato, dall'avverbio «subito» per aiutare Zaccheo a rompere ogni indugio, a superare

---

[90] *Zaccheo*, La Locusta, Vicenza 1960, 32.

[91] P. Mazzolari, *Zaccheo*, 35: «Nel fornire le ragioni della sua fretta, egli rovescia le posizioni per non indisporre. Se avesse detto a Zaccheo: - fa' presto a buttar via il tuo peccato, l'altro, non ancora pienamente avvertito del suo star male, avrebbe potuto offendersi. Dicendogli che oggi, proprio oggi, deve fermarsi a casa sua, non l'umilia, anzi, gli rende onore davanti alla gente che si è messa in ascolto con attenta curiosità...».

eventuali perplessità che possono insorgere come elementi frenanti. Proprio perché l'imperativo non suoni come violenza sull'altro e per mostrare la nuova situazione di rapporto, Gesù aggiunge la motivazione che vale quanto un concentrato di teologia: «oggi devo fermarmi a casa tua». Esaminiamola, parola per parola.

OGGI. L'avverbio può essere letto in modo atono o tonico: atono se lo si intende come una semplice precisazione temporale, nel senso di oggi e non di domani; tonico se prende più rilievo di quello che gli compete per il suo valore grammaticale. Conoscendo Luca e il suo modo di scrivere si deduce il valore tonico. Esaminiamo alcuni testi, tutti teologicamente densi.

Lc 2,10-11: «...Ecco, vi annuncio una grande gioia... OGGI, nella città di Davide, è nato per voi un Salvatore». È il momento in cui la salvezza a lungo profetizzata e attesa prende corpo con la nascita di Gesù.

Lc 4,21: «OGGI si è adempiuta questa Scrittura che voi avete ascoltato». Luca fa diventare questo discorso tenuto a Nazaret l'inizio pubblico e ufficiale dell'attività di Gesù che si presenta come il profeta atteso.

Lc 5,26: «Tutti furono colti da stupore e davano gloria a Dio; pieni di timore dicevano: OGGI abbiamo visto cose prodigiose». Dopo le parole, ecco i fatti prodigiosi. Con essi Gesù conferma la salvezza promessa e si qualifica come il vero inviato di Dio.

Lc 23,43: «In verità io ti dico: OGGI con me sarai nel paradiso». Il crocifisso Gesù garantisce al crocifisso ladrone l'accesso alla salvezza.

Luca colloca sempre il termine "oggi" in contesto di salvezza e soprattutto di salvezza che si realizza: nella nascita, nella profezia, nel miracolo, nella morte. Anche nel nostro caso l'oggi viene collegato con la salvezza, come confermato dalle successive parole di Gesù: «Oggi per questa casa è venuta la salvezza» (v. 9a).

Si conclude quindi per il valore tonico dell'avverbio e della sua rilevanza teologica.

DEVO. Il verbo esprime la volontà divina, il piano salvifico e la sua urgenza. Gesù intende arrivare a tutti, nessuno escluso, soprattutto a coloro che il fanatismo religioso giudaico aveva emarginato. Il modo più completo per arrivare a tutti sarà il dono della sua vita. Intanto si manifesta nell'annuncio a tutti del Vangelo che è la rivelazione dell'amore di Dio per l'uomo. Gesù aveva già espresso questa sua obbedienza al piano divino quando aveva detto: «È

necessario (= devo) che io annunci la buona notizia del regno anche alle altre città; per questo sono stato mandato» (Lc 4,43).
FERMARMI. Non è il verbo della fretta, del salutino e poi via di corsa perché "c'è molto da fare". È il verbo della calma, dell'indugio, del tempo prolungato, tanto che in greco ha spesso il valore di 'dimorare', 'abitare'. È il verbo della residenza. Nel Vangelo di Giovanni questo verbo si colora ancor più teologicamente ed esprime la comunione interpersonale, il legame intimo e profondo fra due persone che si amano.
A CASA TUA. Gesù si autoinvita e esprime l'intenzione di fermarsi da Zaccheo. Voler entrare in casa sua è una manifesta provocazione, uno strappo irrimediabile nel tessuto della teologia farisaica che disdegnava ogni contatto con i peccatori. Soggiornare in casa di uno di questi era il colmo della vergogna. Il comportamento di Gesù fa crollare due barriere. Cade l'ingiusta ghettizzazione cui erano condannati i peccatori da parte dei cosiddetti «giusti». Cade anche l'impossibilità di salvezza per i ricchi. E Zaccheo rientrava espressamente in tale categoria (cf «ricco», v. 2). Soltanto pochi versetti prima (18,24-25) Luca aveva riferito le parole di Gesù che presentano «le ricchezze» come ostacolo a poter «entrare nel regno di Dio». Un ostacolo tanto grande da risultare pressoché insormontabile, come rilevarono gli ascoltatori colpiti dalla durezza delle sue parole nei riguardi delle ricchezze: «E chi può essere salvato?». In questa circostanza Gesù rispose con le parole: «Ciò che è impossibile agli uomini, è possibile a Dio» (Lc 18,26-27). Il caso di Zaccheo documenta che l'impossibile è reso possibile da Dio in Cristo. Anche il ricco entra nell'orbita del perdono e della salvezza di Cristo.

Come sempre accade fra Gesù e i farisei, costoro considerano la persona da una posizione di fissità: ciò che è stata, rimane e sempre sarà. Gesù, al contrario, la considera da una posizione di movimento, almeno possibile: nonostante un passato rovinoso, può, anzi, deve cambiare, progredire e migliorare. La persona può diventare diversa da quello che è stata.

Queste le dense parole di Gesù. Zaccheo raccoglie la felice provocazione, reagisce facendo quanto Gesù ha richiesto e scende in fretta[92]. Il desiderio di vedere Gesù è finalmente appagato. Non sa che cosa l'aspetta, non aveva preventivato e non poteva certo preventivare ciò che ora prova e decide.

[92] Il richiamo alla fretta era già comparso altre due volte, quando Maria si reca da Elisabetta (Lc 1,39) e quando i pastori, dopo l'annuncio, vanno alla ricerca del messia (Lc 2,16). Poiché nei due casi citati si tratta del forte desiderio di attuare la volontà di Dio, possiamo pensare che qualcosa di analogo sia risuonato nell'invito rivolto a Zaccheo da Gesù.

L'affermazione della sua frettolosa discesa dall'albero implica un dinamismo interiore, esplicitato dall'annotazione «lo accolse pieno di gioia». Il testo greco si esprime con un participio, «gioendo» (*cháirôn*). La traduzione «pieno di gioia» rende bene il senso. Preferiamo tradurlo con «arcicontento», per esprimere una gioia al superlativo. Così evidenziamo il passaggio da «arcipubblicano» a «arcicontento»[93]. Sembrerebbe un passaggio illogico e illecito, essendo il primo termine un sostantivo che richiama una professione e il secondo un aggettivo, reso superlativo con "arci", che richiama un sentimento. Eppure un legame c'è. In fondo, Zaccheo è stato l'oggetto di un interessamento che si chiama attenzione all'altro, riabilitazione, non timore di contagio; insomma, in una parola, Zaccheo è stato amato da Gesù. La gioia è sempre figlia primogenita dell'amore.

Con il v. 6 si conclude l'avvenimento che costituiva la prima parte del racconto.

La salvezza come passaggio verso l'«arcicontento»

La gioia è l'aria fresca, ossigenata, frizzante, portata da Gesù. È la gioia che scaturisce dalla salvezza[94], è la gioia che genera una vita nuova, capace di soppiantare quella di prima. Lo vediamo nella seconda parte del racconto che inizia al v. 7 con una serie di reazioni. Queste partono da un generico «tutti» che raccoglie in pratica la valutazione degli avversari di Gesù, segue poi la reazione operativa di Zaccheo e, alla fine, il giudizio decisivo di Gesù che suggella il brano.

In stridente contrasto con la gioia di Zaccheo si colloca la mormorazione prolungata (verbo all'imperfetto) degli altri, conglobati in quello strano «tutti», allorché ci saremmo aspettati i farisei[95]. Si tratta dell'altra parte, quella diversa e in opposizione a Gesù, quella che raccoglieva i maggiori suffragi del pensiero dominante. È la parte che non conosce il dinamismo innescato da Gesù nel cuore di Zaccheo, di cui non capisce e non apprezza la gioia. Prova esattamente

---

[93] Troviamo i due significati del prefisso *archi* (oppure *arci*) che deriva dal greco *archein* "comandare", "cominciare". Nella maggioranza dei casi esso denota primato, principio, comando: così «architetto» è il costruttore capo, «archimandrita» è il capo di un ordine religioso o di monastero, «arcivescovo» è un titolo per un vescovo con speciale giurisdizione su altri vescovi, oppure è un titolo onorifico. Talora "arci" è impiegato come prefisso rafforzativo nella formazione di aggettivi superlativi: "arcinoto", cioè molto noto.

[94] «È la gioia della salvezza, riverbero in terra di quella che esplode in cielo dal cuore di colui che vuole che tutti gli uomini siano salvati. È un tema caro a Luca (1,14.28; 6,23; 10,20; 13,17; 15,5.9; 19,37; 24,52)», S. Fausti, *Una comunità legge il Vangelo di Luca*, EDB, Bologna 1994, 630.

[95] Nella narrazione lucana, di solito sono i farisei ad avere una reazione negativa, cf 5,30; 7,34.39; 15,2.

il sentimento opposto, una specie di disgusto, di irritazione nei confronti di un comportamento che la ortodossia giudaica non poteva che biasimare: «È entrato in casa di un peccatore!». Inaudito! Uno scandalo! Questo dicono loro. Noi diciamo: «La solita musica di coloro che sanno strimpellare solo lo strumento della critica, del distacco, del disprezzo, emettendo unicamente note stonate». Certo, nella loro logica, il comportamento di Gesù risulta tanto anomalo, addirittura offensivo nei confronti della teologia dominante, da diventare causa scatenante di quella valanga di critiche e di rampogne che si riversano come un fiume in piena su Gesù e sul povero Zaccheo. Anche questo è un dato abbastanza comune: la volontà salvifica di Dio inciampa nella fredda incomprensione e nella acerba critica. Gesù si era premunito ricordando ai suoi discepoli e a tutti: «Beato è colui che non trova in me motivo di scandalo» (Lc 7,23). Chi rimane fermo nel passato, perde il treno dell'aggiornamento, della novità, della vita. La naftalina può proteggere, ma, se non ben usata, finisce per avvelenare. In tale condizione si trovano tutti coloro che non accolgono il messaggio e lo stile nuovo di Gesù. Le critiche dei benpensanti non raggiungono Gesù, non sfiorano neppure Zaccheo.

Un uomo nuovo

Zaccheo si alza in piedi, quasi a rendere più solenni le sue parole, e fa una promessa. Quello che egli dice dimostra la sua intima contrizione e blocca la reazione della gente. Alle parole vuote e denigratorie oppone fatti sostanziosi. Sono soprattutto questi a documentare la sincerità della sua conversione e la serietà del suo distacco dal denaro. Un atteggiamento giusto, genuino, coraggioso: anziché torturarsi nella sua mente con morbosità masochista, si riconosce semplicemente colpevole e tenta di riparare. Segue due vie.

La prima è quella di dare la metà dei propri beni ai poveri. Se costoro gli portano via tanto, in compenso gli alleggeriscono il cuore e gli preparano un tesoro «che né la tignola, né la ruggine possono rodere, né i ladri portar via». Zaccheo ha slargato il proprio cuore e ha fatto saltare le cerniere di certi egoismi. Già la predica sociale del Battista aveva orientato verso la condivisione: «Chi ha due tuniche ne dia una a chi non ne ha; e chi ha da mangiare faccia altrettanto» (Lc 3,11). È una sollecitazione alla "capacità contributiva" del peccatore chiamato al ravvedimento. Per Zaccheo gioca anche un altro fattore. Molti defraudati non sono più rintracciabili, altri non sono neppure identificabili. Dare la metà ai poveri, a fondo perduto, è una forma di restituzione, quando non si conosce il defraudato.

La seconda via seguita è quella di riparare il danno alle persone conosciute. In pratica, di tratta di restituire a chi è stato derubato. In quale misura? La legge contemplava la restituzione dell'intero valore, più 1/5 per indennizzo (cf Lv 5,20-24), percentuale che, secondo i rabbini, doveva essere aumentata a 1/4. Zaccheo decide di restituire il quadruplo. In questo si allinea o con la legge romana - a tanto obbligava il ladro sorpreso "con le mani nel sacco"- o con la legge di Es 21,37: «Quando un uomo ruba un bue o un montone e poi lo sgozza o lo vende, darà come indennizzo cinque capi di grosso bestiame per il bue e quattro capi di bestiame minuto per il montone». Allineandosi con la legge più severa, con il caso estremo, Zaccheo certifica di essere diventato un altro.

Ha dimostrato un singolare coraggio nell'autodenunciarsi e nell'autotassarsi. È cresciuto l'interesse per il rapporto tra etica ed economia. Il finanziere Zaccheo ha rivisto la sua vita alla luce della nuova etica: ha deciso di restituire. Ha preso l'iniziativa, in forma del tutto spontanea, di appianare alcune differenze[96]. Forse non mirava a una equa distribuzione. Di fatto, ha posto concrete premesse di attuazione[97]. In ogni caso, è un contabile sconcertante, generoso nel male e ancor più generoso nel bene. La generosità è una solida maniera di espiare.

Zaccheo, sentendosi amato da Gesù, entra in un ordine di idee evangeliche e si dedica a opere che corrispondono alla prospettiva teologica di

---

[96] La drammatica situazione di squilibrio nelle rimunerazioni è sotto gli occhi di tutti. A titolo indicativo, si leggano i dati sconcertanti riportati da G. De Rita – A. Galdo, *Prigionieri del presente. Come uscire dalla trappola della modernità*, Einaudi, Torino 2018, 48-49: «Secondo l'Economy Policy Institute, la remunerazione media dei Ceo americani negli ultimi trent'anni è aumentata del 997 per cento, e attualmente lo stipendio medio dei top manager delle società dell'indice S&P 500 è pari a 13 milioni di dollari l'anno, 347 volte il costo mediano del lavoro, cioè i salari dei dipendenti delle stesse aziende quotate. In Gran Bretagna, il guadagno medio degli alti dirigenti aziendali è di 5,3 milioni di sterline l'anno, pari a 386 volte il salario minimo dei loro sottoposti. [...] In Italia, più di mezzo secolo fa, un capitalista di razza e di visione di lungo periodo, Adriano Olivetti, aveva già fissato i paletti necessari per evitare il letale, eccessivo squilibrio tra i vari livelli gerarchici all'interno di un'azienda: lo stipendio più alto non doveva mai superare una soglia pari e dieci volte il valore di quello più basso».

[97] Se sono leciti alcuni suggerimenti di carattere politico-economico, ricavandoli dalla vicenda di Zaccheo, si potrebbero proporre:

* Snidare i colpevoli, facendoli scendere dall'albero dove si nascondono con la complicità di larghe foglie del potere clientelare corrotto e corruttore.
* Dare una spallata al sistema correntizio, delegittimandolo con un nuovo corso di relazioni pulite.
* Attingere a motivi nobili e superiori per revisionare la propria vita. Consultare e frequentare persone di indubbia moralità.
* Rendere operativi i buoni propositi e le decisioni con azioni coraggiose.
* Aprire gli occhi e il portafoglio alle necessità del mondo con una politica programmata anche su tempi lunghi.
* Non sentirsi sempre in credito (paesi ricchi) e ammettere umilmente che buona parte della fortuna accumulata viene dallo strozzinaggio dei poveri (paesi del terzo mondo).

Luca e all'insegnamento di Gesù. Il rapporto di accoglienza e di amicizia, donatogli da Gesù, gli ha trasformato il cuore e lo ha reso capace di rapporti nuovi con le persone e verso il denaro.

Assistiamo al salto acrobatico dal nulla al tutto, da una vita grigia di una professione disprezzata all'esultanza dell'incontro con Gesù, dall'attaccamento schiavistico al denaro alla gioiosa liberazione da esso. Sembra un preludio delle beatitudini, quando gli ultimi e i disprezzati riceveranno, gratuitamente, la pienezza della felicità. Incontrando Gesù, Zaccheo ha fatto una esperienza esaltante: «Nella vita vale più sperimentare un briciolo di questa gioia piena, che un pieno di gioie effimere e passeggere»[98]

Il suo comportamento appare un po' strano. Eppure le cose di Dio non sono fatte per essere capite intellettualmente, ma per essere vissute, e quando si vivono, tutto comincia a essere capito. Il presente di Zaccheo è il punto nel quale il futuro si trasforma in passato. Non è più l'uomo di ieri, è già l'uomo di domani, quello che Gesù vuole rendere con il suo annuncio.

Questo è confermato dalla parola conclusiva di Gesù: «Oggi la salvezza è entrata in questa casa». La salvezza è un termine morale, politico. C'è l'idea di vittoria, di salvataggio da una condizione negativa e la restituzione della pienezza o della integrità. Parlando di Dio o di Cristo, la salvezza è liberazione dal peccato, stato di alienazione da Dio e, positivamente, partecipazione e integrazione in una novità di rapporto con Dio, grazie a Cristo. È, in fondo, il dono di poter partecipare alla stessa vita divina.

Per Luca la salvezza è intimamente collegata all'evento-Cristo[99]. La salvezza interveniva talora come liberazione dalla cupidigia del denaro e dal gesso mortificante di una condizione cristallizzata in un giudizio negativo della gente. D'ora in poi Zaccheo può essere autorevolmente annoverato tra i figli di Abramo, quelli veri, destinatari delle promesse di salvezza, anzi, già parzialmente possessori di tale salvezza. «Figlio di Abramo» era nel mondo ebraico un titolo ambitissimo, e i farisei se ne fregiavano boriosamente, senza badare al merito e agli impegni. Un giorno, Gesù, alla loro vanteria pietrificata, parlò di pietre che avrebbero potuto dare «figli di Abramo». Oggi fa nascere il «figlio di Abramo» da Zaccheo.

---

[98] M. Mirilli, *Un briciolo di gioia... purché sia piena,* San Paolo, Cinisello Balsamo (MI) 2018, 79.

[99] Solo Luca, tra i sinottici, chiama Gesù "Salvatore" (2,11) e usa il termine astratto di "salvezza", come nel presente caso.

Alla fine, un detto proverbiale, che pesa teologicamente[100], conclude l'episodio. Gesù ricorda che Zaccheo non è un caso isolato o eccezionale. Quell'uomo fu ritrovato da Colui che ha impostato la sua missione sulla ricerca della pecorella sperduta. È come dire che, finché c'è Gesù, nulla è definitivamente perduto: «Con lui la speranza è riapparsa nel mondo e posta alle sorgenti stesse di ogni umana disperazione»[101]. Brilla sempre un barlume di speranza, quella che Gesù ha acceso come un rogo dalla fiammella del desiderio insito in Zaccheo. Un delicato seme di quel "nuovo domani", che oggi può e deve diventare il presente per tutti.

Conclusione
Un itinerario di gioiosa metamorfosi

Il racconto sintetizza diversi elementi del messaggio dell'evangelista Luca: la ricerca sincera di Gesù, la prontezza nell'obbedienza, la condivisione dei beni, la gioia della salvezza, la precedenza dell'iniziativa divina rispetto alla ricerca dell'uomo.

Abbiamo in Zaccheo il tracciato della conversione. Gesù passa e gli mette addosso il desiderio di vederlo. Il desiderio si profila con una serie di azioni che cercano di raggiungere il loro intento. Gesù fa compiere a questo desiderio un salto di qualità e, incontrandolo di persona, gli permette di trovare in se stesso le energie di bontà che ogni uomo conserva nel profondo del proprio essere. Gesù mette in moto dei meccanismi interiori e l'uomo si rende disponibile ad attivarli. Scrive C.D. Patulea: «L'incontro di Zaccheo con Gesù ha prodotto un effetto liberatorio e di rinnovamento, ha offerto all'esattore delle imposte la possibilità di sperimentare il gioioso passaggio al bene e alla giustizia, ha fatto cambiare mentalità e comportamento a uno sul quale nessuno avrebbe mai scommesso un centesimo»[102].

La salvezza è una carità con pazienza infinita e fretta infinita, l'una e l'altra su misura dell'uomo. La salvezza è un dono che ognuno deve «accogliere con gioia». Se manca la gioia nel redento vuol dire che qualcosa non è entrato «per la porta», che qualcuno non ha saputo far amare ciò che ha comandato, sia

---

[100] «La parola del Figlio dell'uomo che è venuto a cercare e a salvare ciò che era perduto, nonostante la sua storia previa, può essere intesa come uno dei nuclei centrali dell'annuncio lucano», J. Ernst, *Luca. Un ritratto teologico*, Morcelliana, Brescia 1988, 167.

[101] P. Mazzolari, *Zaccheo*, 73.

[102] *Zaccheo, figura simpatica ed inedita (cfr. Lc 19,1-10),* Rivista Teologica di Lugano 21 (2016) 393; cf tutto l'articolo 383-395.

pure in nome del Signore. Un giudizio di salvezza non è fondato sui fatti, ma sull'occhio con cui uno li guarda. L'amore non nega la realtà, la trasfigura.

La gioia di Zaccheo è grande. La sua riconoscenza senza limiti. Con la sua promessa testimonia l'avvenuto cambiamento, presentandosi come uno che ama perché pensa agli altri rompendo il circuito dell'egoismo. Non è semplice giustizia, restituzione di un bene rubato, è piuttosto l'inizio di una vita nuova, radice di vita eterna. Questa è la salvezza di Gesù. Se Gesù si avvicina all'uomo e questi si lascia avvicinare, da questa distanza ravvicinata nasce gioia, condizione di vita e perfino assaggio di vita eterna.

Come dimostrato dall'incontro con Zaccheo, Cristo si è fatto pellegrino di ogni uomo, assicurandogli stima e restituendogli dignità. Con lui parte una nuova evangelizzazione. Se l'uomo è peccatore, bisogna dirgli o fargli capire che sbaglia: la solidarietà non è mimetismo e tanto meno menzogna. Questo non deve intaccare l'accoglienza, il perdono, la fiducia alla persona, anzi, favorirla affinché possa ripartire da capo. Occorre aiutarla a sentirsi accolta da Dio come Padre universale, a scoprire il suo volto luminoso che risplende in Gesù. Grazie a Lui è restituita quell'immagine che il peccato aveva deturpato. L'idea che Dio, in Cristo, con amore imperituro cerca ogni uomo che si è smarrito, conferisce all'individuo umano un valore eterno e una dignità senza precedenti. Perciò la liturgia fa pregare così: «O Dio, che in modo mirabile ci hai creati a tua immagine, e in modo più mirabile ci hai rinnovati e redenti, fa' che possiamo condividere la vita divina del tuo Figlio che oggi ha voluto assumere la nostra natura umana»[103].

Così la lieta notizia del Regno fa scaturire un duplice stupore: da un lato l'immensità dell'amore di Dio per l'uomo e dall'altro la grandezza dell'uomo per Dio. Possiamo dire davvero che è avvenuta una grande metamorfosi: l'"arcipubblicano" Zaccheo, qualifica professionale con marchio d'infamia, si trasforma nell'"arcicontento" Zaccheo, qualifica di un sentimento che invade l'uomo nuovo trasformato dall'incontro con Cristo. La salvezza cessa di essere parola vuota, diventando piuttosto storia di un incontro e sorgente di gioia esuberante.

---

[103] Colletta della messa di Natale.

Appendice
Significato e valore di *OGGI*[104]

Zaccheo sperimenta l'oggi della salvezza e quindi della gioia. Vale la pena soffermarsi un poco a considerare il valore di questo avverbio che, mentre sembra alludere semplicemente a un fattore temporale, nasconde una sorprendente ricchezza.

Il termine assume due principali significati: può indicare il giorno solare in cui si trova chi parla o scrive, spesso in correlazione con *ieri* e con *domani*. Altre volte prende il significato più ampio e designa il tempo nel quale si vive. Apparentemente senza grande valore, tanto che molti dizionari biblici neppure lo riportano, svela ad una attenta lettura una insospettata ricchezza. Richiamiamo il significato di «oggi» nell'Antico e Nuovo Testamento.

I. Antico Testamento

In ebraico *hajjôm* è la combinazione del sostantivo *jôm* (= *giorno*) provvisto dell'articolo in funzione dimostrativa: *questo giorno*, cioè *oggi*. Esso ricorre circa 350 volte, con frequenze molto diverse (solo due volte: Lv 9,4; 10,19 o numerose: 73 volte in Dt).

In alcuni casi indica lo spazio di una giornata (Rut 2,19), oppure il tempo in cui si vive (Dt 1,10). L'espressione più frequente, circa un quarto di tutte le ricorrenze, è *fino ad oggi*, presente soprattutto nei libri di Giosuè e dei Giudici (Gs 4,9; Gdc 19,30).

Nel Dt si hanno casi in cui si dà maggior rilevanza teologica, in quanto «oggi» è tempo sacro, tempo di rivelazione, collegato con l'alleanza che, da parte di Dio, è impegno di protezione e, per il popolo, impegno di osservanza delle leggi: si legga Dt 29,9-12. L'«oggi» diventa il momento teologico della fedeltà e dell'amore (Dt 6,6.24), come suggerisce anche il Sal 95,8: «Ascoltate oggi la sua voce».

II. Nuovo Testamento

In greco si dice *sêmeron* che ritorna nel NT 41 volte: 8 in Mt, 1 in Mc, 11 in Lc, 0 in Gv, 9 in At, 3 in Paolo, 8 in Eb e 1 in Gc.

Tre sono i principali significati, sempre nella prospettiva di chi parla (scrive) o ascolta: può indicare lo spazio di 24 ore (Mt 6,11; At 4,9), oppure il contrasto con il *domani* (Lc 12,28; Gc 4,13) o, più in generale, il tempo presente (Mt 11,23; Rm 11,8).

Un uso particolare, a forte valenza teologica, è riscontrabile in Eb e più ancora in Luca. Delle 8 ricorrenze di Eb, 5 sono citazioni dei salmi 2, 7 e 95[94],7: di quest'ultimo si fa una lettura *midrashica* con intento consolatorio e parenetico: «Esortatevi piuttosto a vicenda, finché dura quest'*oggi* [...]» (Eb 3,13). «Oggi» è il tempo di grazia nel quale Dio parla ed è altresì il tempo dell'impegno in cui il popolo deve rispondere positivamente, fino al ritorno di Cristo. Luca impiega il termine con più frequenza e con più sensibilità. In alcuni casi ripropone i significati conosciuti (Lc 12,28; 13,32.33). Invece, carichi di denso significato sono i due passi di Lc 2,11 e 19,9

[104] Cf M. Orsatti, *Oggi*, in: AA.VV., *Grande Enciclopedia Illustrata della Bibbia*, II, Piemme, Casale Monferrato (AL) 1997, 478-479; E. FUCHS, GLNT, XII, 191-208.

dove «oggi» è relazionato rispettivamente a «salvatore» e a «salvezza». L'uso di «oggi» fa esplicito riferimento alla salvezza portata da Cristo. Altri passi, come Lc 4,21; 5,26; 23,43 contengono «oggi» e, anche se sprovvisti del termine «salvezza», vi fanno riferimento: nel primo caso è la lieta novella annunciata a Nazaret di cui Gesù si dice il portatore privilegiato; nel secondo caso è la gente che, stupita, ha assistito alla guarigione del paralitico e, prima ancora, ha udito le parole di perdono; nel terzo caso, il buon ladrone sente da Gesù l'assicurazione del suo ingresso in paradiso. In conclusione, Luca nel Vangelo (diversamente in Atti) ama associare l'«oggi» alla salvezza.

Per questo la parola, in modo speciale nella lettera agli Ebrei e nel Vangelo di Luca, non indica semplicemente un dato cronologico, bensì connota un momento salvifico, quello dell'incontro con Cristo che trasforma radicalmente la vita dell'uomo.

UNA MANIFESTAZIONE DELLA GIOIA: IL SANO UMORISMO

La gioia, o felicità, ha molteplici manifestazioni. Una di queste è l'umorismo, che ora diventa oggetto del nostro interesse.

Siamo *comici* o siamo *aghelasti*? Probabilmente, né l'uno, né l'altro. Non siamo fedeli discepoli di Komos, dio mitologico dell'allegria, ma neppure adepti di quella categoria stoica che raccoglieva persone incapaci di ridere. Siamo convinti che un po' di buon umore sia necessario e faccia bene. Perciò cerchiamo di inserirlo come utile ingrediente dell'esistenza. Se ben dosato, assurge alla dignità di virtù, la *eutrapelìa*, citata da san Tommaso[105], dove si fondano serietà e gaiezza.

Dal latino *humere (essere umido)* deriva l'italiano "umore", etimologicamente con il valore di "acqua", "liquido". Il significato di "indole", "carattere" ha il suo fondamento nella tradizione ippocratico-galenica dei quattro fluidi del corpo (sangue, flemma, bile gialla e bile nera), dai quali dipendono i vari atteggiamenti psicofisici dell'uomo, sia momentanei che permanenti. La teoria, accettata incondizionatamente dalla medicina medievale, giustifica l'etimo, avvalorato anche dall'inglese *humour*.

Gli antichi avevano compreso il valore dell'umorismo come elemento per far riflettere e anche come correttivo del proprio comportamento. Avevano affidato agli scrittori e agli artisti un compito catartico, coniando la sentenza *Castigat ridendo mores* (*sorridendo corregge le abitudini morali*). Gli stessi antichi erano pure coscienti dei limiti dell'umorismo, quando diventa vuoto e sfrenato, e avevano pure diffuso la massima *Risus abundat in ore stultorum* (*il riso abbonda sulla bocca degli sciocchi*). Compare subito l'ambivalenza dell'argomento che ha in sé una dose di positività e una di negatività che dovranno essere tenute in considerazione per una corretta trattazione.

Oltre che ambivalente, il tema risulta complesso, come si può notare dall'abbondante nomenclatura. Sul versante positivo affiorano termini come *umorismo*, *ridere*, *sorridere*, *comicità*, *ridicolo*, *ridevole/risibile*, sul versante negativo termini come *dileggiare*, *ironia*, *parodia*, *sarcasmo*, *grottesco*.

Il tema interessa diverse scienze come la medicina, la psicologia, la pedagogia, la letteratura e altre ancora, ma noi circoscriviamo il campo di indagine limitandoci al mondo biblico e parlando solo di umorismo positivo.

---

[105] *Summa theologica* II,II, 168, 2. Tale virtù rimanda all'*aner spoudogholoios* del pensiero greco: è chi mescola il serio e il faceto.

La Bibbia non ha nessuna trattazione specifica sull'umorismo, perché non è un manuale di psicologia, né un'enciclopedia che raccolga tutti gli aspetti del sapere. Ne tratta "di traverso", diremmo "tangenzialmente". In quanto libro che racconta la storia di Dio con il suo popolo e la chiamata alla salvezza di tutti in Cristo, non può tralasciare un aspetto peculiare e costitutivo dell'essere umano. Sorridere e ridere, essere di buon umore e divertirsi, sono caratteristiche della persona, e le sono così peculiari da sentirci autorizzati a plagiare il detto di Cartesio (*Cogito, ergo sum, penso, perciò esisto*), cambiandolo in *Rideo... ergo sum.*

Quanto l'umorismo sia caratteristico della persona umana, anche in frangenti drammatici, lo richiamiamo benevolmente non affidandoci all'autorità paludata della scienza, ma alla briosità narrativa di un aneddoto, raccontato da T. Radcliff[106].

Rammento di essermi recato a visitare un confratello domenicano di nome Gervase Matthew, che era morente in ospedale. Lui mi disse: «Timothy, sto per morire. Vai a comprare due bottiglie di birra, in modo che possiamo brindare al Regno di Dio». E così, piangendo, mi recai ad acquistare la birra nel più vicino negozio autorizzato a vendere alcolici da asporto. Mentre stavamo bevendo la birra entrò un'infermiera e disse: «Padre Gervase! Lei sa che non le è permesso bere alcool con le sue compresse». Lui rispose: «Non dica sciocchezze! Morirò domattina e così ora brindo al Regno!».

Ridere o sorridere è una necessità, con numerosi effetti vantaggiosi: «Il suo scopo è quello di esiliare l'arroganza delle certezze, di introdurre una dimensione imprevista che stimoli a creare una nuova fonte di pensiero consapevole della propria precarietà. [...] La sua ambizione è quella di smascherare la violenza del pregiudizio e di sculacciare la stupidità del mondo»[107].

Arricchiti da queste annotazioni, consideriamo dapprima Gesù come uomo ricco di buon umore, poi, proviamo a documentare che il suo insegnamento ha trovato pronta applicazione in tanti santi.

---

[106] T. Radcliff, *Le sette parole di Gesù in croce*, San Paolo, Cinisello Balsamo (MI) 2006, 29-30.

[107] M. Ovadia, *L'ebreo che ride. L'umorismo ebraico in otto lezioni e duecento storielle,* Einaudi, Torino 1998, 12.

Gesù, uomo ricco di buon umore

Partiamo da una considerazione generale: se la Bibbia è la presentazione della storia della salvezza, possono mancare gioia, serenità, buon umore e tutti gli altri ingredienti che insaporano la vita? La risposta sembra obbligata. Se Dio è amore, è anche *humour*. Colui che ha creato il mondo con l'esuberanza della vita, del colore e del canto, può avere un'aria imbronciata da vecchio brontolone? La sola idea disgusta e rasenta la bestemmia. Colui che ha creato il riso, non riderebbe? Un autore moderno ha suggerito di immaginare la creazione come le onde di Dio che si propagano fino ai confini di un universo in espansione[108]. L'idea non è nuova, avendo già illustri antecedenti. Il filosofo e mistico medievale Meister Eckart (1260-1328) scrisse che nel cuore della vita trinitaria si trova questa incontenibile risata: «Il Padre ride al Figlio e il Figlio ride al Padre e le risate portano più piacere e il piacere porta più gioia e la gioia porta più amore»[109].

Eppure, stranamente, i Vangeli non riportano mai che Gesù abbia riso o sorriso[110]. Due volte è annotato il suo pianto, in occasione della morte dell'amico Lazzaro: «Gesù scoppiò in pianto» (Gv 11,35), e alla vista di Gerusalemme, la città che ostinatamente aveva rifiutato il suo messaggio di salvezza: «Quando fu vicino, alla vista della città, pianse su di essa» (Lc 19,41). Gesù era, dunque, un uomo triste, senza sorriso? Nel passato, qualche autore ha voluto proporre e difendere questa tesi. Il moralista francese Pierre Nicole (1625-1695), dopo aver osservato che Gesù non rise mai, lo presenta con una serietà estrema e, secondo lui, Gesù non conobbe mai il divertimento, lo svago, ma si occupò solo di Dio e delle miserie umane. Nella sua scia, il teologo e scrittore Jacques–Bénigne Bossuet (1627-1704) sostiene che Gesù prese su di sé le lacrime, le tristezze, i dolori degli uomini, ma non la loro gioia e le loro risate. Le labbra dilatate in un sorriso sarebbero state indegne del Figlio di Dio fatto uomo!

Tali opinioni ci lasciano perplessi, anzi, sconcertati. Il fatto che non sia registrato il ridere di Gesù, non autorizza a concludere che non abbia mai riso. I Vangeli dicono che Gesù frequentò la sinagoga, mai dicono che Gesù abbia pregato nella sinagoga: dobbiamo concludere che sia entrato nella sinagoga e non vi abbia pregato? Illogico e assurdo!

---

108 Cf R. Poudrier, *L'umorismo nella Bibbia*, San Paolo, Cinisello Balsamo (MI) 1996, 8.

109 *Sermo* 18.

110 Troviamo un riferimento al riso di Gesù bambino nel testo apocrifo dello *PseudoTommaso*, VIII,1: «Mentre i Giudei consolavano Zaccheo, il bambino rise forte e disse…».

Anche se i Vangeli non dicono mai espressamente che Gesù abbia riso, in molte parti affiora il suo *humour*. Le beatitudini sono il canto della felicità. Colui che dice «Beati voi, che ora piangete, perché riderete» (Lc 6,21), proclama per gli altri quanto egli stesso compie. Gesù sa ben ridere!

Raccogliendo in modo rapsodico, cioè senza un ordine logico, alcuni frammenti di vangelo, possiamo documentare che in diversi passi[111] Gesù abbia sorriso o si sia espresso in modo divertito: con l'uso di paragoni curiosi, con frasi male interpretate, con gioco di parole, con lo sconcerto dei suoi apostoli e degli altri...

- A Cana, quando vide lo stupore sul volto dei servi che avevano attinto l'acqua diventata vino (cf Gv 2,8-9);
- In occasione della moltiplicazione dei pani, quando notò la sorpresa dei Dodici che tornavano con ceste piene di avanzi, dopo aver sfamato migliaia di persone (cf Mc 6,30-44);
- Quando Nicodemo si chiedeva se doveva tornare nel seno di sua madre per nascere di nuovo (cf Gv 3,4);
- Quando sentì dire dal cieco che cominciava a vedere: «Vedo la gente, perché vedo come degli alberi che camminano» (Mc 8,24);
- Quando alzò gli occhi e vide Zaccheo appollaiato sull'albero (cf Lc 19,4-6);
- Quando vide lo stupore di Giairo e di sua moglie davanti alla figlia dodicenne nuovamente in vita (cf Mc 5,41-42);
- Quando osservò i portatori del paralitico che distruggevano il tetto per calare il lettuccio (cf Mc 2,3-5);
- Quando voleva lavare i piedi a Pietro e questi si rifiutava, arrivando poi a dire di lavargli anche la testa e le mani (cf Gv 13,9);
- Quando descrive, da buon caricaturista, gli atteggiamenti esasperati dei farisei nella preghiera e nel digiuno (cf Mt 6,5.7.16);
- La sera di Pasqua, quando osservò il turbamento degli apostoli che credevano di vedere un fantasma (cf Lc 24,36-39).

Esistono anche tante "battute" di Gesù che vanno lette e interpretate pensando a un suo saporoso sorriso, condito con *humour*:

«È più facile che un cammello passi per la cruna di un ago, che un ricco entri nel regno di Dio» (Mc 10,25);

Davanti alla moltitudine affamata, Gesù disse ai suoi discepoli: «Voi stessi date loro da mangiare. Ma essi risposero: "Non abbiamo che cinque pani e due pesci,

[111] Cf R. Poudrier, *L'umorismo nella Bibbia*, 66-69.

a meno che non andiamo noi a comprare viveri per tutta questa gente"» (Lc 9,13). E neppure con una cifra cospicua come duecento denari[112], era possibile sfamare i cinquemila uomini.
«Come dirai al tuo fratello: "Lascia che tolga la pagliuzza dal tuo occhio", mentre nel tuo occhio c'è la trave?» (Mt 7,4);
«Perché mi invocate:" Signore, Signore!", e non fate quello che dico?» (Lc 6,46);
«Non chiunque mi dice: "Signore, Signore", entrerà nel regno dei cieli, ma colui che fa la volontà del Padre mio che è nei cieli» (Mt 7,21);
Rispondendo ai sadducei che pensavano alla risurrezione futura come a un prolungamento della vita presente, Gesù dice con un pizzico di ironia: «Vi ingannate, perché non conoscete le Scritture e neppure la potenza di Dio. Alla risurrezione infatti non si prende né moglie né marito, ma si è come angeli nel cielo. Quanto poi alla risurrezione dei morti, non avete letto…» (Mt 22,29-31);
«È venuto infatti Giovanni il Battista, che non mangia pane e non beve vino, e voi dite: "È indemoniato". È venuto il Figlio dell'uomo, che mangia e beve, e voi dite: "Ecco un mangione e un beone, un amico di pubblicani e di peccatori» (Lc 7,33-34);
«Rendete dunque a Cesare quello che è di Cesare e a Dio quello che è di Dio» (Mt 22,21);
«Io vi dico che da queste pietre Dio può suscitare figli di Abramo» (Lc 3,8).
«Può forse un cieco guidare un altro cieco? Non cadranno tutti e due in un fosso?» (Lc 6,39);
A Pietro che chiedeva se doveva perdonare fino a sette volte, Gesù risponde: «Fino a settanta volte sette» (Mt 18,22);
Pensiamo a Gesù che accoglie con un sorriso la desolata conclusione dei discepoli, dopo che è stata esclusa qualsiasi possibilità di divorzio: «Se questa è la situazione dell'uomo, rispetto alla donna, non conviene sposarsi» (Mt 19,10);
«Così anche voi, quando avrete fatto tutto quello che vi è stato ordinato, dite: "Siamo servi inutili. Abbiamo fatto quanto dovevamo fare"» (Lc 17,10);
«Se amate quelli che vi amano, quale ricompensa ne avete? Non fanno così anche i pubblicani? E se date il saluto soltanto ai vostri fratelli, che cosa fate di straordinario? Non fanno così anche i pagani?» (Mt 5,46-47).

Considerando i miracoli, siamo in presenza dell'imprevisto e del sorprendente. Gesù dovette sorridere e divertirsi non poco quando vide il paralitico camminare dopo essere stato inchiodato per 38 anni dalla malattia,

[112] Equivalenti al salario di 200 giornate lavorative.

quando scoprì la confusione della emorroissa guarita dopo dodici anni di sofferenza, quando vide lo stupore dei discepoli che godevano la bonaccia dopo la paura della tempesta, quando vide la gioia del cieco di Gerico che, una volta guarito, lo seguiva ringraziando Dio.

La lista è solo parziale, ma sufficiente a farci concludere che Gesù era un tipo allegro, capace di divertirsi nelle svariate situazioni della vita. Per Lui l'umorismo era una dimensione dell'amore, un modo per arrivare al cuore delle persone. Perciò non è necessario lasciare spazio alla fantasia, perché leggendo numerosi testi evangelici vediamo il sorriso di Gesù illuminare la sua vita e, di riflesso, anche la nostra. Saper ridere in modo sano è una delle manifestazioni di quella gioia profonda che attinge alla profondità dell'essere e sgorga all'esterno in rivoli di allegrezza.

Buon umore e serenità dei Santi

La dimensione religiosa permette all'umorismo di sprigionare tutte le sue migliori potenzialità. L'uomo che sa ridere e sorridere contempla le realtà terrene nella loro strutturale insufficienza e si apre all'infinito di Dio.

Gesù, che fa scuola ed è modello anche in questo, ha avuto nei Santi dei bravi discepoli, perché pure loro hanno coltivato un sano umorismo [113]. Sant'Ignazio di Loyola considerava il sorriso del novizio una spia sicura della chiamata di Dio. Perciò disse un giorno: «Vedo che ridi. Sono contento per la tua vocazione». A santa Teresa d'Avila è attribuita questa preghiera: «Liberami, Signore, dalle devozioni sciocche e dai Santi con espressione acida». San Domenico rideva di giorno con i confratelli e piangeva di notte con Dio per le sofferenze del mondo. San Francesco d'Assisi era colmo di gioia, ma recava nella propria carne le stimmate della crocifissione. Non mancano Santi che hanno fatto della gioia e della serenità un marchio della loro vita e subito vengono in mente, tra gli altri, san Filippo Neri e san Giovanni Bosco[114].

Quest'ultimo ha pure il merito di aver sviluppato la pedagogia della gioia. La scienza conferma che l'allegria svolge pregevoli funzioni, tra cui, quella liberatoria che allenta le tensioni o quella stimolatrice di creatività o quella di indurre a un comportamento positivo. Il suo insegnamento fu presto appreso da uno dei suoi primi ragazzi, san Domenico Savio, che diceva a un amico: «Qui da noi la santità consiste nello stare molto allegri, per essere come il Signore… Sappi che qui noi identifichiamo la santità con la grande allegria, perché siamo

[113] Ampia rassegna in A. Pronzato, *La nostra bocca si aprì al sorriso. Umorismo e fede,* Gribaudi, Milano ^{3}2005.
[114] Cf P. Pellegrino, *Salviamo l'umorismo,* Bollettino Salesiano (settembre 2018), 34-35.

come il Signore». E aveva ragione. Il senso dell'umorismo è la capacità di vedere il lato buffo anche nelle situazioni spiacevoli. Tutto sommato, è un aspetto della santità che ci piace e che non dovrebbe essere troppo impegnativo.

Possiamo cominciare a ridere di noi stessi. Diceva Chesterton: «Se impariamo a ridere di noi stessi, non cesseremo mai di divertirci per tutta la vita». Un giorno Charles M. Schulz, il disegnatore divenuto famoso per aver ideato *Linus* e il cane *Snoopy*, confidò: «Se mi fosse possibile lasciare un regalo alla prossima generazione, darei a ogni individuo la capacità di ridere di se stesso». Ridere di se stessi è un segno di maturità. Tutte le scuole psicologiche concordano nel riconoscere questa verità: la prima volta che si ride di una battuta a proprie spese, si può dire di essere diventati adulti.

Non dimentichiamo, infine, che l'umorismo è anche una forza e, secondo Freud, un potente mezzo di difesa. Con una battuta di spirito possiamo bloccare l'irrompere di emozioni spiacevoli, risparmiando così preziosa energia.

Sembra proprio che i Santi, a imitazione del Maestro, abbiano anticipato e attuato le moderne conquiste della scienza: «Saper sorridere di sé è un vantaggio soprattutto per se stessi, a tutti i livelli del proprio essere. Saper sorridere riduce gli ormoni dello stress come il cortisolo e facilita la stimolazione delle endorfine naturali. Il ridere attiva molti muscoli e migliora la funzionalità respiratoria, riduce l'ansia e ossigena l'organismo»[115].

Conclusione

La breve rassegna ha permesso di declinare il multiforme tema della gioia con un elemento molto umano com'è l'umorismo che, pur raccogliendo atteggiamenti e sentimenti diversi, infonde il senso del relativo che fa da indispensabile contrappeso al senso dell'assoluto.

Il sano umorismo si rende perfettamente conto della miseria, del dolore e del male del mondo; ma sa anche che tutte queste realtà negative non sono le realtà ultime e definitive della vita. Chi ha il senso dell'umorismo ha la volontà di vivere senza illusioni e, contemporaneamente, ha la forza di accettare la vita con tutte le sue sfaccettature. A detta del già citato Charles M. Schulz: «L'umorismo è prova di fede. Prova che, nonostante tutto, con Dio tutto andrà bene».

---

[115] E. Rolla, *Così non mi piaccio. La terapia dell'umorismo,* Gribaudi, Milano 2005, 12-13.

Per concludere, riportiamo due preghiere "fuori dal coro", eppure perfettamente intonate al tema e alla spiritualità biblica.

Preghiera di Tommaso Moro[116]: SIGNORE DAMMI…
Dammi una buona digestione, Signore,
e anche qualcosa da digerire.
Dammi la salute del corpo
con il buon senso di conservarla bene.
Dammi un'anima santa, Signore,
che abbia gli occhi sulla bellezza e la purezza,
perché non si spaventi vedendo il peccato,
ma sappia raddrizzare la situazione.
Dammi un'anima che ignori la noia,
i lamenti e i sospiri.
Non permettere che mi preoccupi troppo
per quella cosa ingombrante che chiamo "io".
Signore, dammi l'humour,
perché sappia trarre qualche felicità da questa vita
e ne faccia partecipi gli altri.
AMEN.

Preghiera di P. Faber: IL VALORE DI UN SORRISO
Un sorriso non costa nulla e rende molto.
Arricchisce chi lo riceve,
senza impoverire chi lo dona.
Non dura che un istante,
ma il suo ricordo è talora eterno.
Nessuno è così ricco da poterne fare a meno.
Nessuno è così povero da non poterlo dare.
Crea felicità in casa; è sostegno negli affari;
è segno sensibile di amicizia profonda.
Un sorriso dà riposo alla stanchezza;
nello scoraggiamento rinnova il coraggio;
nella tristezza è consolazione;

---

[116] Nome italianizzato di Thomas More (1478-1535). Cancelliere di Enrico VIII, fu decapitato per aver rifiutato di aderire allo scisma anglicano. Uomo politico, umanista e filosofo, è stato proclamato santo dalla Chiesa cattolica e la sua festa fissata il 22 giugno.

d'ogni pena è naturale rimedio.
Ma è bene che non si può comprare,
né prestare, né rubare,
poiché esso ha valore solo nell'istante in cui si dona.
E se poi incontrerete talora
chi non vi dona l'atteso sorriso,
siate generosi e date il vostro:
perché nessuno ha tanto bisogno di sorriso,
come chi non sa darlo ad altri.
AMEN.

UBI GAUDIUM, IBI DEUS
UBI DEUS, IBI GAUDIUM

Il titolo *Ubi gaudium, ibi Deus, ubi Deus, ibi gaudium* (*Dove c'è gioia, lì c'è Dio, dove c'è Dio, lì c'è gioia*) richiama l'antifona di un antico inno latino utilizzato nella celebrazione liturgica del Giovedì Santo, più esattamente, durante la lavanda dei piedi. Mentre il celebrante ripeteva il gesto di Gesù di lavare i piedi ai discepoli, il coro cantava all'inizio di ogni strofa: *Ubi caritas et amor, Deus ibi est* (*Dov'è carità e amore, lì c'è Dio*). La melodia gregoriana fu composta tra il quarto e il decimo secolo, mentre il testo, secondo alcuni autori, sarebbe di gran lunga anteriore e potrebbe risalire addirittura agli inizi del cristianesimo. Per l'intonazione fortemente eucaristica, l'inno ben si presta a essere cantato durante l'esposizione del Santissimo Sacramento o durante la Santa Messa al momento della comunione. La bellezza della melodia e la ricchezza del contenuto hanno reso molto popolare questo canto che riprende un concetto chiave di tutta la Bibbia, magistralmente sintetizzato da san Giovanni nella sua Prima lettera: «Dio è amore» (1Gv 4,8). Lo stretto legame tra Dio e amore non richiede spiegazione, tanto è evidente.

Partendo da questo dato acquisito, ci permettiamo di sostituire *caritas/amor* con *gaudium*, transitando così da carità/amore a gioia/felicità. Il cambiamento non sembri arbitrario, né avventizio. Nessuno può dubitare che la gioia sia intimamente connessa con l'amore, anche se non è un sinonimo. Una persona che ama prova intima soddisfazione e la regala all'altra, cosicché entrambe sono immerse in uno stato di benessere interiore. Perciò non suoni peregrina o infondata la sostituzione proposta. Se fosse necessario un riferimento autorevole, potremmo citare san Tommaso d'Aquino: «All'amore di carità segue necessariamente la gioia. Poiché chi ama gode sempre dell'unione con l'amato, [...] per cui alla carità segue la gioia»[117].

Già in altre occasioni abbiamo incontrato il tema della gioia o felicità in relazione con Dio. Ora lo approfondiamo, osservandolo nella sua specularità o reciprocità: dove c'è gioia, lì c'è Dio e, viceversa, dove c'è Dio, lì c'è gioia. Cominciamo dall'ultima parte, perché ben documentata nella Bibbia, già dalle prime pagine.

---

[117] *Summa Theologiae*, I-II, q. 70, a. 3.

Ubi Deus, ibi gaudium

Antico Testamento

Alleanza è una delle categorie principali per esprimere il rapporto tra Dio e il popolo che si è scelto. La libera e amorosa iniziativa divina permette a un piccolo e insignificante gruppo di nomadi dell'antichità di diventare l'interlocutore privilegiato. Sebbene informato fin dall'inizio della sua vocazione universale, quel gruppo imparerà con il tempo che Dio ha a cuore tutti gli uomini, anche se per il momento stringe uno stretto rapporto solo con gli ebrei.

L'alleanza è un patto a due, con diritti e doveri da parte dei contraenti. L'impegno di Dio consiste nel manifestarsi amorevolmente e nell'assicurare la sua protezione, l'impegno del popolo sta nell'accogliere tale manifestazione con amorosa docilità che si concretizza nell'obbedienza alla volontà divina, espressa nella Legge e sintetizzata nel Decalogo. Scopo dell'obbedienza del popolo alla Legge è la felicità, come indicato dalla formula «perché tu sia felice» che ritorna spesso nel Deuteronomio[118], libro al quale rivolgiamo ora la nostra attenzione[119]. La frase contiene la radice ebraica *ytb*, che esprime un bene, da intendere come piena qualità di vita e, quindi, come felicità. Concretamente, tale stato di benessere è affidato a diversi fattori, come ad esempio una vita lunga (Dt 4,40), una numerosa discendenza (Dt 6,3; 5,29), il possesso della terra (Dt 5,16). La prospettiva è comunitaria, perché vale per la discendenza, e duratura, perché si prolunga nel tempo senza indicazione di limite. Una interpretazione superficiale potrebbe leggere qui una specie di baratto, un *do ut des*, che farebbe dei due contraenti - Dio e il popolo - solo dei commercianti. Occorre superare questa miope visione mercantile ed entrare nelle pieghe recondite dell'alleanza che è un patto per l'esistenza. Terra, lunga vita, prole abbondante sono solamente alcune concretizzazioni per dare spessore realistico al patto che potrebbe sembrare un puro atto giuridico. Non è così, perché dal Dio che è vita e datore di vita viene una serie di elementi che favoriscono il nascere e il crescere del popolo. L'elemento decisivo, al di là delle concretizzazioni materiali, è una condizione di fiducia, una relazione costruttiva, fondamento di autentica felicità.

Questa può venire dall'osservanza della Legge proposta in modo generico, come leggiamo in Dt 5,28-29: «Il Signore udì il suono delle vostre parole, mentre mi parlavate, e mi disse: "Ho udito le parole che questo popolo ti

---

[118] Cf Dt 4,40; 5,16.29.33; 6,3.18.24; 8,16; 12,25.28; 19,13; 22,7; 30,5.9.

[119] Cf G. Papola, *«Perché tu sia felice»: scopo del comandamento è la felicità dell'uomo (Dt 6,3)*, PSV 76 (2017) 13-24.

ha rivolto. Tutto ciò che hanno detto va bene. Oh, se avessero sempre un tal cuore, da temermi e da osservare tutti i miei comandi per essere felici loro e i loro figli per sempre!». Altre volte la felicità è connessa con l'obbedienza a precetti precisi, ben specificati, come l'amore ai genitori in Dt 5,16: «Onora tuo padre e tua madre, come il Signore tuo Dio ti ha comandato, perché si prolunghino i tuoi giorni e tu sia felice nel paese che il Signore, tuo Dio, ti dà». Pur nella varietà dei singoli precetti, è facile costatare il riferimento alla vita.

Sembra fare eccezione, o addirittura contraddire quanto detto finora, la lettura di un passo non facile in Dt 19,11-13 che invita a estirpare la colpa dell'omicida. Leggiamo dapprima il testo: «Ma se un uomo odia il suo prossimo, gli tende insidie, l'assale, lo percuote in modo da farlo morire e poi si rifugia in una di quelle città, gli anziani della sua città lo manderanno a prendere di là e lo consegneranno nelle mani del vendicatore del sangue, perché sia messo a morte. L'occhio tuo non lo compianga: così estirperai da Israele lo spargimento del sangue innocente e sarai felice». Proprio strana questa felicità! Eppure in una logica antica e tribale, una ragione c'è. Il male esiste e bisogna estirparlo. In una società e cultura che non conosceva, o almeno non praticava, la correzione e il recupero, l'eliminazione del peccatore era un'opera di "giustizia" e una tutela dei buoni. È applicato qui, come in molti altri casi, il principio della "mela marcia", che è da gettare prima che infetti tutte le altre. Se questo è vero nel caso della mela, non dovrebbe valere per gli uomini che possono redimersi e cambiare vita, come possiamo vedere anche nella Bibbia in molti casi. Citiamo solo l'esempio di Davide che commette adulterio e assassinio, poi si pente ed è riabilitato. In molte occasioni, però, la legge era applicata in modo sbrigativo con l'eliminazione del reo. Va anche notato che non si tratta di vendetta istintiva e privata, perché tutto è regolato dai giudici preposti che hanno il dovere di far osservare la legge. Il caso sopra citato è specifico e ben precisato, perché colui che viene eliminato è uno che odia, che commettere trasgressioni in continuazione, come espresso dall'incalzare dei verbi, e perciò già estraniato dalla comunità. La condizione di felicità, che qui potrebbe essere intesa come un bene, assicura una pace sociale, altrimenti difficilmente raggiungibile. Il testo, al di là di interpretazioni anche benevoli, mantiene una sua ruvidità per la nostra comprensione. Ha il vantaggio di aprire nuovi orizzonti per collocare la felicità nel contesto del mondo anticotestamentario.

Verso la fine del libro del Deuteronomio incontriamo due ricorrenze che hanno YHWH come soggetto. Leggiamo in Dt 30,5: «Il Signore, tuo Dio, ti ricondurrà nella terra che i tuoi padri avevano posseduto e tu ne riprenderai il possesso. Egli ti farà felice e ti moltiplicherà più dei tuoi padri». Qui è Dio a rendere felice il suo popolo. Un poco diverso è Dt 30,9b, dove Dio fa partecipare Israele alla sua gioia, rendendolo felice: «Il Signore, infatti, gioirà di nuovo per te facendoti felice, come gioiva per i tuoi padri». Non manca neppure in questi testi l'impegno dell'uomo all'obbedienza, «tuttavia la felicità è espressione del dono di Dio, conseguenza del suo agire a favore di Israele, dopo il tempo amaro e doloroso dell'esilio»[120].

Tutta la legislazione di Israele è comprensibile alla luce dell'alleanza, patto stretto tra due esseri intelligenti, dotati di libertà e di responsabilità. Quanto Dio fece nel passato, dalla liberazione dalla schiavitù in Egitto a tutta la protezione manifestata nel cammino verso la Terra promessa e anche in seguito, vive e si perpetua nell'osservanza della Legge: «come c'è stato un passato di benefici, ci può essere un futuro di benedizioni»[121]. Osservare la volontà divina espressa nelle leggi causa la benedizione ed è fonte di felicità. Questo significa che la legge possiede un'intrinseca sapienza, riconosciuta e invidiata anche dagli altri popoli, come richiamato da Dt 4,6-8, e che Dio ha a cuore il benessere del suo popolo, cioè la sua felicità. L'osservanza dei comandamenti da parte del popolo è condizione per entrare in relazione amorosa con Dio e godere la felicità.

Nel contesto dell'alleanza «la felicità non è dunque una forma di retribuzione per un impegno oneroso, ma neppure soltanto una promessa. Come espressione del bene che sta davanti all'israelita, essa risulta anche un compito: è ciò che potrà compiersi attraverso l'agire saggio e giusto dell'uomo, che vive profondamente la relazione con il suo Signore, riconoscendo la sua dignità di figlio e la cura amorevole del Padre, che provvede pienamente alla sua vita»[122].

Un altro motivo di gioia per il popolo è la possibilità di stare vicino al Signore. Il Dio di Israele è invisibile e non è consentito un contatto sensitivo, come nel caso dei popoli pagani con le loro divinità, rappresentate dai simulacri. Eppure anche al popolo eletto è concesso di incontrare il suo Dio. Oltre alla Legge, come abbiamo appena visto, un altro modo di relazionarsi con la divinità era il pellegrinaggio a Gerusalemme con la salita al tempio, la cui costruzione fu progettata da Davide, ma realizzata dal figlio Salomone. Tre volte all'anno, in occasione delle grandi feste di Pasqua, di Pentecoste e dei Tabernacoli, il pio

---

[120] *Ivi*, 21.
[121] *Ivi*, 22.
[122] *Ivi*, 24.

israelita saliva a Gerusalemme per un “incontro ravvicinato” con il suo Dio. Il tempio era, per così dire, un “sacramento” della presenza di Dio. In tale contesto di incontro, non poteva mancare un benessere interiore, come anticipato da questo testo di Dt 12,18: «Davanti al Signore, tuo Dio, nel luogo che il Signore, tuo Dio, avrà scelto, mangerai tali cose tu, il tuo figlio, la tua figlia, il tuo schiavo, la tua schiava e il levita che abiterà la tua città; *gioirai* davanti al Signore, tuo Dio, di ogni cosa a cui avrai messo mano». La liturgia al tempio diventa un momento privilegiato di incontro con la divinità: «L'orante può ancora una volta avere la garanzia della presenza di Dio e illuminarsi di gioia bevendo finalmente alla fonte della felicità»[123].

Il rapporto tra Dio e il suo popolo conosce momenti di alterne vicende. Il Dio fedele non trova sempre un alleato altrettanto fedele, anzi, spesso un traditore degli impegni assunti. L'esilio a Babilonia, in terra pagana, svolge la funzione di purificazione e favorisce un salutare ravvedimento. Dopo quarant'anni di lontananza, Dio concede al popolo il ritorno in patria e l'avvio di una nuova fase dell'alleanza. In mancanza del tempio, distrutto in precedenza dai Babilonesi al tempo della conquista di Gerusalemme, e in attesa della sua ricostruzione, la Legge rimane il “sacramento” della presenza di Dio, un elemento concreto per relazionarsi a Lui.

Il dettagliato racconto di una liturgia della Parola sulla pubblica piazza, alla presenza di una numerosa e variegata folla comprendente uomini, donne e bambini, parla della gioia, sebbene nel contesto povero di un'assemblea senza tempio e con il cuore ancora gonfio di tristezza nel ricordo della tragica esperienza dell'esilio. Esdra, il sacerdote, legge il testo sacro in ebraico, i leviti lo traducono in aramaico per la gente, ormai abituata a parlare quella lingua e non più quella sacra delle Scritture. Ascoltando la Parola di Dio il popolo è preso da un senso di sconforto e di amarezza, pensando alla sua infedeltà all'alleanza e al tradimento verso l'amore di Dio. Il giorno di festa rischia di trasformarsi in giorno di lutto. Non è possibile. Ecco allora l'intervento del governatore Neemia: «Andate, mangiate carni grasse e bevete vini dolci e mandate porzioni a quelli che nulla hanno di preparato, perché questo giorno è consacrato al Signore nostro; non vi rattristate, perché la gioia del Signore è la nostra forza» (Ne 8,10).

Quando si è in presenza del Signore e in intimità con Lui, come avviene nella celebrazione eucaristica, la gioia diventa d'obbligo. Giustamente la liturgia

---

[123] T. Lorenzin, *La gioia del culto e delle feste di pellegrinaggio (Dt 12,18; Ne 8,10; Sal 33,1; 118,24; Sal 133),* PSV 76 (2017) 27; cf tutto l'articolo 25-37.

si è appropriata della parte finale delle parole di Neemia e, con il necessario adattamento, ha imbastito una delle formule di congedo più belle della messa: «La gioia del Signore sia la nostra forza, andate in pace». E non potrebbe essere diversamente. Con gioia occorre incarnare nel quotidiano quello che si è appena celebrato.

«Esultate giusti nel Signore» intona il Salmo 33 con un imperativo rivolto a tutto il popolo e verso la fine confessa la certezza che il cuore trabocca di gioia («È in lui che gioisce il nostro cuore»), prima di spegnersi in un abbandono fiducioso «Sia su di noi il tuo amore, Signore, come da te noi speriamo». Che cosa stimola il salmista a intonare la sua lode e a invitare il popolo ad associarsi? Ascoltiamo la risposta di Tiziano Lorenzin: «Per la Bibbia la lode di Dio è la forma perfetta della vita, perché qui la vita viene accolta e celebrata come dono di Dio. È un gioioso e grato "sì" alla vita, alla bellezza della creazione e alla consapevolezza di essere accolto da un Dio benevolo e fedele»[124].

Quando i profeti annunciano la venuta del Messia, cioè di Gesù Cristo, sono sempre inebriati di gioia, come documentato da questa stringa di citazioni: «Canta ed esulta» (Is 12,6); «Sali su un alto monte, tu che annunci liete notizie a Sion! Alza la tua voce con forza, tu che annunci liete notizie a Gerusalemme» (Is 40,9), «Gridate di gioia, o monti, perché il Signore consola il suo popolo e ha misericordia dei suoi poveri» (Is 49,13); «Esulta grandemente, figlia di Sion, giubila, figlia di Gerusalemme! Ecco, a te viene il tuo re. Egli è giusto e vittorioso» (Zc 9,9).

Nuovo Testamento

Quanto visto e documentato per l'Antico Testamento, trova conferma e ampliamento nel Nuovo.

Maria canta nel suo *Magnificat:* «Il mio spirito esulta» (Lc 1,47). La sua gioia ha una sorgente precisa: Dio. Di Gesù stesso è detto: «Esultò di gioia nello Spirito Santo» (Lc 10,21). Il sentimento interessa e investe i grandi personaggi, come pure la gente del popolo, perché quando Gesù passava «la folla intera esultava» (Lc 13,17). A maggior ragione, dopo la risurrezione, dove arrivano i discepoli a portare il lieto annuncio si riscontrava «una grande gioia» (At 8,8).

La migliore garanzia e sicurezza di avere la gioia sono date da Gesù stesso con frasi possenti che sono un suo impegno e diventano il nostro patrimonio: «Voi sarete nella tristezza, ma la vostra tristezza si cambierà in

---

[124] *Ivi,* 33.

gioia. [...] Vi vedrò di nuovo e il vostro cuore si rallegrerà e nessuno potrà toglervi la vostra gioia» (Gv 16,20.22); «Vi ho detto queste cose perché la mia gioia sia in voi e la vostra gioia sia piena» (Gv 15,11).

Gesù dice «beati» e non «giusti» o «buoni». Perché? Perché la vita cristiana si gioca tutta sulla Beatitudine, sulla felicità, o meglio, sulla scommessa di una vita vissuta in pienezza. Egli esercitava una straordinaria attrattiva sulle folle che accorrevano e Lui le accoglieva, tutti indistintamente, uomini, donne e bambini, buoni e meno buoni, per fare "casa" con loro.

Tutto porta a concludere che *Ubi Deus, ibi gaudium.*

Ubi gaudium, ibi Deus

«La vera felicità dell'uomo sta nell'accontentarsi» sosteneva Mahatma Gandhi, invitando a calmierare l'istinto del possesso perché l'avidità non porta la pace dell'animo e se non c'è pace, non c'è gioia. Circa 400 anni prima, il filosofo inglese Bacone diceva: «Il denaro è come il letame, non serve se non è sparso». L'espressione suona poco aristocratica e poco profumata, ma contiene una verità di solare evidenza. L'agricoltura conobbe uno straordinario sviluppo quando si ebbe l'idea di unire il letame o stallatico al campo. Un felice "matrimonio" che generò vita e benessere. Quello che sembrava uno scarto e, quindi, da eliminare, si rivelò un ottimo concime, capace di migliorare enormemente l'agricoltura. Come abbiamo già ricordato all'inizio, "letame" viene dal latino *laetare* con il significato di fertilizzare, come *laetus* significa *fertile* e poi *lieto.* L'idea base è che alcune cose diventano utili e fruttifere solo quando sono distribuite. Come il letame, così il denaro, secondo il filosofo Bacone. E non possiamo dargli torto.

L'idea non è nuova, né originale. Conosciamo tutti l'episodio evangelico di Gesù che incontra un uomo ricco, desideroso di avere indicazioni per la vita eterna, potremmo dire, per la felicità[125]. Dopo averlo visto, lo aveva esaminato nell'intimo, lo aveva ben radiografato, gli aveva fatto una TAC spirituale, concludendo con la diagnosi: era infetto da denaro, divenuto per lui come un virus pernicioso, come zavorra, calamita, colla, scafandro che lo imprigionava. Dopo la diagnosi, ecco la terapia: «Va', vendi quello che hai e dallo ai poveri e avrai un tesoro nel cielo, poi vieni e seguimi». Gesù non valuta negativamente il denaro, non suggerisce di bruciarlo o di buttarlo alle ortiche. Il denaro può servire ad aiutare e a risolvere alcuni problemi della gente. Per questo gli propone di darlo ai poveri. Nello stesso tempo vuole liberare quell'uomo dalla

[125] Cf Mt 19,16-22 e paralleli

schiavitù del denaro perché esso, come suggerisce un proverbio, è ottimo servitore ma pessimo padrone. Non è facile da capire e meno ancora da attuare. Quell'uomo preferì insipientemente rimanere schiavo, anziché diventare padrone del suo denaro. E se ne andò triste. Lo ha voluto tenere tutto per sé, non ha saputo spargerlo. Continuando con l'equivalenza proposta dal filosofo Bacone, ha conservato il letame, impedendogli di essere fertilizzante. Gesù gli aveva mostrato la strada della felicità, invitandolo a distribuire e questo era il primo passo per stare con Gesù, per incontrare Dio. Quell'uomo non si è fidato, non ha voluto rischiare. Ha conservato il suo denaro, ma ha perso la gioia, perché se ne andò triste e non incontrò Dio, resosi visibile in Gesù.

Non è facile distribuire, spargere, condividere. Istintivamente noi vogliamo possedere, tenere, meglio ancora tenere stretto. Sperimentiamo l'istinto del possesso che ha creato in noi un'infernale e patologica equazione: più possesso = più felicità. Tutti sappiamo, per diretta esperienza, la falsità di tale equazione che, comunque, continua a tenere soggiogate molte persone, schiavizzandole nella continua ricerca della dea bendata, la fortuna, ricercata in lotterie, lotto, giochi a premio e affini.

Per distribuire e condividere, occorre avere orizzonti aperti e cuore sensibile. Chi è autoreferenziale ed egocentrico, chi si considera il sole attorno a cui tutti i pianeti devono ruotare, difficilmente avrà attenzione per gli altri, perché totalmente irretito nei propri interessi e investirà tutte le energie solo nel raggiungimento dei propri scopi. Per decentrarsi un po', per prendere coscienza che anche lui è un pianeta che deve ruotare attorno al sole insieme agli altri e in armonia per non creare collisioni e guerre stellari, deve incominciare a guardarsi dentro e compiere un'opera analitica di conoscenza per individuare quello che va bene e quello che merita un cambiamento. Il linguaggio del Vangelo utilizza il termine "conversione". L'idea affiora subito, nelle prime parole pronunciate da Gesù nel Vangelo di Marco: «Il tempo è compiuto e il regno di Dio è vicino: convertitevi e credete al Vangelo» (Mc 1,15). Si presenta un tempo nuovo, termina quello della preparazione e dell'attesa che noi chiamiamo Antico Testamento e con Gesù inizia il tempo del compimento. Occorre accoglierlo con le dovute disposizioni che sono espresse con «Convertitevi e credete al Vangelo». La conversione suona talora un po' troppo clericale e istintivamente genera in noi resistenza, quando non addirittura rifiuto. Proviamo a cambiare il termine, mantenendo però il significato e parliamo di "progresso". Tutti noi desideriamo e ci sforziamo di progredire: nella conoscenza, nella esperienza, nella professione, nel benessere… perché allora non progredire anche nella vita spirituale, correggendo i difetti, aumentando la capacità di altruismo, allargando gli orizzonti dei nostri interessi e inglobando di più anche gli altri per sviluppare quella virtù tanto sbandierata e non sempre altrettanto ricercata che si chiama solidarietà? La conversione è il progresso spirituale, il miglioramento di se stessi. Per attuarla occorre conoscersi, accettarsi e impegnarsi per un fattivo impegno. Riconoscere che qualcosa nella nostra vita può essere migliorato è ammettere che non siamo perfetti, che davanti a noi c'è ancora tanta strada da percorrere. Anche la conversione o miglioramento di se stessi è cammino di gioia.

Gesù esprime la sua massima solidarietà con l'uomo, restituendogli la serenità del cuore mediante il perdono. Sintomatico, a questo proposito, è il miracolo che apre il capitolo 2 di Marco. A Gesù, assediato in casa da una moltitudine che vuole ascoltarlo, viene portato un paralitico gravemente malato (deve essere portato sulla barella). In realtà arriva "per via aerea", quasi paracadutato dal tetto. Davanti a tanta benevola invadenza, Gesù non reagisce negativamente e la prima parola che pronuncia riguarda il perdono dei peccati. Immediata arriva la sdegnata reazione degli astanti, soprattutto dei suoi nemici farisei, che considerano quelle parole una bestemmia, perché perdonare i peccati è riservato esclusivamente a Dio. Per mostrare che le parole pronunciate non sono vuote né avventate, il Maestro di Nazaret pronuncia intellegibili parole di guarigione che sortiscono immediatamente l'effetto. Dall'efficacia di queste ultime parole, si dovrebbe ritenere che anche le prime abbiano prodotto qualcosa. Anche se il passaggio non è automatico perché la guarigione è visibile, il perdono no, c'è una seria possibilità che anche le prime abbiano prodotto l'effetto come le seconde. Pronunciando per prime le parole di perdono, Gesù lascia intendere che il suo compito primario non era quello di risolvere il problema sanitario nazionale, anche se molti malati affetti dalle più svariate patologie come ciechi, paralitici, muti, lebbrosi... poterono usufruire dei suoi poteri taumaturgici. I miracoli sono un segno dei tempi nuovi, quelli del Messia, e accreditano Gesù come il Messia atteso. La sua funzione primaria è quella di liberare l'uomo dal suo peccato che è sempre una forma di egoismo, di ripiegamento su se stessi e una dimenticanza di Dio e del prossimo. Il perdono produce serenità interiore e gioia profonda e fa sperimentare la vicinanza, anzi, la comunione con Dio.

Gesù esprime la sua solidarietà con l'umanità bisognosa di riscatto e di aria ossigenata e lo dice pubblicamente nel suo primo discorso ufficiale in occasione della sua visita a Nazaret, come riportato da Luca al capitolo 4. Con la sua opera di morte e risurrezione ha operato una radicale trasformazione, ha vinto la morte, espressione massima della negatività, e ha inaugurato la nuova famiglia dei vincitori, dimostrandosi «il primogenito tra molti fratelli», come si esprimerà san Paolo in Rm 8,29, e permettendo agli uomini di sentirsi figli dello stesso Padre e fratelli tra di loro. Sono questa figliolanza divina e questa fratellanza che fondano la necessità della solidarietà. Mentre ammiriamo e ringraziamo tanti uomini di buona volontà, tante persone impegnate nel far crescere l'umanità, sentiamo il dovere di richiamare l'urgenza nel denunciare le numerose ingiustizie manifeste e latenti e di agire contro corrente. Perché il 20% della popolazione mondiale consuma l'80% delle risorse? Ovviamente, per la matematica, significa che l'80% della popolazione deve accontentarsi di uno striminzito 20%. Perché un neonato svizzero o italiano ha, statistica alla mano, un'aspettativa di vita di circa 80 anni se maschio e quasi 85 se femmina, mentre lo stesso neonato in Guinea Bissau (potrebbe essere anche Lesotho o Ciad) ha un'aspettativa di vita inferiore ai 50 anni? Non sono uguali tutti i bambini del mondo?

Uguaglianza e fraternità[126]

Il filosofo francese Henri Bergson diceva che la libertà e l'uguaglianza sono due sorelle che litigano, e che alla fine hanno bisogno di qualcuno che le metta d'accordo. Questa è la funzione della fraternità. La Rivoluzione francese aveva provato a mettere insieme le tre sorelle, ma ben presto ha dimenticato la fraternità, cancellandola dal lessico politico-economico. Oggi viene richiamata con forza dalla dottrina sociale della Chiesa e richiesta da tanti uomini di buona volontà, indipendentemente dal loro credo religioso.

La nozione tradizionale di giustizia, riassunta nell'espressione "giusta mercede all'operaio" richiede oggi un ampliamento e un approfondimento. Oltre alla giusta ricompensa, il lavoratore deve vedere riconosciuta la sua dignità di persona e la sua partecipazione all'attività produttiva. Non è una macchina, è una persona. L'Ottocento e il Novecento hanno visto un grande progresso nella solidarietà e nel riconoscimento dei diritti. Molta strada è stata percorsa, ancora molta resta da fare.

Si nota, tra l'altro, il forte contrasto tra l'attribuzione teorica di uguali diritti e la distribuzione diseguale e iniqua dei beni fondamentali come cibo, acqua, casa, lavoro... Queste diseguaglianze sono la causa della più grande

---

[126] Le riflessioni che seguono ripropongono l'articolo di D. Dozzi, *Per una fraternità sorella e cittadina,* Il Messaggero Cappuccino (agosto-settembre 2018) 1-2.

migrazione forzata della storia, migrazione che certamente non sarà arrestata né dalle leggi né dai muri. Una società solo solidale e assistenziale, ma non fraterna, genera infelicità e disperazione. Una società che si limiti al "dare per avere" o al "dare per dovere" non ha futuro.

Il XV secolo è stato il secolo del primo Umanesimo; all'inizio del XXI secolo si avverte l'esigenza di un nuovo Umanesimo. Allora si passò dal feudalesimo alla società moderna, oggi si sta passando dalla società moderna a quella post-moderna, chiamata anche "liquida" [127] . L'aumento delle diseguaglianze sociali (forte differenza tra nord e sud), la questione migratoria (i flussi dall'Africa e dall'Asia), i conflitti identitari (il risorgere dei nazionalismi, per esempio la Catalogna), le nuove schiavitù (lavoro nero, prostituzione forzata), la questione ambientale (cf l'enciclica *Laudato si'* di Papa Francesco), sono tutte sfide da affrontare nella prospettiva della fraternità universale. Che non è semplice ideale della Rivoluzione francese, ma bisogno naturale dell'uomo in quanto essere relazionale. Senza relazionalità che sfocia in una fraternità diventa impossibile la costruzione di una società giusta e di una pace duratura.

Tale fraternità molti la imparano nella relazione con Dio che chiamiamo Padre. Altri la possono imparare in famiglia o in altre esperienze umane. Deve essere comunque una fraternità frutto di amore, altrimenti restiamo nell'ambito di un'associazione, di un club, di una SpA, con interessi limitati e temporanei. Il nostro orizzonte deve essere ampio, sconfinare nello spazio e nel tempo.

La libertà e l'uguaglianza hanno bisogno di riprendere in casa la fraternità, per fare quella vera rivoluzione sociale proclamata due secoli fa a Parigi, otto secoli fa ad Assisi e venti secoli fa sul monte delle Beatitudini.

Rivoluzione sociale che ha bisogno di idee e di dichiarazioni, di progetti e di contratti, ma ancor più di conversione personale a sentimenti fraterni. Può capitare di fare "scelte di pancia", ma poi è utile ripensarci con la testa, senza dimenticare il cuore. Per non lasciare fuori nessuno.

Papa Francesco non cessa di richiamare la necessità di una rinnovata giustizia, se vogliamo un mondo libero dalle guerre e dal terrorismo. Stralciamo dal suo discorso *Accoglienza e integrazione dei migranti*[128]: «Siamo chiamati a coltivare e promuovere il rispetto della dignità di ogni persona, a cominciare

---

[127] Cioè sfuggente ad ogni categorizzazione e, quindi, inafferrabile, secondo la definizione del sociologo Zygmunt Bauman.

[128] L'Osservatore Romano di venerdì 21 settembre 2018, 8.

dalla famiglia, luogo dove si imparano fin dalla tenerissima età i valori della condivisione, dell'accoglienza, della fratellanza e della solidarietà.

Penso ai formatori e agli educatori ai quali è richiesto un rinnovato impegno affinché nella scuola, nell'università e negli altri luoghi di formazione venga insegnato il rispetto di ogni persona umana.

Responsabilità incombe anche su coloro che operano nel mondo della comunicazione sociale, i quali hanno il dovere di porsi al servizio della verità e diffondere le informazioni avendo cura di favorire la cultura dell'incontro e dell'apertura all'altro.

Anche i *leaders* delle religioni hanno il compito di diffondere tra i loro fedeli i principi e i valori etici, inseriti da Dio nel cuore dell'uomo, noti come legge morale naturale...
In particolare possano le Chiese cristiane farsi testimoni umili e operose dell'amore di Cristo.

La comune origine e il legame singolare con il Creatore rendono tutte le persone membri di un'unica famiglia, fratelli e sorelle, creati a immagine e somiglianza di Dio.
La dignità di tutti gli uomini, l'unità fondamentale del genere umano e la chiamata a vivere da fratelli, trovano conferma e si rafforzano ulteriormente nella misura in cui si accoglie la Buona Notizia che tutti sono ugualmente salvati e riuniti da Cristo, al punto che "non c'è giudeo né greco, non c'è schiavo né libero, non c'è maschiM né femmina, perché tutti siamo uno in Cristo Gesù" (Gal 3,28). In questa prospettiva l'altro è non solo un essere da rispettare in virtù della sua intrinseca dignità, ma soprattutto un fratello o una sorella da amare. In Cristo, la tolleranza si trasforma in amore fraterno, in tenerezza o solidarietà operativa».

È come dire che tutti coloro che contribuiscono a costruire un mondo più giusto e più fraterno non sono lontani dal Regno di Dio, sperimentano in qualche modo il Dio amore che si è fatto visibile e vicino nel Figlio, l'Emmanuele. Chi aiuta gli uomini a trovare un po' di felicità fa, forse senza rendersene pienamente conto, l'esperienza di Dio, proprio come dice Gesù nel giudizio finale: «Tutto quello che avete fatto a uno solo di questi miei fratelli più piccoli, l'avete fatto a me» (Mt 25, 40). Creare gioia e serenità equivale a incontrare Dio: *Ubi gaudium, ibi Deus*.

Il contagio della gioia

Quanto sia vero che la gioia porti a Dio, lo possiamo vedere da questo frammento biografico di David Neuhaus[129].

Nato il 25 aprile 1962 a Johannesburg in Sudafrica da genitori ebrei di origine tedesca, all'età di 15 anni si trasferì con la famiglia in Israele. Qui incontrò una suora ortodossa russa di nome Barbara. La incontrò per aver alcune informazioni e fu subito impressionato dalla sua gioia e serenità. La suora era anziana e allettata. Un giorno, in occasione di una di quelle visite fatte per raccogliere informazioni, si fece coraggio e le chiese perché fosse così felice. La suora sapeva che il suo interlocutore era ebreo e all'inizio era un po' esitante, ma quando iniziò a parlare del grande amore della sua vita, le parole vennero fuori e lei divenne sempre più radiosa. Parlava di Gesù Cristo, dell'amore di Dio manifestato in Lui, della sua vita gioiosa con Lui in convento. Quel giovane ebreo che voleva solo informazioni di storia, ebbe il primo contatto con Gesù Cristo e rimase colpito dalla sua gioia radiosa.

Dopo lunga riflessione e una doverosa attesa, suggerita anche dai genitori, durante la quale prese il dottorato in scienze politiche all'università di Gerusalemme, divenne cattolico e poi entrò nella Compagnia di Gesù. Dopo aver completato gli studi filosofici e teologici a Parigi e a Roma, nel 2000 fu ordinato sacerdote. Oggi vive a Gerusalemme e si prende cura della piccola comunità di cattolici di lingua ebraica.

La sua vicenda personale conferma, se mai ci fosse bisogno, che la gioia contagia e porta a Dio.

Conclusione

La presenza del Signore produce gioia, come registrato per i discepoli al momento di incontrare il Risorto: «Detto questo, mostrò loro le mani e il fianco. E i discepoli gioirono al vedere il Signore». La gioia viene da un incontro con una Persona che cambia radicalmente la vita. Contrariamente alla logica mercantile, secondo la quale dando qualcosa a un altro se ne rimane privi, la gioia si accresce donandola. Lo ricorda Paolo scrivendo alla irrequieta comunità di Corinto: «Come afflitti, ma sempre lieti, come poveri, ma capaci di arricchire molti, come gente che non ha nulla e invece possediamo tutto» (2Cor 6,10).

---

[129] Una prima, sommaria informazione è reperibile in Google, oppure lo si può contattare o anche incontrare al *Pontifical Biblical Institute* di Gerusalemme.

Senza essere un sinonimo del Divino, la gioia è certamente una sua cifra, come appare da questa rilettura del Prologo giovanneo in chiave "gioiosa"[130]:

Al principio era la gioia.
E la gioia era con l'Altissimo.
E la gioia era l'Altissimo.
Tutto fu grazie ad essa, la gioia,
Senza di essa nulla fu
di ogni essere quaggiù.

La gioia, è la vita,
La gioia emerse dalla Tenebra.
Essa è chiarezza al di là della Notte,
per nera che sia la Notte.
La gioia, nessuno può oscurarla.

"La mia gioia, nessuno può rapirla",
insiste il Figlio dell'uomo.
Quando l'ultimo giorno verrà...
Gioia! Tu sarai la mia dimora!
Gioia! Tu sarai la mia Musica!

---

[130] P. Talec, *La gioia. Piccola musica per il giorno*, Queriniana, Brescia 2002, 131.

CONGEDO

Avevamo iniziato il nostro itinerario nel magnifico giardino della felicità richiamando la *Dichiarazione di Indipendenza* degli Stati Uniti che i Padri Fondatori firmarono il 4 luglio 1776, sottoscrivendo che la ricerca della felicità appartiene ai diritti fondamentali di ogni uomo. Quella che sembrava un'ovvietà, assumeva valore giuridico e implicitamente impegnava chi era preposto in autorità a ricercare il bene di tutti i cittadini. Anche se la storia ha più volte smentito il principio, il fatto giuridico ha fatto scuola. Nel corso degli anni una sensibilità ha fatto breccia nel mondo legislativo. In qualche Stato dell'India fu istituito non molto tempo fa il *Ministero della Felicità*. È di questi giorni la notizia[131] della sconfitta elettorale dei nazionalisti indù che governano l'India da quattro anni. Alle ultime elezioni regionali hanno perso Stati importanti e popolosi come Rajastan, Madhya Pradesh e Chhattisgarh. A fare le spese della sconfitta sono stati alcuni ministri che erano figure simbolo dell'India del Primo Ministro Modi: il ministro delle mucche e il ministro della Felicità. Anche se il ministro è stato sconfitto elettoralmente, sta il fatto che il ministero della Felicità rimane un emblema dei nazionalisti che l'avevano creato in Madhya Pradesh, uno degli Stati più poveri del Paese, con oltre un terzo degli abitanti sotto la soglia di povertà.

È bello e giusto che i governanti se ne facciano carico. Poi faranno anche loro quello che possono, ma il semplice fatto di interessarsi e di istituire un ministero *ad hoc* è segno di maturità e di progresso. Abbiamo bisogno di gioia come abbiamo bisogno di pane, di lavoro, di democrazia. La gioia salverà il mondo.

Strano, ma vero, esiste anche la paura di essere felici e di provare sentimenti positivi. Si chiama cherofobia, vocabolo di chiara matrice greca che significa letteralmente "paura della gioia". Negli ultimi anni, soprattutto tra le generazioni più giovani, si è avvertito sempre di più un forte senso di insicurezza che è stato somatizzato in molti modi diversi. Come l'ipocondria, anche la cherofobia è un tipo di disturbo molto particolare e complesso. Sorge spontanea la domanda perché una persona dovrebbe avere paura di essere felice. La risposta sta nel senso di angoscia che investe la persona, timorosa che il bel momento che sta vivendo possa finire o essere interrotto forzatamente.

Le persone che sono affette da questo tipo di disturbo non si caratterizzano per essere tristi o schive nei confronti degli altri, anzi, di solito

[131] Riferita da ANSA nel suo sito internet del 14 dicembre 2018.

sembrano piuttosto tranquille. I cherofobici sono fermamente convinti che a un periodo positivo segua immediatamente uno negativo; per questo motivo preferiscono vivere un'esistenza tranquilla e priva di emozioni. Non accettano di mettersi in gioco in nuovi rapporti ed evitano accuratamente qualsiasi tipo di evento pubblico: la felicità per loro è solo una perdita di tempo che porterà dolore e solitudine. La cherofobia non è ancora inserita nella lista delle malattie psichiatriche e non esiste nemmeno una cura che possa risolvere il problema. Le persone che ne sono affette, spesso nascondono perfettamente il loro disturbo. Per questo è molto difficile individuarne i sintomi. Alcuni pazienti ritengono semplicemente che la felicità non esista, altri pensano di non meritarla, mentre altri si sentono in colpa di provare sentimenti troppo positivi. Secondo alcuni psicologi e psichiatri questo tipo di disturbo può essere causato da alcuni traumi infantili. Per questo, ci si deve rivolgere a medici specialisti in grado di sondare le ragioni di questo disagio.

Lasciamo questo singolare aspetto, purtroppo vero e doloroso, e ritorniamo al mondo logico della felicità, "gradevole emozione dell'anima" come diceva Cartesio, senza disdegnare il corpo: «Non si isola nei salotti dell'anima. Passa nella sala da pranzo, apprezza i frutti della terra e i piaceri della tavola. Il vino rallegra il cuore dell'uomo: bere e mangiare non è solo alimentarsi. Nutrire il proprio corpo può essere un pasto dell'anima. Dunque una gioia. La gioia "incorpora" il piacere senza per questo confondersi con esso»[132].

Come abbiamo visto più volte nel corso di questa riflessione, la felicità maiuscola e festiva, che inizia nel tempo e sfocia nell'eternità, si ha solo con un abbraccio di amore con il divino. Lo diciamo con le parole auree di san Leone Magno, tolte da un suo discorso sul Natale: «Il nostro Salvatore, carissimi, oggi è nato: rallegriamoci! Non c'è spazio per la tristezza nel giorno in cui nasce la vita, la vita che distrugge la paura della morte e dona la gioia delle promesse eterne. Nessuno è escluso da questa felicità: la causa della gioia è comune a tutti perché il nostro Signore, vincitore del peccato e della morte, non avendo trovato nessuno libero dalla colpa, è venuto per la liberazione di tutti. Esulti il santo, perché si avvicina il premio; gioisca il peccatore, perché gli è offerto il perdono; riprenda coraggio il pagano, perché è chiamato alla vita»[133].

A questo Papa del V secolo che invita alla gioia per la nascita di Cristo fa eco oggi Papa Francesco con la sua Esortazione Apostolica sulla chiamata alla santità nel mondo contemporaneo *Gaudete et exsultate* del 2018. La sua

---

[132] P. Talec, *La gioia*, 12-13.
[133] *Discorso 1 per il Natale, 1,* PL 54, 190:

predilezione per il tema era già apparsa nella sua prima Esortazione Apostolica *Evangelii gaudium* del 2013: «La gioia del Vangelo che riempie la vita della comunità dei discepoli è una gioia missionaria. La sperimentano i settantadue discepoli, che tornano dalla missione pieni di gioia (cfr. Lc 10,17). La vive Gesù, che esulta di gioia nello Spirito Santo e loda il Padre perché la sua rivelazione raggiunge i poveri e i più piccoli (cfr. Lc 10,21). La sentono pieni di ammirazione i primi che si convertono nell'ascoltare la predicazione degli Apostoli "ciascuno nella propria lingua" (At 2,6) a Pentecoste. Questa gioia è un segno che il Vangelo è stato annunciato e sta dando frutto. Ma ha sempre la dinamica dell'esodo e del dono, dell'uscire da sé, del camminare e del seminare sempre di nuovo, sempre oltre»[134].

Raccogliamo con piacere queste sollecitazioni, incoraggiati anche dalle tante simpatiche citazioni che seguono. Proponiamo, dapprima, alcune frasi sulla felicità o gioia suggerite da autori noti e anonimi, poi, elenchiamo alcune citazioni bibliche che riguardano il nostro tema.

Alcune frasi sulla felicità/gioia

Innumerevoli sono gli studi, le ricerche, gli approfondimenti e le proposte per scovare il segreto della felicità. Sicuramente ciascuno ha il proprio modo di intenderla e di ricercarla. Pur riconoscendo e rispettando questa originalità, può essere utile richiamare esperienze e proposte altrui.

Secondo uno studio condotto da alcuni ricercatori della prestigiosa Harvard University la vicinanza a persone contente offre maggiori possibilità di entrare nel magico cerchio della felicità. Ognuno potrà verificare l'attendibilità o meno di tale studio. Proviamo a entrare in contatto con persone che forse ci possono aiutare. Sentiremo dapprima alcune frasi di cui conosciamo l'autore, poi altre che rimangono anonime. L'ordine è puramente rapsodico.

Frasi di autore conosciuto

1. La felicità è sempre uguale, ma l'infelicità può avere infinite variazioni, come ha detto anche Tolstoj. La felicità è una allegoria, l'infelicità una storia. (Haruki Murakami)
2. Per essere felice, togli le parole "se solo" e sostituiscile invece con le parole "la prossima volta". (Smiley Blanton)

---

[134] *Evangelii gaudium,* 1.

3. Charlie Brown: Pensi mai al futuro, Linus? Linus: Oh, sì...sempre Charlie Brown: Come pensi che vorresti essere da grande? Linus: Vergognosamente felice! (Linus, Charles M. Schultz)
4. Forse era così la gioia, vista da dentro: una valle di luci, un vento etereo. (Barbara Kingsolver)
5. Sulla natura stessa della felicità non si riesce a trovare un accordo, e le spiegazioni dei saggi e del popolo sono inconciliabili. (Aristotele)
6. C'è stato un momento in cui ci siamo sentiti davvero felici e la vibrazione è stata così forte che deve essere arrivata fin lassù, a spostare gli assi e la geometria delle stelle, a modificare l'algebra infinita dell'universo. (Fabrizio Caramagna)
7. Non è possibile vivere felicemente senza anche vivere saggiamente, bene e giustamente, né saggiamente, bene e giustamente senza anche vivere felicemente. (Epicuro)
8. Perché è così che ti frega la vita. Ti piglia quando hai ancora l'anima addormentata e ti semina dentro un'immagine, o un odore, o un suono che poi non te lo togli più. E quella lì era la felicità. Lo scopri dopo, quando è troppo tardi (Alessandro Baricco)
9. Ho riconosciuto la felicità dal rumore che ha fatto andandosene. (Jacques Prévert)
10. I bambini sono felici perché non hanno un file nella loro mente chiamata "tutte le cose che potrebbero andare male". (Marianne Williamson)
11. Dobbiamo essere grati alle persone che ci rendono felici, sono gli affascinanti giardinieri che rendono la nostra anima un fiore. (Marcel Proust)
12. Non esistono grandi scoperte né reale progresso finché sulla terra esiste un bambino infelice. (Albert Einstein)
13. Noi tutti cerchiamo la felicità, ma senza saper dove, come degli ubriachi che cercano la propria casa, sapendo confusamente di averne una. (Voltaire)
14. Quando la porta della felicità si chiude un'altra se ne apre, ma tante volte guardiamo così a lungo quella chiusa da non vedere quella che si è aperta per noi. (Paulo Coelho)
15. L'uomo che cerca la felicità in questo mondo è come il bambino che si succhia il dito: ha saliva, non latte. (Proverbio indiano)
16. La felicità dell'uomo moderno: guardare le vetrine e comprare tutto quello che può permettersi, in contanti o a rate. (Erich Fromm)
17. Chiedetevi se siete felici e cesserete di esserlo. (John Stuart Mill)

18. Per essere felici, non dobbiamo essere troppo interessati a ciò che fanno gli altri. (Albert Camus)
19. Non dite: “Ho trovato la felicità” ma piuttosto: “Ho trovato una felicità”. (Khalil Gibran)
20. Alcuni portano felicità ovunque vadano; altri quando se ne vanno. (Oscar Wilde)
21. Guardandoti dentro puoi scoprire la gioia, ma è soltanto aiutando il prossimo che conoscerai la vera felicità. (Sergio Bambarén)
22. A volte la tua gioia è la fonte del tuo sorriso, ma spesso il tuo sorriso può essere la fonte della tua gioia. (Thich Nhat Hanh)
23. Non giudicare gli uomini dalla loro pura apparenza; perché la risata leggera che spumeggia sulle labbra spesso ammanta le profondità della tristezza, e lo sguardo serio può essere il sobrio velo che copre una pace divina e la gioia. (Harry Forster Chapin)
24. L'amicizia migliora la felicità e abbatte l'infelicità, col raddoppiare della nostra gioia e col dividere il nostro dolore. (Cicerone)
25. Gioie e dolori vanno condivisi: le prime perché si raddoppino, i secondi perché si dimezzino. (Giovanni A. Barraco)
26. La ricchezza, la bellezza, tutto si può perdere, ma la gioia che hai nel cuore può essere soltanto offuscata: per tutta la vita tornerà a renderti felice. (Anna Frank)
27. Un evangelizzatore non dovrebbe avere costantemente una faccia da funerale! (Papa Francesco)
28. Che cos’è la felicità? Una casa con dentro le persone che ami. (Amy Bratley)
29. Vorrei non procurarti altro che gioia e circondarti di una felicità calma e continua per compensarti un po' di tutto quello che mi dai a piene mani nella generosità del tuo amore. (Victor Hugo)
30. Ho commesso il peggior peccato che un uomo possa commettere: non sono stato felice. (Jorge Luis Borges)
31. Il dolore condiviso si dimezza. La gioia condivisa si raddoppia. (San Tommaso d’Aquino)
32. Quanto più a fondo vi scava il dolore, tanta più gioia potete contenere. (Kahlil Gibran)
33. La gioia è la più semplice forma di gratitudine. (Karl Barth)
34. La gioia nel vedere e nel comprendere è il più bel regalo della natura. (Albert Einstein)

35.La gioia può essere reale solo se le persone vedono la propria vita come un servizio e hanno uno scopo definito al di fuori di loro stesse e della loro personale felicità. (Leo Tolstoy)
36. Gli uomini non possono vivere senza gioia. Quando sono privati della vera gioia spirituale è necessario che diventino dipendenti dai piaceri carnali. (San Tommaso d'Aquino)
37. Quanto più acquisto esperienza, tanto più mi accorgo che l'uomo è la causa del proprio dolore o della propria gioia. (Mahatma Gandhi)
38. Buone sono le azioni che non provocano alcun rimpianto e i cui frutti sono accolti con gioia e serenità. (Buddha)
39. Vivere con leggerezza, ma non sconsideratamente, essere gioiosi senza essere chiassosi, essere coraggiosi senza essere temerari, mostrare fiducia e allegra rassegnazione senza fatalismo: questa è l'arte di vivere. (Jean La Fontaine)
40. Anche i dolori sono, dopo lungo tempo, una gioia, per chi ricordo tutto ciò che ha passato e sopportato. (Omero)
41. La felicità è la funzione dell'accettare ciò che è così. (Werner Erhard)
42. Il segreto della felicità è la libertà. Il segreto della libertà è il coraggio. (Tucidide)
43. L'essere umano più felice è quello nel cui animo non vi è alcune traccia di cattiveria. (Platone)
44. Cercare la felicità al di fuori di noi stessi è come aspettare il sorgere del sole in una caverna rivolta a nord. (Proverbio tibetano)
45. Quando smetterai di voler riempire il tuo bicchiere di felicità e inizierai a riempire quello degli altri, scoprirai, con meraviglia, che il tuo sarà sempre pieno. (Paramahansa Yogananda)
46. La felicità è amore, nient'altro. Felice è chi sa amare. (Hermann Hesse)
47. Felicità non è avere ciò che si desidera, ma desiderare ciò che si ha. (Oscar Wilde)
48. La felicità non è qualcosa di già pronto, ma proviene dalle tue azioni. (Dalai Lama)
49. Serve l'infelicità per comprendere la gioia, il dubbio per capire la verità, la morte per capire la vita. Quindi affronta e abbraccia la tristezza quando viene. (Madre Teresa di Calcutta)
50. Il tempo per essere felici è ora. Il luogo per essere felici è qui. Il modo per essere felici e quello di rendere gli altri felici. (Robert Green Ingresoll)
51. Dopo l'Amen della morte c'è l'Alleluia della speranza. (Pierre Talec)

52. Nella vita vale più sperimentare un briciolo della gioia piena del Signore, che un pieno di gioie effimere e passeggere. (Maurizio Merilli)
53. Chi semina amore, raccoglie felicità. (William Shakespeare)
54. La felicità si impara ogni giorno. (Papa Francesco)

Frasi di autore anonimo

Non solo filosofi, psicologi, studiosi e personaggi famosi hanno espresso il loro pensiero sul tema della felicità. Essendo un bisogno di tutti, sarà facile sentire e leggere qualcosa di interessante, anche se diventa arduo o impossibile risalire con sicurezza alla fonte. Il contenuto è più importante dell'autore.

1a. La felicità tenuta per sé è il seme; la felicità condivisa è il fiore.
2a. Se sei felice non gridare troppo: la tristezza ha il sonno leggero.
3a. Non si può avere sempre la felicità, ma si può sempre dare la felicità.
4a. Ci sono due modi per essere felici: migliorare la vostra realtà, o abbassare le vostre aspettative.
5a. È chiaro che la felicità non esiste; eppure un giorno ti svegli e scopri che se ne è andata.
6a. Se vuoi essere felice per un giorno dai una festa; per due settimane, fai un viaggio; per un anno, eredita una fortuna; per tutta la vita, trova uno scopo degno.
7a. Le 5 regole per vivere felice: Non odiare. Non ti preoccupare. Dona di più. Abbi meno aspettative. Vivi con semplicità.
8a. A scuola mi domandarono cosa volessi essere da grande. Io scrissi "Essere felice". Mi dissero che non avevo capito il compito, e io risposi che loro non avevano capito la vita.
9a. Fare quello che ti piace è la libertà. Amare ciò che si fa è la felicità.
10a. Il successo non è la chiave della felicità. La felicità è la chiave del successo. Se ami quello che stai facendo, avrai successo e, di conseguenza, felicità.

L'elenco potrebbe estendersi all'infinito e sarebbe bello poter ascoltare tante altre voci. Tutti sono invitati a dare il proprio contributo a questa mirabile sinfonia. Sarebbe pregevole arricchire il tema con tante note personali. Non mancano spazio, sensibilità e fantasia per dare concretezza a tale auspicio.

Citazioni bibliche

Il nostro interesse sul tema della gioia è stato rivolto principalmente al mondo biblico, come dichiarato fin dall'inizio. Perciò era stato offerto un piccolo saggio di riferimenti scritturistici già nell'Introduzione. Nello sviluppo del tema abbiamo intercettato necessariamente, e con piacere, altri mondi. Ora, a conclusione, chiudiamo il cerchio con una più ampia rassegna di testi biblici che, senza la pretesa di completezza, hanno lo scopo di lasciare il dolce gusto della Parola di Dio nel cuore del lettore.

Antico Testamento

Poiché non avrai servito il Signore, tuo Dio, con gioia e di buon cuore in mezzo all'abbondanza di ogni cosa, [48]servirai i tuoi nemici... (Deuteronomio 28,47-48).

Ma poi fu detto al re Davide: «Il Signore ha benedetto la casa di Obed-Edom e quanto gli appartiene, a causa dell'arca di Dio». Allora Davide andò e fece salire l'arca di Dio dalla casa di Obed-Edom alla Città di Davide, con gioia (2Samuele 6,12).

Nell'ottavo giorno congedò il popolo. I convenuti, benedetto il re, andarono alle loro tende, contenti e con la gioia nel cuore per tutto il bene concesso dal Signore a Davide, suo servo, e a Israele, suo popolo (1Re 8,66).

So, mio Dio, che tu provi i cuori e ti compiaci della rettitudine. Io, con cuore retto, ho offerto spontaneamente tutte queste cose. Ora io vedo con gioia che anche il tuo popolo qui presente ti porta offerte spontanee (1Cronache 29,17).

Gli Israeliti che si trovavano a Gerusalemme celebrarono la festa degli Azzimi per sette giorni con grande gioia, mentre i sacerdoti e i leviti lodavano ogni giorno il Signore, suonando con tutte le forze per il Signore. [22]Ezechia parlò al cuore di tutti i leviti, che avevano dimostrato grande avvedutezza nei riguardi del Signore; per sette giorni parteciparono al banchetto solenne, offrirono sacrifici di comunione e lodarono il Signore, Dio dei loro padri. [23]Tutta l'assemblea decise di festeggiare altri sette giorni; così passarono ancora sette giorni di gioia (2Cronache 3,21-23).

Poi Neemia disse loro: «Andate, mangiate carni grasse e bevete vini dolci e mandate porzioni a quelli che nulla hanno di preparato, perché questo giorno è consacrato al Signore nostro; non vi rattristate, perché la gioia del Signore è la vostra forza» (Neemia 8,10).

«Coraggio, figlia, il Signore del cielo cambi in gioia il tuo dolore. Coraggio, figlia!» (Tobia 7,17).

Beati coloro che avranno pianto per le tue sventure: gioiranno per te e vedranno tutta la tua gioia per sempre. Anima mia, benedici il Signore, il grande re (Tobia 13,16).

Ecco la gioia del suo destino
e dalla terra altri rispuntano.
[20]Dunque, Dio non rigetta l'uomo integro
e non sostiene la mano dei malfattori.
[21]Colmerà di nuovo la tua bocca di sorriso
e le tue labbra di gioia (Giobbe,8,19-21).

il trionfo degli empi è breve
e la gioia del perverso è di un istante? (Giobbe 20,5).

Hai messo più gioia nel mio cuore
di quanta ne diano a loro grano e vino in abbondanza (Salmo 4,8).

Mi indicherai il sentiero della vita,
gioia piena alla tua presenza,
dolcezza senza fine alla tua destra (Salmo 16,11).

Hai mutato il mio lamento in danza,
mi hai tolto l'abito di sacco,
mi hai rivestito di gioia (Samo 30,12),

Esulterò e gioirò per la tua grazia,
perché hai guardato alla mia miseria,
hai conosciuto le angosce della mia vita (Salmo 31,8).

Ma l'anima mia esulterà nel Signore
e gioirà per la sua salvezza (Salmo 35,9).

Cerca la gioia nel Signore:
esaudirà i desideri del tuo cuore (Salmo 37,4).

Popoli tutti, battete le mani!
Acclamate Dio con grida di gioia (Salmo 47,2).

Fammi sentire gioia e letizia:
esulteranno le ossa che hai spezzato (Salmo 51,10).

Rendimi la gioia della tua salvezza,
sostienimi con uno spirito generoso (Salmo 51,14).

Come saziato dai cibi migliori,
con labbra gioiose ti loderà la mia bocca.
[7]Quando nel mio letto di te mi ricordo
e penso a te nelle veglie notturne,

[8]a te che sei stato il mio aiuto,
esulto di gioia all'ombra delle tue ali (Salmo 63,6-8).

Gli abitanti degli estremi confini
sono presi da timore davanti ai tuoi segni:
tu fai gridare di gioia
le soglie dell'oriente e dell'occidente (Salmo 65,9).

I prati si coprono di greggi,
le valli si ammantano di messi:
gridano e cantano di gioia (Salmo 65,14).

I giusti invece si rallegrano,
esultano davanti a Dio
e cantano di gioia.
[5]Cantate a Dio, inneggiate al suo nome,
appianate la strada a colui che cavalca le nubi:
Signore è il suo nome,
esultate davanti a lui (Salmo 68,4-5).

Esultino e gioiscano in te
quelli che ti cercano;
dicano sempre: «Dio è grande!»
quelli che amano la tua salvezza (Salmo 70,5).

Rendici la gioia per i giorni in cui ci hai afflitti,
per gli anni in cui abbiamo visto il male (Salmo 90,15).

Questo è il giorno che ha fatto il Signore;
rallegriamoci in esso ed esultiamo! (Salmo 118,24).

Nei tuoi decreti è la mia delizia,
non dimenticherò la tua parola (Salmo 119,16).

I tuoi insegnamenti sono la mia delizia:
sono essi i miei consiglieri (Salmo 119,24).

Guidami sul sentiero dei tuoi comandi,
perché in essi è la mia felicità (Salmo 119,35).

Desidero la tua salvezza, Signore,
e la tua legge è la mia delizia (Salmo 119,174).

Quale gioia, quando mi dissero:
«Andremo alla casa del Signore!» (Salmo 122,1).

Allora la nostra bocca si riempì di sorriso,
la nostra lingua di gioia.
Allora si diceva tra le genti:
«Il Signore ha fatto grandi cose per loro».
3Grandi cose ha fatto il Signore per noi:
eravamo pieni di gioia (Salmo 126,2-3).

Chi semina nelle lacrime mieterà nella gioia
6Nell'andare, se ne va piangendo, portando la semente da gettare,
ma nel tornare, viene con gioia, portando i suoi covoni (Salmo 126,5-6).

Mi si attacchi la lingua al palato,
se lascio cadere il tuo ricordo,
se non innalzo Gerusalemme al di sopra di ogni mia gioia (Salmo 137,6).

L'inganno è nel cuore di chi trama il male,
la gioia invece è di chi promuove la pace (Proverbi 12,20).

Il cuore conosce la propria amarezza
e alla sua gioia non partecipa l'estraneo.
11La casa degli empi sarà abbattuta,
ma la tenda dei giusti prospererà.
12C'è una via che sembra diritta per l'uomo,
ma alla fine conduce su sentieri di morte.
13Anche nel riso il cuore prova dolore
e la gioia può finire in pena (Proverbi 14,10-13).

La stoltezza è una gioia per chi è privo di senno;
chi è prudente cammina diritto.
22Falliscono le decisioni prese senza consultazione,
riescono quelle suggerite da molti consiglieri.
23È una gioia saper dare una risposta;
una parola detta al momento giusto è gradita! (Proverbi 15,21-23).

Su, mangia con gioia il tuo pane
e bevi il tuo vino con cuore lieto,
perché Dio ha già gradito le tue opere (Qoelet 9,7).

Ritornato a casa, riposerò vicino a lei,
perché la sua compagnia non dà amarezza,

né dolore il vivere con lei,
ma contentezza e gioia (Sapienza 8,16).

Il timore del Signore è gloria e vanto,
gioia e corona d'esultanza (Siracide 1,11).

Il paziente sopporta fino al momento giusto,
ma alla fine sgorgherà la sua gioia (Siracide 1,23).

Chi onora il padre avrà gioia dai propri figli
e sarà esaudito nel giorno della sua preghiera (Siracide 3,5).

Chi ama la sapienza ama la vita,
chi la cerca di buon mattino sarà ricolmo di gioia (Siracide 4,12).

Hai moltiplicato la gioia,
hai aumentato la letizia.
Gioiscono davanti a te
come si gioisce quando si miete
e come si esulta quando si divide la preda (Isaia 9,2).

Allora lo zoppo salterà come un cervo,
griderà di gioia la lingua del muto,
perché scaturiranno acque nel deserto,
scorreranno torrenti nella steppa (Isaia 35,6).

Giubilate, o cieli,
rallégrati, o terra,
gridate di gioia, o monti,
perché il Signore consola il suo popolo
e ha misericordia dei suoi poveri (Isaia 49,13).

Prorompete insieme in canti di gioia,
rovine di Gerusalemme,
perché il Signore ha consolato il suo popolo,
ha riscattato Gerusalemme (Isaia 52,9).

Io gioisco pienamente nel Signore, la mia anima esulta nel mio Dio (Isaia 61,10).

La vergine allora gioirà danzando
e insieme i giovani e i vecchi.
«Cambierò il loro lutto in gioia,
li consolerò e li renderò felici, senza afflizioni (Geremia 31,13).

(Si udranno) il canto della gioia e dell'allegria, il canto dello sposo e il canto della sposa, e la voce di coloro che cantano: "Rendete grazie al Signore degli eserciti, perché il suo amore è per sempre", e porteranno sacrifici di ringraziamento nel tempio del Signore. Sì, io ristabilirò la sorte di questo paese come era al principio, dice il Signore (Geremia 33,11).

La gioia si è spenta nei nostri cuori,
si è mutata in lutto la nostra danza (Lamentazioni 5,15).

La vite è diventata secca,
il fico inaridito,
il melograno, la palma, il melo,
tutti gli alberi dei campi sono secchi,
è venuta a mancare la gioia tra i figli dell'uomo (Gioele 1,12).

Non temere, terra,
ma rallégrati e gioisci,
poiché cose grandi ha fatto il Signore (Gioele 2,21).

Il Signore, tuo Dio, in mezzo a te
è un salvatore potente.
Gioirà per te,
ti rinnoverà con il suo amore,
esulterà per te con grida di gioia» (Sofonia 3,17).

Esulta grandemente, figlia di Sion,
giubila, figlia di Gerusalemme!
Ecco, a te viene il tuo re.
Egli è giusto e vittorioso,
umile, cavalca un asino,
un puledro figlio d'asina (Zaccaria 9,9).

Nuovo Testamento

Al vedere la stella, provarono una gioia grandissima (Matteo 2,10).

Beati voi quando vi insulteranno, vi perseguiteranno e, mentendo, diranno ogni sorta di male contro di voi per causa mia. [12]Rallegratevi ed esultate, perché grande è la vostra ricompensa nei cieli. Così infatti perseguitarono i profeti che furono prima di voi (Matteo 5,11-12).

Il regno dei cieli è simile a un tesoro nascosto nel campo; un uomo lo trova e lo nasconde; poi va, pieno di gioia, vende tutti i suoi averi e compra quel campo (Matteo 13,44).

Bene, servo buono e fedele – gli disse il suo padrone –, sei stato fedele nel poco, ti darò potere su molto; prendi parte alla gioia del tuo padrone". [22]Si presentò poi colui che aveva ricevuto due talenti e disse: "Signore, mi hai consegnato due talenti; ecco, ne ho guadagnati altri due". [23]"Bene, servo buono e fedele – gli disse il suo padrone –, sei stato fedele nel poco, ti darò potere su molto; prendi parte alla gioia del tuo padrone" (Matteo 25,21-23).

Abbandonato in fretta il sepolcro con timore e gioia grande, le donne corsero a dare l'annuncio ai suoi discepoli (Matteo 28,8).

Quelli seminati sul terreno sassoso sono coloro che, quando ascoltano la Parola, subito l'accolgono con gioia, [17]ma non hanno radice in se stessi, sono incostanti e quindi, al sopraggiungere di qualche tribolazione o persecuzione a causa della Parola, subito vengono meno (Marco 4,16-17).

Avrai gioia ed esultanza, e molti si rallegreranno della sua nascita (Luca 1,14).

Entrando da lei, disse: «Rallégrati, piena di grazia: il Signore è con te» (Luca 1,28).

Ecco, appena il tuo saluto è giunto ai miei orecchi, il bambino ha sussultato di gioia nel mio grembo (Luca 1,44).

Ma l'angelo disse loro: «Non temete: ecco, vi annuncio una grande gioia, che sarà di tutto il popolo (Luca 2,10).

Rallegratevi in quel giorno ed esultate perché, ecco, la vostra ricompensa è grande nel cielo. Allo stesso modo infatti agivano i loro padri con i profeti (Luca 6,23).

Non rallegratevi però perché i demòni si sottomettono a voi; rallegratevi piuttosto perché i vostri nomi sono scritti nei cieli» (Luca 10,20).

[1]In quella stessa ora Gesù esultò di gioia nello Spirito Santo e disse: «Ti rendo lode, o Padre, Signore del cielo e della terra, perché hai nascosto queste cose ai sapienti e ai dotti e le hai rivelate ai piccoli. Sì, o Padre, perché così hai deciso nella tua benevolenza (Luca 10,21).

Quando l'ha trovata, pieno di gioia se la carica sulle spalle, [6]va a casa, chiama gli amici e i vicini, e dice loro: "Rallegratevi con me, perché ho trovato la mia pecora, quella che si era perduta". [7]Io vi dico: così vi sarà gioia nel cielo per un solo peccatore che si converte, più che per novantanove giusti i quali non hanno bisogno di conversione. [8]Oppure, quale donna, se ha dieci monete e ne perde una, non accende la lampada e spazza la casa e cerca accuratamente finché non la trova? [9]E dopo averla trovata, chiama le amiche e le vicine, e dice: "Rallegratevi con me, perché ho trovato la moneta che avevo perduto". [10]Così, io vi dico, vi è gioia davanti agli angeli di Dio per un solo peccatore che si converte» (Luca 15,5-10).
Ma bisognava far festa e rallegrarsi, perché questo tuo fratello era morto ed è tornato in vita, era perduto ed è stato ritrovato"» (Luca 15,32).

Ed essi dissero l'un l'altro: «Non ardeva forse in noi il nostro cuore mentre egli conversava con noi lungo la via, quando ci spiegava le Scritture?» (Luca 24,32)

Ma poiché per la gioia non credevano ancora ed erano pieni di stupore, disse: «Avete qui qualche cosa da mangiare?» (Luca 24,41).

Ed essi si prostrarono davanti a lui; poi tornarono a Gerusalemme con grande gioia (Luca 24,52).

Lo sposo è colui al quale appartiene la sposa; ma l'amico dello sposo, che è presente e l'ascolta, esulta di gioia alla voce dello sposo. Ora questa mia gioia è piena (Giovanni 3,29).

Vi ho detto queste cose perché la mia gioia sia in voi e la vostra gioia sia piena (Giovanni 15,11).

In verità, in verità io vi dico: voi piangerete e gemerete, ma il mondo si rallegrerà. Voi sarete nella tristezza, ma la vostra tristezza si cambierà in gioia. [21]La donna, quando partorisce, è nel dolore, perché è venuta la sua ora; ma, quando ha dato alla luce il bambino, non si ricorda più della sofferenza, per la gioia che è venuto al mondo un uomo. [22]Così anche voi, ora, siete nel dolore, ma vi vedrò di nuovo e il vostro cuore si rallegrerà e nessuno potrà togliervi la vostra gioia (Giovanni 16,20-22).

La donna, quando partorisce, è nel dolore, perché è venuta la sua ora; ma, quando ha dato alla luce il bambino, non si ricorda più della sofferenza, per la gioia che è venuto al mondo un uomo (Giovanni 16,21).

Così anche voi, ora, siete nel dolore; ma vi vedrò di nuovo e il vostro cuore si rallegrerà e nessuno potrà togliervi la vostra gioia (Giovanni 16,22).

Finora non avete chiesto nulla nel mio nome. Chiedete e otterrete, perché la vostra gioia sia piena (Giovanni 16,24).

Ma ora io vengo a te e dico questo mentre sono nel mondo, perché abbiano in se stessi la pienezza della mia gioia (Giovanni 17,13).

Detto questo, mostrò loro le mani e il costato. E i discepoli gioirono al vedere il Signore (Giovanni 20,20).

Gesù disse: «Perché mi hai veduto, tu hai creduto; beati quelli che non hanno visto e hanno creduto» (Gv 20,29).

Mi hai fatto conoscere le vie della vita,
mi colmerai di gioia con la tua presenza (Atti 2,28, citazione del Salmo).

Essi dunque, provveduti del necessario dalla Chiesa, attraversarono la Fenicia e la Samaria, raccontando la conversione dei pagani e suscitando grande gioia in tutti i fratelli (Atti 15,3).

Poi li fece salire in casa, apparecchiò la tavola e fu pieno di gioia insieme a tutti i suoi per avere creduto in Dio (Atti 16,34).

Chi esorta si dedichi all'esortazione. Chi dona, lo faccia con semplicità; chi presiede, presieda con diligenza; chi fa opere di misericordia, le compia con gioia (Romani 12,8).

Siate lieti nella speranza, costanti nella tribolazione, perseveranti nella preghiera (Romani 12,12).

Rallegratevi con quelli che sono nella gioia; piangete con quelli che sono nel pianto (Romani 12,15).

Il regno di Dio infatti non è cibo o bevanda, ma giustizia, pace e gioia nello Spirito Santo (Romani 14,17).

Il Dio della speranza vi riempia, nel credere, di ogni gioia e pace, perché abbondiate nella speranza per la virtù dello Spirito Santo (Romani 15,13).

Noi non intendiamo fare da padroni sulla vostra fede; siamo invece i collaboratori della vostra gioia, perché nella fede voi siete saldi (2Corinti 1,24).

Ho scritto proprio queste cose per non dovere poi essere rattristato, alla mia venuta, da quelli che dovrebbero rendermi lieto; sono persuaso, riguardo a voi tutti, che la mia gioia è quella di tutti voi (2Corinti 2,3).

Come afflitti, ma sempre lieti; come poveri, ma capaci di arricchire molti; come gente che non ha nulla e invece possediamo tutto! (2Corinti 6,10).

Sono molto franco con voi e ho molto da vantarmi di voi. Sono pieno di consolazione, pervaso di gioia in ogni nostra tribolazione (2Corinti 7,4).

Ciascuno dia secondo quanto ha deciso nel suo cuore, non con tristezza né per forza, perché Dio ama chi dona con gioia (2Corinti 9,7).

Per il resto, fratelli, siate gioiosi, tendete alla perfezione, fatevi coraggio a vicenda, abbiate gli stessi sentimenti, vivete in pace e il Dio dell'amore e della pace sarà con voi (2Corinti 13,11).

Il frutto dello Spirito invece è amore, gioia, pace, magnanimità, benevolenza, bontà, fedeltà, mitezza, dominio di sé (Galati 5,22).

Sempre, quando prego per tutti voi, lo faccio con gioia (Filippesi 1,4).

Persuaso di questo, so che rimarrò e continuerò a rimanere in mezzo a tutti voi per il progresso e la gioia della vostra fede (Filippesi 1,25).

Ma, anche se io devo essere versato sul sacrificio e sull'offerta della vostra fede, sono contento e ne godo con tutti voi. 18Allo stesso modo anche voi godetene e rallegratevi con me (Filippesi 2,17-18).

Perciò, fratelli miei carissimi e tanto desiderati, mia gioia e mia corona, rimanete in questo modo saldi nel Signore, carissimi! (Filippesi 4,1).

Siate sempre lieti nel Signore, ve lo ripeto: siate lieti (Filippesi 4,4).

Ringraziate con gioia il Padre che vi ha resi capaci di partecipare alla sorte dei santi nella luce (Colossesi 1,12).

E voi avete seguito il nostro esempio e quello del Signore, avendo accolto la Parola in mezzo a grandi prove, con la gioia dello Spirito Santo (1Tessalonicesi 1,6).

Infatti chi, se non proprio voi, è la nostra speranza, la nostra gioia e la corona di cui vantarci davanti al Signore nostro Gesù, nel momento della sua venuta? 20Siete voi la nostra gloria e la nostra gioia! (1Tessalonicesi 2,19-20).

Quale ringraziamento possiamo rendere a Dio riguardo a voi, per tutta la gioia che proviamo a causa vostra davanti al nostro Dio… (1Tessalonicesi 3,9).

Siate sempre lieti (1Tessalonicesi 5,16).

Mi tornano alla mente le tue lacrime e sento la nostalgia di rivederti per essere pieno di gioia (2Timoteo 1,4).

La tua carità è stata per me motivo di grande gioia e consolazione, fratello, perché per opera tua i santi sono stati profondamente confortati (Filemone 7).

Infatti avete preso parte alle sofferenze dei carcerati e avete accettato con gioia di essere derubati delle vostre sostanze, sapendo di possedere beni migliori e duraturi (Ebrei 10,34).

… tenendo fisso lo sguardo su Gesù, colui che dà origine alla fede e la porta a compimento. Egli, di fronte alla gioia che gli era posta dinanzi, si sottopose alla croce, disprezzando il disonore, e siede alla destra del trono di Dio (Ebrei 12,2).

Chi tra voi è nel dolore, preghi; chi è nella gioia, canti inni di lode (Giacomo 5,13).

Perciò siete ricolmi di gioia, anche se ora dovete essere, per un po' di tempo, afflitti da varie prove (1Pietro 1,6).

Voi lo amate, pur senza averlo visto e ora, senza vederlo, credete in lui. Perciò esultate di gioia indicibile e gloriosa (1Pietro 1,8).

Ma, nella misura in cui partecipate alle sofferenze di Cristo, rallegratevi perché anche nella rivelazione della sua gloria possiate rallegrarvi ed esultare (1Pietro 4,13).

Queste cose vi scriviamo, perché la nostra gioia sia piena (1Giovanni 1,4).

Non ho gioia più grande di questa: sapere che i miei figli camminano nella verità (3Giovanni 4).

Esultate, dunque, o cieli e voi che abitate in essi (Apocalisse 12,12).

Rallegriamoci ed esultiamo, diamo gloria a Dio (Apocalisse 19,7).

C'è un ricco repertorio per la lettura, la riflessione, la preghiera, affinché la gioia abiti nei nostri cuori, illumini la nostra vita, diventi vitamina di esistenza e prodigioso contagio per rendere ancora più bello e vivibile il nostro mondo, in attesa della gioia piena ed eterna nella comunione trinitaria del Paradiso, come è chiesto nella seguente preghiera: «O Dio, nostro Padre, che nella santa Famiglia ci hai dato un vero modello di vita, fa' che nelle nostre famiglie fioriscano le stesse virtù e lo stesso amore, perché, riuniti insieme nella tua casa, possiamo godere la gioia senza fine»[135].

---

[135] Colletta della Festa della Santa Famiglia.

POSTFAZIONE 1
di Luca Rossetti[136]

L'INNO ALLA GIOIA di BEETHOVEN

Beethoven, ultimo dei tre grandi compositori del periodo classico (prima di lui Haydn e Mozart), termina la composizione della Nona e ultima sinfonia nel 1824. La sua prima esecuzione pubblica avviene in maggio a Vienna, in un concerto trionfale per l'Autore, presente sul podio a coodirigere, anche se ormai poteva soltanto percepire le vibrazioni sonore a causa della sua sordità.

La Nona sinfonia è uno dei capolavori del maestro di Bonn, come lo è una delle ultime sonate per pianoforte, la Hammerklavier. Capolavori perché rompono con gli schemi tradizionali finora adottati, della sonata e della sinfonia appunto, e gettano quelle che saranno poi le fondamenta del periodo romantico, in cui le orchestre diventeranno sempre più ricche, in termini di strumenti e di numero di orchestrali, ma anche e soprattutto per le modalità compositive, più libere da schemi, con numerosi cambi di tempo, di tonalità e con una elaborazione assai più ricca. Basti pensare che se ad Haydn per comporre una sinfonia potevano bastare 15 giorni, a Beethoven servirono due anni di lavoro per terminare questa monumentale opera, senza considerare la gestazione iniziata molti anni prima.

Se vogliamo dare una chiave di lettura della Sinfonia dobbiamo pensare al Beethoven liberale e idealista, contrario alle tirannie e ai soprusi degli uomini sui propri simili. Il tema che sta alla base di quest'opera nasce appunto dall'Ode di Schiller, che Beethoven aveva già avuto modo di apprezzare anni prima proprio per la speranza di amicizia fraterna tra i popoli che pervade la sua poesia. È da ricordare come la sua Terza sinfonia, detta Eroica, dapprima dedicata all'allora generale Napoleone Bonaparte, successivamente, viste le sue mire imperiali, fu cambiata da Beethoven che scrisse nel frontespizio "Sinfonia per festeggiare il sovvenire di un grande uomo".

L'Ode di Schiller, nell'essere musicata, è rielaborata dallo stesso Beethoven, che utilizza solo una parte delle strofe e omette alcuni versi: quelli dionisiaci che inneggiavano al vino, e quelli che parlavano troppo esplicitamente della libertà dalle catene dei tiranni. Versi che, nonostante la libertà di pensiero

[136] Luca Rossetti è laureato in pedagogia con indirizzo filosofico all'Università Cattolica del Sacro Cuore e diplomato in pianoforte al Conservatorio di Brescia. Oltre a essere pianista di professione, è insegnante di musica. Sposato, è padre di due figli.

che Beethoven si era guadagnato grazie alla sua reputazione, evidentemente non erano parsi opportuni in un'epoca di Restaurazione.

Secondo Massimo Mila l'intenzione segreta di Beethoven era quella di celebrare non la *Freude* (gioia), bensì la *Freiheit* (libertà), e questa ipotesi è supportata da un quaderno del 1812 nel quale è annotato un verso dell'Ode che Beethoven intendeva mettere in musica: «Bettler werden Fürstenbrüder» (i mendicanti saranno fratelli di principi) che poi diventò il più evangelico e generico «Alle Menschen werden Brüder» (tutti gli uomini saranno fratelli).

La rielaborazione del testo di Schiller da parte di Beethoven porta a una sorta di sceneggiatura in cui la Gioia, vista come la madre nutrice, prepara agli uomini la strada al ricongiungimento con il Padre celeste.

Beethoven, seguace del pensiero kantiano come lo era stato Schiller, riteneva che l'arte dovesse preparare l'umanità a un nuovo ordine sociale, liberando le sue potenzialità, dissolvendo le disuguaglianze di rango, ponendo gli uomini sullo stesso piano. La Sinfonia ha, pertanto, un grande valore etico, oltre che estetico.

Nella Nona Sinfonia i primi tre movimenti fanno da preambolo al quarto: sono, se vogliamo, una descrizione di come il mondo appare agli occhi del compositore, cioè governato da caos e anarchia, odio e morte. Il quarto movimento, anticipato dall'Adagio del terzo, è il sogno, forse utopistico ma sicuramente anelato da Beethoven, della pace e dell'amicizia terrena. Schematicamente presentiamo i quattro movimenti.

Primo movimento: ha un carattere burrascoso e, grazie ad un artificio armonico (l'uso della 5a vuota che non permette di identificare se il brano sia in tonalità maggiore o minore), incerto e instabile. Da questo inizio quasi caotico nasce il tema predominante di tutto il movimento.

Secondo movimento: anche questo in re minore (tonalità della sinfonia) si sviluppa da ritmi incalzanti. Il tema è molto conosciuto e di grande intensità ritmica.

Terzo movimento: l'Adagio, rallentando la forza propulsiva e ritmica dei movimenti precedenti, prepara il canto di liberazione che scaturirà nel quarto e ultimo.

Quarto movimento: considerato da Charles Rosen, una sinfonia all'interno della sinfonia.

La si può infatti dividere in 4 ulteriori sotto-movimenti:

Primo sotto-movimento: tema e variazione. Il tema appare con violoncelli e contrabbassi.
Secondo sotto-movimento: scherzo in 6/8 in stile militare.
Terzo sotto-movimento: lenta meditazione su nuovo tema.
Quarto sotto-movimento: Fugato finale su temi del primo e terzo movimento.

Dopo questa sintetica ma necessaria preparazione, addentriamoci di più in quello che tutti conoscono come *Inno alla Gioia.*

La caratteristica principale di questo movimento è l'introduzione di un coro e di quattro voci soliste, che infrange così le barriere del genere sinfonico. Culmine dell'intera Sinfonia, questo Finale si snoda attraverso sezioni molto marcate e nettamente contrastanti: all'inizio compaiono brevi reminiscenze orchestrali dei movimenti precedenti, con i temi che vengono accennati e immediatamente abbandonati; poi, lentamente, prende forma il tema dell'Inno (dal 1992 ricordiamo che è divenuto l'Inno europeo), che inizialmente si presenta appena abbozzato (in quattro misure) da oboi, clarinetti e fagotti, per poi espandersi in tutta l'orchestra e nelle voci.

Nei suoi abbozzi Beethoven esplicita il significato simbolico e musicale del rifiuto dei movimenti precedenti, quasi una catarsi rispetto ai ricordi di lotte e tragedie, e scrive: «No, questo caos ci ricorda la nostra disperazione. Oggi è un giorno di celebrazione, celebriamolo con canti e danze».

Il resto del movimento espone i quattro sotto-movimenti che già abbiamo anticipato:
il primo costruito come un'elaborazione polifonica del tema stesso, il secondo che lo trasforma in una Marcia dal carattere militare, sottolineato dall'uso di grancassa, piatti e triangolo, il terzo che introduce un nuovo tema (Andante maestoso) sulla penultima strofa dell'Ode (Beethoven qui si stacca dal mondo terreno per elevarsi musicalmente e spiritualmente a quello che c'è di più vicino al divino), il quarto che combina contrappuntisticamente il tema della Gioia con quello del terzo episodio, fino alla trionfale conclusione.

(La spiegazione è stata accompagnata da esempi pratici al pianoforte)

POSTFAZIONE 2
di Carla Faggioli[137]

RIFESSIONE PSICOLOGICA SULLA FELICITÀ NEL CAMMINO DI FEDE

Ogni uomo cerca la felicità e può parlare della propria esperienza senza che nessuno possa contraddirlo. La felicità, infatti, non è qualcosa di precostituito, stereotipato e ricevuto passivamente in dono, ma è il traguardo della ricerca di ciò che fa star bene e che, solo una volta raggiunto, può essere riconosciuto e nominato. Quindi potremmo dire che la felicità, in quanto oggetto di desiderio, esiste in ogni essere umano come potenzialità, come vocazione, cioè come chiamata a conoscere se stessi, esplorare la propria umanità e scrivere la propria personale ricetta di felicità.

Per essere felici dobbiamo essere come gli esploratori, curiosi e convinti della sua esistenza, disposti a vendere qualunque ricchezza e affrontare tutte le fatiche necessarie per intraprendere l'avventura alla ricerca del grande tesoro.

Come cristiani sappiamo che la felicità altro non è che la chiamata alla santità, cioè quel modo di vivere che fa scoprire ad ogni battezzato la presenza di Dio in sé come un seme, unico e irripetibile, e il suo posto nel Corpo mistico di Cristo per partecipare della Gloria di Dio. Se pensiamo alla parabola del tesoro nascosto, possiamo dire che noi siamo quel campo e la vita stessa di Gesù è il tesoro nascosto da ritrovare: la Felicità. Se pensiamo alla parabola del seme di senapa capiamo quale grande potenza di Dio sia presente in noi e quanto sia necessario essere un buon terreno per farlo crescere ed essere felici.

La felicità come piacere, contentezza, gioia

L'essere umano è come un terreno composto di tre dimensioni: quella sensoriale legata al corpo, quella emotivo-cognitiva legata alla psiche, quella valoriale e di senso legata al trascendente.

Quando ci riferiamo al corpo, richiamiamo i cinque organi di senso e la predisposizione a distinguere sensazioni di piacevolezza o sgradevolezza:

[137] Carla Faggioli è laureata in Psicologia presso la UPS di Roma. Si è poi specializzata in Psicologia Clinica e in Psicoterapia nella stessa università. Ha inoltre conseguito il titolo di Analista Transazionale all'IRPIR di Roma e di master in Psicoterapia Vocazionale presso la PUL di Roma. Collabora con la diocesi di Pozzuoli (Napoli) per la formazione dei seminaristi e con diversi ordini religiosi della regione Campania. Sposata, è madre di due figli.

possiamo dire di star bene, essere felici, quando proviamo piacere. Quando parliamo di psiche entrano in gioco emozioni e sentimenti, convinzioni e significati: stiamo bene, siamo felici, quando siamo contenti, quando le cose vanno secondo i nostri piani. Quando ci riferiamo al trascendente, evochiamo ideali e visioni da realizzare: stiamo bene, siamo felici, quando gioiamo, quando ci prendiamo cura di qualcosa che va oltre noi stessi, che è universale ed è finalizzata al benessere comune. La felicità, quindi, non può prescindere da nessuna di queste tre dimensioni, né riferirsi esclusivamente a vantaggio di una e a scapito delle altre, ma le ingloba tutte gradualmente seguendo un percorso di integrazione. Piacere, contentezza, gioia sono tre ingredienti da imparare ad amalgamare per raggiungere la felicità.

Il primo stadio della felicità fa riferimento al piacere sensoriale. Tutti abbiamo gli stessi organi di senso, ma ognuno percepisce gli stimoli in modo diverso, più o meno intenso, più o meno piacevole, in base al proprio corredo genetico e all'*imprinting* delle prime esperienze relazionali. Per esempio, il neonato è felice quando ha il pancino pieno dopo la poppata, il culetto asciutto dopo aver cambiato il pannolino, la pelle calda quando è ben coperto; viceversa, piange quando ha i crampi della fame, sente freddo e ha la pelle irritata. Non è ancora in grado di essere felice per aver ricevuto il giocattolo più ambito o la miglior marca di pannolini, tanto meno perché i suoi genitori lo hanno desiderato. Solo successivamente, quando la crescita psicomotoria e cognitiva lo permettono, può dire di essere felice per quello che è, ha e riesce a fare come segnale di *okness*, oppure, di essere infelice perché non ha o non riesce a ottenere quello che percepisce bello e gratificante.

Il secondo stadio della felicità si apre man mano che il mondo si riempie di significati e di ricordi importanti. Sono proprio questi che influiscono sulla capacità di rinunciare o limitare un piacere o una gratificazione, tollerare una sgradevolezza sensoriale o una frustrazione. Per esempio, mangiare tanta cioccolata non è più pura occasione di felicità al pensiero di mettere su peso; il fastidioso acido lattico è più facilmente sopportato se richiama un bel muscolo scolpito e non un'immagine di impotenza e la paura di non farcela.

Il terzo stadio di felicità è quello in cui siamo consapevoli delle nostre percezioni sensoriali e del nostro mondo di significati, senza dare priorità al piacere e alla contentezza: la gioia consiste nello spendersi e partecipare alla realizzazione di un bene superiore. In tal senso, anche un eventuale dolore fisico ed emotivo può coesistere con l'essere felice in quanto sacrificio, cioè occasione per rendere sacro ciò per cui soffriamo.

Questo percorso della felicità richiama quello della maturazione morale, del passaggio dal modo di pensare e scegliere del bambino a quello dell'adolescente e, infine, dell'adulto. Per esempio, un bambino impara a lavarsi, a buttare le carte nel cestino... ed è felice di farlo perché riceve un premio o vuole evitare una punizione. Un adolescente compie gli stessi gesti perché vuole essere approvato, accolto e non escluso. L'adulto, invece, si comporta adeguatamente per il valore intrinseco della cura personale e della res pubblica, la sua felicità non dipende più da gratificazioni e approvazioni esterne.

La felicità come certezza dell'essere amabili e capaci

Fino ad ora abbiamo guardato la felicità alla luce delle tre dimensioni, corpo - mente -spirito, come una progressiva estensione e inclusione di cerchi concentrici. Adesso la osserviamo secondo due passaggi delicati e fondamentali dello sviluppo psicologico di ogni essere umano.

Potremmo dire che dall'iniziale visione infantile di "essere bravi, buoni e belli" si passa, nel processo della crescita, alla conoscenza di mancanze e difetti, dalla convinzione utopica di avere un potere sconfinato alla consapevolezza dei propri limiti e delle proprie impotenze. Inizia così una fase delicata di passaggio, fondamentale per la costruzione di una realistica autostima e fiducia nelle persone, in cui va in crisi la certezza della propria bellezza, amabilità, libertà e potenza. Questo processo richiede l'integrazione di aspetti positivi e negativi ed è paragonabile al perfetto equilibrio di una bilancia in cui i due piatti non pendono in alcuna direzione.

La paura di scoprirci totalmente diversi da come ci eravamo percepiti nella visione infantile e non riuscire a risalire dal buio di un'immagine negativa di sé, perché diversa da quanto sognato, ci spingono a salvaguardare quella bella immagine primordiale usando una serie di meccanismi di difesa. Talvolta neghiamo l'evidenza o proiettiamo sugli altri la nostra parte scomoda, talvolta ci giustifichiamo e diamo la responsabilità di qualcosa che non ci piace all'altro, etc....

Questo accade perché abbiamo una naturale tendenza a liberarci di tutto quello che oggettivamente o per pregiudizi vediamo come negativo e non sappiamo o vogliamo affrontare la difficoltà di conviverci, integrandolo con ciò che di positivo ci caratterizza. Insomma, viviamo con il sogno che debba essere tutto bello e piacevole per essere felici. Certamente accorgerci di avere limiti e debolezze, di non essere completamente belli e potenti è frustrante, ridimensiona l'immagine narcisistica a cui siamo affezionati e la maniacalità che ci fa percepire onnipotenti. Di fronte alle domande: "Come faccio a guardare, accettare e appropriarmi di quello che non va o non mi sta bene di me, potendo continuare a dire che sono una persona bella, amabile, desiderabile? Come posso essere libero e potente quando sperimento l'impotenza e il bisogno di aiuto?" abbiamo bisogno di una risposta vera e rassicurante.

Questa risposta non può essere frutto di un semplice ragionamento astratto, ma nasce dall'esperienza concreta con qualcuno che, pur vedendoci per come siamo, ci consola e ci aiuta a ristabilire una visione positiva e realistica di noi stessi. Per esempio, il bambino che non ha ancora il controllo degli sfinteri e non sa provvedere da solo alla sua igiene, anche se sperimenta una sensazione fisica spiacevole, ha bisogno di ricevere da chi lo accudisce il *feedback* che, nonostante in quel momento non abbia un odore gradevole e debba essere lavato, è un bel bambino, piacevole e amato.

Grazie a questo tipo di relazione ogni errore, *deficit*, limite o debolezza non sono ricordati e interiorizzati come fonte di avvilimento e disperazione, ma di speranza e di provvidenza. Accade, inoltre, che con chi si prende cura di noi si crei un legame affettivo che diventa occasione di collaborazione, stimola nuovi desideri, alimenta la creatività e si traduce in gusto per la propria esistenza… quindi è felicità. La consapevolezza di *essere amabile* e *capace* è, perciò, un ingrediente fondamentale della ricetta per la felicità. Amabilità e capacità sono il risultato di un'equazione complessa a più incognite psico-relazionali: l'equilibrio tra le due polarità descritte, il sano nutrimento dei bisogni esistenziali e il corretto funzionamento di alcune spinte innate.

La felicità come soddisfazione dei bisogni e dei sistemi motivazionali

Per essere felici è fondamentale conoscere, accettare e avere cura del nostro bisogno di esibirci e ricevere ammirazione, di essere ambiziosi e ricevere approvazione, di esprimere emozioni e ricevere risposte empatiche. Sapere di essere unici e irripetibili, speciali e ammirati dona dignità e insegna la gratitudine.

È facile vedere un bambino pavoneggiarsi, richiamare l'attenzione su di sé, mostrare con entusiasmo quello che ha fatto nell'attesa di ricevere un applauso, un complimento e un entusiasmante riscontro verbale o non verbale da parte delle persone importanti per lui. In questo modo gli adulti si sintonizzano sull'intensità emotiva del piccolo e con l'espressione del viso, della voce e dei gesti gli inviano il messaggio di aver capito quello che sperimenta e che sanno il valore che questo ha per lui.

Saper accordare le proprie corde della sensorialità, delle emozioni e dei pensieri su quelli dell'altro attiva quello che è chiamato il sesto senso, quello che fa intuire ciò di cui l'altro ha bisogno e quale sia la risposta adeguata. Per esempio, quando la sera i bambini sono eccessivamente vivaci, non sono in condizione di addormentarsi e rischiano talvolta, per la stanchezza, di non avere la necessaria attenzione e, di conseguenza, farsi male.

Essere empatici vuol dire creare una gemellarità: partendo dalla loro intensità e frequenza fisico-emotiva accompagnarli a scendere a quella che l'adulto sa essere la condizione ottimale. Allo stesso modo, quando un'emozione è sotto la soglia di adeguatezza al contesto, lo stato di gemellarità aiuta a risollevare l'umore e a recuperare il sano stato emotivo.

Avere avuto durante la propria crescita figure di riferimento capaci di tale sintonizzazione è fondamentale. Porta con la crescita all'autonomia, nel ripristino del proprio equilibrio psicofisico, tanto fondamentale per affrontare ogni evento della vita col giusto stato d'animo, senza dover ricorrere a forme varie di dipendenza per ristabilire l'umore. Introiettare una relazione rassicurante in cui si può con serenità esprimere qualunque emozione, stato d'animo, fantasia e desiderio, soddisfazione e godimento produce quella sicurezza di essere autonomi (non autosufficienti) nell'aiutarsi, che è ingrediente fondamentale per la vera felicità. Quando le persone crescono con l'idea che la felicità sia qualcosa da catturare, acquistare, barattare, coltivano l'illusione di poter ristabilire la primordiale immagine di perfezione, per cui cercano insaziabilmente all'esterno qualcosa che compensi le loro mancanze e debolezze.

La felicità, invece, è come un seme presente nelle tre dimensioni corpo-mente-spirito che ha già in sé tutto quello che serve per le diverse fasi di sviluppo e che, se ben nutrita in una relazione adeguata nei suoi bisogni e spinte motivazionali, evolve naturalmente portando molto frutto. Per spinte motivazionali si intende un corredo psicologico atavico, già presente in alcune specie animali, per la sopravvivenza e conservazione della specie.

La prima di queste spinte (o sistema motivazionale) è quella dell'attaccamento che nei momenti di bisogno e difficoltà ci dirige alla ricerca di chi possa aiutarci. Per esempio, il bambino piccolo appena nato messo sulla pancia della mamma, si arrampica spontaneamente alla ricerca del seno per nutrirsi. Complementare a questa è la spinta all'accudimento, cioè quella che motiva a prendersi cura di chi percepiamo bisognoso di aiuto e in difficoltà: ne è un leggendario esempio nel mondo animale quello delle femmine che allattano cuccioli di altre specie. Altro sistema motivazionale è quello della cooperazione: si attiva quando ci si rende conto di non bastare a se stessi, che è necessario lavorare insieme; esso richiama il senso di appartenenza a un gruppo, la collaborazione per la realizzazione di un progetto condiviso e la difesa da un nemico pericoloso. Tra i sistemi motivazionali c'è anche quello dell'accoppiamento, indispensabile per il proseguimento della specie, ma si attiva, oltre che in vista della procreazione, anche per creare qualcosa di nuovo che suscita entusiasmo.

L'attivazione dei sistemi motivazionali per quanto sia qualcosa di istintivo, automatico e naturale non è, però, in noi esseri umani immune da influenze psicologiche, consce e inconsce, da traumi o tabù, regole e valori, strategie difensive e compensative. Per esempio, dietro un comportamento da "buon samaritano" può non esserci un sano e naturale istinto di accudimento. Nonostante sia una buona cosa voler aiutare gli altri, non sempre coincide in noi con il valore dell'altruismo, anzi. Quando vogliamo aiutare qualcuno per forza o in un modo in cui l'altro non vuole essere aiutato e di fronte a un rifiuto ci offendiamo, la nostra cura non è liberamente rivolta verso l'altro, ma verso noi stessi per compensare un bisogno personale di cui differentemente non riusciremmo a prenderci cura.

Anche la sessualità talvolta è vissuta non tanto per un naturale desiderio di procreare e vitalizzare la coppia, ma come occasione per dominare, richiedere attenzioni, compensare sensazioni di impotenza, di affetto, persino sugellare alleanze più o meno esplicite. Potremmo dire che quelli che allo stato naturale sono bisogni e istinti motivazionali sani e necessari per essere felici, possono trasformarsi, se mal nutriti e idealizzati, in infelici schiavitù: i vizi capitali.

La felicità come frutto di una relazione rassicurante

È chiaro, dunque, che un ingrediente fondamentale da inserire nella ricetta della felicità è la relazione. È nella relazione con le prime figure di riferimento che sperimentiamo quanto siamo desiderabili e amabili, capaci e straordinari, oppure riceviamo le prime frustrazioni e disillusioni.

La relazione è il luogo in cui si impara cosa pensare di sé, dell'altro e della vita, è il terreno in cui l'imbarazzo per debolezze ed errori non deve trasformarsi in vergogna e nascondimento, ma in caldo incoraggiamento e cooperazione, è il campo in cui il bisogno di essere ammirati, approvati e capiti emotivamente non deve ricevere ferite umilianti, ma un amorevole confronto con la realtà.

Poiché non esistono persone perfette, in ogni storia ci sono ricordi spiacevoli con le figure importanti della vita che richiedono per essere felici di dosare nuovamente "l'ingrediente relazione", partendo dalla consapevolezza della propria storia, delle proprie ferite, delle strategie usate per superare la sofferenza, dei pregiudizi e divieti arbitrari assimilati per evitare ulteriori dolori.

La fede cristiana è una relazione intima con Gesù Figlio che rivela il volto di un Dio che è Padre Buono con cui poter scoprire la dignità, la bellezza e il potere di essere suoi, da cui poter ricevere la guarigione delle ferite e la liberazione dalle schiavitù. Se dall'imperfezione delle relazioni umane è nata la fatica di raggiungere la felicità, sarà solo nella relazione con il Dio perfettamente buono che si potrà ristabilire la fede in questo traguardo. Certamente pensare di abbassare le difese, mettere a nudo le proprie fragilità, per sperimentare una nuova relazione, seppur con Dio, vuol dire affrontare la paura di ulteriori fallimenti, il rischio di ulteriori delusioni e ferite. La nostra esperienza umana potrebbe portarci a una schizofrenia della fede: comportamenti, pensieri, emozioni non sono allineati per cui "predichiamo bene e razzoliamo male".

Per esempio, come cristiani sappiamo che essere felici vuol dire abbandonarsi alla volontà di Dio, fidarsi del suo amore. Ma se nella nostra vita le persone più significative ci hanno ferito prendendoci in giro o non mantenendo le promesse fatte, come possiamo credere che la stessa cosa non accadrà con Dio? Come possiamo desiderare di fare la volontà di Dio, quando sin da piccoli abbiamo dovuto obbedire a cose ingiuste, non siamo mai stati presi in considerazione o abbiamo dovuto fare la volontà di altri, anche in quelle che avrebbero dovuto essere nostre scelte? Ecco allora che la nostra ricetta per la felicità richiede un processo di consolazione del cuore, liberazione dalle ribellioni e dalle schiavitù, guarigione dalle ferite, che consiste nel prepararsi a incarnare un ben preciso *modus vivendi*.

La felicità come modus vivendi

La felicità non è transitoria e involontaria come le sensazioni e le emozioni, ma è un atteggiamento totale della persona costante e duraturo che richiede attitudine, disciplina e mentalità.

✓ Quale attitudine?

Come esseri umani abbiamo tutti l'attitudine a sognare, desiderare e volere. Anche se sogni, desideri e volontà si differenziano nel contenuto, sono però tutti portatori di vita, e questa è la nostra attitudine! Sognare è volare, staccarsi dalla pesantezza della realtà ed espandere senza limiti la fantasia. Desiderare è guardare a 360 gradi fino all'orizzonte, riconoscendo tutto ciò che di bello e attraente c'è per raggiungerlo. Volere è affondare le radici nel terreno così profondamente che nessuno scossone potrà farci perdere l'orientamento e la decisione di restare in quel luogo.

Questa attitudine, riprendendo l'immagine del seme, racchiude in sé la sua stessa vocazione. Grazie ad essa scopriamo cosa ci attrae e chi siamo invitati a essere: quando sogniamo, peschiamo intuitivamente ciò a cui siamo chiamati, quando desideriamo vediamo il modo realistico di poterlo realizzare, quando vogliamo siamo pronti a pagare il prezzo necessario. Ma quando non vogliamo uscire dalle aeree di *confort*, quando non siamo disposti a impegnarci e ad affrontare le scomodità per raggiungere il sogno iniziale, rischiamo di rinnegare il sogno stesso e di trovare inutile questa attitudine: confondiamo talvolta il sognare con l'illudersi e l'essere realistici con il pessimismo.

Come cristiani, attraverso il battesimo, siamo stati innestati nella stessa vita di Cristo, quindi, dentro di noi portiamo come un seme il nostro vero Io, la divinità di Dio, la possibilità di manifestare un "raggio" particolare della sua gloria. Quando ci chiediamo: "cosa vorrà Dio da me? Per che cosa sono stato creato?" dobbiamo ripartire dai nostri sogni affinché diventino desideri e, infine, atti di volontà.

✓ Quale disciplina?

Perché un seme non marcisca né inaridisca deve necessariamente morire: solo così potrà mostrare le sue caratteristiche e portare frutto. Questa disciplina, per quanto comprensibile logicamente, è scandalosa se si pensa alla felicità in termini solo di piacere fisico o psicologico. Solo l'uomo che sceglie la dimensione del trascendente può cimentarsi in essa, solo la passione per valori e ideali può spingere a rinunciare a tali soddisfazioni.

Per far nascere il proprio Io, la presenza di Dio in noi, deve morire l'Ego. E qual è la differenza tra Io e Ego? Volendo riprendere un'espressione evangelica, è la differenza che c'è tra l'uomo vecchio e l'uomo nuovo. Il nostro Io è come ci ha pensato Dio dall'eternità, è la presenza di Dio stesso in noi nella nostra particolare unicità. L'Ego è tutto ciò che copre la divinità di Dio in noi e che non rivela il volto di Dio in noi perché è attaccato al piacere e alla contentezza, come se non ci fosse altra forma di felicità. È quell'individualismo che pretende di sapere ciò che è giusto e vuole comandare, che nasconde debolezze ed errori attraverso meccanismi difensivi, che oscilla tra l'autosufficienza e ricatti manipolatori. Imparare a far morire l'Ego richiama l'invito di Gesù a perdere la propria vita per ritrovarla, a prendere la propria croce e seguirlo; però, non va confuso col masochismo, con una ricerca gratuita di sofferenza, che, invece, è una scelta di fare la vittima, e, quindi, una ulteriore espressione dell'Ego che pensa di salvarsi da solo.

La verità è che nessuno può crocifiggersi con le sue stesse mani: come Gesù, anche noi possiamo portare l'asse orizzontale della croce, sono invece gli altri, spesso le persone più vicine, a preparare il palo verticale su cui saremo inchiodati. Portare la croce vuol dire rinunciare ad avere diritti sulla propria vita, camminare verso il luogo della crocifissione portando sulle spalle la sentenza di morte del nostro Ego, mentre il Signore della Vita si prende cura della nostra crocifissione. La fede cristiana, sulla scia delle beatitudini, testimonia che il segreto per la felicità sta nell'imparare a morire: una progressiva disillusione dalle lusinghe dei beni terreni, un progressivo lasciarsi sedurre dall'intimità con Dio, mentre lo Spirito Santo con i suoi doni e le sue virtù fa sbocciare l'Io e lo guida verso i Beni Eterni.

Come esseri umani non è facile amare noi stessi così come siamo e, di conseguenza, anche gli altri; spesso non ammettiamo di essere scarsi e poco volenterosi sia nel perdonare che nell'essere misericordiosi come scritto nell'inno alla carità e, quindi, vorremmo subito distinguere e separare l'Io dall'Ego. Questo processo non può esser fatto di fretta così come non si può prematuramente dividere il grano dalla zizzania. Come leggiamo nel Vangelo, bisogna avere pazienza, tollerare la frustrazione di vederli crescere insieme, perchè all'inizio della crescita appaiono uguali, e solo col tempo, al momento della mietitura, si possono distinguere e separare: man mano che cresce, il grano si piega mentre la zizzania rimane dritta!

Le qualità, i doni, i carismi, non sempre diventano grano, così come non sempre sono zizzania gli errori, i difetti, i limiti; alcuni possono inizialmente apparire tali ma solo col tempo mostrano la loro vera natura. Essere grano vuol dire riconoscersi creature stupende per la grande misericordia ricevuta, piegare dolcemente qualunque aspetto umano alla volontà di Dio, rallegrarsi dell'amicizia con Dio e del suo potente intervento. Essere zizzania è ribellarsi a tutto questo, inorgoglirsi, voler imporre la propria umanità e scegliere una

disperante solitudine. Quindi, la disciplina per la felicità consiste "semplicemente" nel dire con libero arbitrio il proprio sì ad essere passati al crogiuolo, mentre la Grazia Trinitaria fa tutto il resto per ripristinare l'immagine e somiglianza di Dio in noi.
A questo punto nasce spontanea la domanda: come facciamo a sapere se la nostra felicità segue il percorso del grano e non della zizzania?
Ecco due semplici verifiche:

1. Sognare, desiderare, volere, *con zelo e umiltà*

Quando abbiamo qualcosa da proporre, il primo passo da fare è andare dall'autorità, come ad esempio un superiore, o da chi ha il diritto a essere interpellato, come ad esempio il coniuge, e chiedere con passione e zelo la disponibilità o la collaborazione per realizzarlo. Ricevuta la risposta, in caso di frustrazione, fermiamoci. L'Ego ci dirà di ribellarci, andare via e trovare fuori da quella relazione la soluzione, la soddisfazione del progetto. Di fronte al NO il nostro Ego si avvilisce, si deprime o si arrabbia, reagisce con qualche forma difensiva, si irrigidisce e si ritira diventando un seme sterile. Se tolleriamo la frustrazione, l'entusiasmo non svanisce e aiuta il sogno a trasformarsi in desiderio e a trovare nel rispetto della relazione la soluzione fattibile, da volere poi con tutto l'impegno necessario. La ribellione maggiore dell'Ego sta, infatti, proprio nel voler comandare tempi, modi e luoghi senza aspettare, ridimensionare, ricercare il significato del sogno e non una certa sua specifica forma. Quando si vive secondo l'Io, invece, si tiene presente che quanto è stato seminato è destinato a portare frutto; ci si fida dell'operato di Dio e, quindi, si gioisce del cammino da percorrere per realizzare quella che oramai è la sua-nostra volontà.

2. Tener presente le richieste *con prudenza ed entusiasmo*

Quando c'è una richiesta da parte delle persone significative per noi ma questa stessa richiesta genera in noi dubbi, perplessità o disaccordi, la prima cosa da fare è cercare un confronto facendo presente il nostro punto di vista. È necessario chiarire gli elementi su cui si basano i nostri timori, verificare che questi siano reali e, quindi, pensare a come superarli. L'obiettivo deve essere una realistica realizzazione della richiesta. La prudenza deve servire a proteggere e non soffocare il buono della proposta, non deve spegnere, ma alimentare la creatività nel trovare strade fattibili.

L'Ego non vuole né sacrifici né impegni, non è disposto a mettersi nei panni dell'altro e trovare compromessi, mentre l'Io sa che la sua esistenza è comunionale, gioisce della gioia dell'altro e del sapere che può essere strumento della volontà di Dio, anche là dove non aveva mai pensato e sognato.

✓ Quale mentalità?

Dopo aver parlato della felicità come un atteggiamento che richiede attitudini e necessita di una disciplina, ora vediamo come la felicità non possa prescindere da una mentalità, cioè dal percepire, interpretare, reagire agli eventi della vita secondo una specifica visione.

Quando le persone non comprendono l'importanza di conoscere e proteggere la propria mentalità, non sono attente a verificare quale sia la visione che le guida e, quindi, sono in balia di quello che altri propinano. E la mentalità del mondo sappiamo che non è quella di Dio!

Conoscere quale mentalità ci guida e la sua consistenza interna diviene, allora, fondamentale per motivare e sostenere la ricetta della felicità. Nel libro dei Proverbi al capitolo 29 si legge che il popolo, senza la visione di Dio, si perde. Per ricevere la visione di Dio è condizione *sine qua non* poter pensare secondo il pensiero di Dio. E per fare ciò bisogna ascoltare e nutrirsi ogni giorno della sua Parola. È, infatti, nella Bibbia, nella sua conoscenza e interpretazione ispirata, che Dio ci condivide la sua visione sull'uomo, sulle relazioni, sul creato. Lì troviamo descritte le più disparate situazioni in cui l'uomo si possa trovare e la Sua perenne rassicurazione: non temere io sono con te! Lì è spiegato che tribolazioni e persecuzioni non sono una maledizione, ma occasione per conoscerlo più da vicino, incarnare la sua stessa vita, rivelare le sue qualità. Lì riceviamo la certezza che nessun peccato, sofferenza o errore che sia, può distaccarci dal suo amore; che per ogni debolezza e limite, riconosciuto e offerto, riceviamo la sua forza e la sua grazia.

➢ La mentalità di Dio

La mentalità di Dio è quella dell'incarnazione, del ricongiungimento tra umanità e divinità: Gesù è vero Dio e vero uomo. Infatti, la nostra chiamata alla santità, alla felicità, non è qualcosa di etereo e svincolato dalla nostra personale condizione umana. Dio ci parla, entra in relazione con noi, ci istruisce e ci ammonisce, sintonizzandosi con le nostre caratteristiche umane, con i nostri gusti e le nostre passioni.

Molte persone credono che per essere Santi non si possa essere imperfetti, si debba annullare ogni difetto, non possano affiorare cattivi pensieri né emozioni come invidia, rabbia, paura.... Ma Dio non è venuto a negare quello che noi siamo, a male-dire la nostra umanità, a puntare il dito contro i nostri peccati. Errori, difetti, peccati interessano solo al nostro Ego, risultano fastidiosi solo al nostro orgoglio che vuole essere impeccabile e cerca un modo per disfarsene.

Il Dio che Gesù ci ha rivelato è appassionato d'amore per noi, ci guarda con occhi teneri e ci tiene per mano con braccio forte; l'unica cosa che gli interessa è stare con noi, donarci tutto di sé e ricevere la nostra piena felicità in questo avvolgente e intimo scambio.

Questa ricerca della perfezione, quindi, non viene da Dio, è frutto di quella tecnica che usa il demonio per confondere le menti e far passare le sue menzogne come Verità: prende un pezzo di verità, lo evidenzia e lo rende così importante da illuderci che coincida con l'intera Verità al fine di nascondere l'intenzione di depistarci.

Morire all'uomo vecchio, quindi, non vuol dire azzerare ogni radice di peccato. Questo processo è impossibile, come separare prematuramente la zizzania dal grano, per cui chi crede a questa menzogna presto o tardi devia in un rigidismo senza carità o in un permissivismo senza freni. Morire al proprio Ego, secondo il pensiero di Dio, è, invece, decidere di camminare sulla strada della rinuncia a ogni seduzione e forma di peccato, e, come leggiamo nel profeta Michea, praticare la giustizia, amare la pietà, camminare umilmente con Dio.

Tutto questo è fattibile e avviene nella misura in cui crediamo con certezza che Dio fa bene ogni cosa, abbiamo cioè la visione dell'esistenza umana, "santa e prostituta", "Felice colpa" direbbe sant'Agostino riferendosi alle brutture, cattiverie, incapacità umane che fanno sovrabbondare ogni bellezza e potenza di Dio, per realizzare con la Grazia l'antico bisogno di vedersi belli, buoni e potenti nonostante ogni peccato.

- La mentalità di Satana

La disciplina per la felicità non è entusiasmante per l'Ego e l'Io si trova in grossa difficoltà a contrastarlo, soprattutto quando è appena nato, se non si ancora alla Verità, al senso di questo progetto di crocifissione dell'Ego.

Inoltre, sappiamo che Satana, come un leone ruggente cerca sempre qualunque occasione per divorarci e lo fa, in quanto padre della menzogna, propinandoci una mentalità che rafforza e fa leva sull'Ego. Il suo modo di pensare annulla ogni forma di divieto e frustrazione, permette qualunque cosa dia piacere e la sensazione di star bene, non fa alcuna distinzione tra ciò che è bene e ciò che è male. Ogni persona si crea, così, il proprio mondo di regole e significati, vive progressivamente la tristezza e la rabbia di non essere capito, un senso di sfiducia nelle relazioni che sfocia in varie forme di isolamento e rompe l'esistenza comunionale per cui Dio ci ha creati. Il Diavolo, che letteralmente significa divisione, cerca di procurare continue spaccature in noi stessi e nelle nostre relazioni facendoci entrare in un mondo parallelo: "". E così ci fa apparire gli eventi, per quanto dolorosi o traumatici possano essere stati, come se avessero il potere di renderci più o meno felici.

Il suo modo di avanzare è lento e paziente come quello del ragno che tesse la sua tela: all'inizio quasi non si vede, solo più tardi, con la giusta luce, si può cogliere la sua fitta e appiccicosa tela. Per evitare che ciò accada, dobbiamo vigilare fin dall'inizio, conoscere il suo modo di procedere e a quali tentazioni siamo più esposti.

Satana conosce nei dettagli tutta la nostra storia, le nostre ferite, i nostri bisogni e i nostri sogni ed è su questi fronti che inizia la battaglia per distruggerci. Per invidia vuole strappare a Dio, Padre Buono, i suoi figli e ha bisogno della loro collaborazione, della loro libera scelta di rinunciare ai diritti della figliolanza ricevuta nel Battesimo. Per riuscirci deve convincerci che solo lui capisce quello che proviamo, che solo lui è disposto a darci quell'approvazione e ammirazione che ci mancano e desideriamo.

La sua strategia, quindi, consiste nell'attaccare la mente in tutte le sue facoltà:

- ✓ inizialmente prova ad *insinuare il dubbio*, poi
- ✓ la *confonde* manipolando la realtà, infine
- ✓ la *illude* proponendo scenari e soluzioni menzognere

Il diavolo è astuto: fa leva su ricordi e sulle esperienze dolorose per farci dubitare di essere amabili e amati. Se non risuona in noi la certezza della Parola, che siamo preziosi agli occhi di Dio che ci ha chiamato per nome e gli apparteniamo, allora la paura di essere senza valore prende il sopravvento, si fanno spazio sentimenti depressivi e rancorosi che ci imprigionano in una visione pessimista, nell'illusione che non ce la possiamo fare e nulla possa cambiare.

Se il nemico riesce ad avanzare a questa postazione, la nostra fiducia in Dio si indebolisce, ci è più difficile richiamare la Parola di Dio per sconfiggere questa tentazione e l'avvilimento può crescere fino a diventare una disperazione alla Giuda o una bramosa ricerca di rivincita come re Saulo. Il Demonio riesce a offuscare la mente, a far "dimenticare" che Dio è il Padre Buono che alla minima richiesta di aiuto viene subito in soccorso per ricondurci a casa, rivestirci di dignità e fare festa. Satana così distrugge la nostra felicità!

La felicità è combattere la buona battaglia della fede

Essere felici non è una piacevole e spensierata passeggiata, ma un percorso arduo in una strada irta; è una scuola di discepolato in cui si ascolta, si osserva, si sperimenta in prima persona la relazione con il Maestro; è una battaglia in cui si entra indossando tutte le parti dell'armatura di Cristo descritte da San Paolo. Per raggiungere la meta e ricevere il premio del vincitore è indispensabile pregare con fede, con le virtù provate della pazienza, fiducia, e perseveranza.

Tutta la Bibbia è intrisa di racconti in cui il Signore degli eserciti interviene per far vincere il suo popolo, mentre questi scende in battaglia pregando. Dalla Parola riceviamo, allora, una precisa visione: la guerra è di Dio non del popolo, il popolo deve "solo" restare fedele a Dio mentre affronta il Nemico. Dio vince sempre le sue battaglie. Se noi iniziamo battaglie personali o affrontiamo da soli quelle della vita sicuramente perderemo la felicità.

Per essere vincitori, allora, la nostra preghiera deve avere quelle caratteristiche che però l'uomo, con le sue ferite storiche, non riesce umanamente a raggiungere. Abbiamo bisogno di far nostra la tolleranza alle frustrazioni (la pazienza), il coraggio (la fiducia), la passione (la perseveranza). Come Nicodemo possiamo chiederci: come è possibile riuscirci? Certamente non da soli ma riunendo la nostra umanità alla Grazia divina: Dio aspetta solo il nostro sì sincero per modellarci a Sé.

Qualche esempio? Quando ci si rende conto della propria impazienza bisogna prima di tutto avere la certezza che si possa diventare una persona paziente, perché ciò che Dio chiede lo realizza sempre; è necessario rinunciare a tutto ciò che vuole convincerci del contrario, che porta a scoraggiarci e rassegnarci; e, infine, vedere la nostra "dura cervice" e le tante occasioni in cui Dio, da sempre, è stato paziente con noi. Mentre si tocca con mano l'esperienza della pazienza di Dio verso di noi, avviene piano piano il miracolo: assorbiamo la sua stessa pazienza, ne siamo sempre più attratti e cominciamo a saper gestire la nostra impazienza con pazienza!

Non ci trasformiamo, quindi, stravolgendo la nostra essenza umana, il nostro carattere e i nostri punti deboli, ma imparando a guardarci con gli occhi di Dio e a trattarci con la sua stessa carità. Si realizza in noi quello che il profeta Isaia dice riguardo al "virgulto di Iesse" che farà stare insieme l'agnello e il lupo..., i nostri lati buoni e cattivi, le nostre capacità e incapacità, grazie alla sua docile guida.

Dobbiamo tener presente un'ultima cosa per essere vincitori in Cristo. Saper battagliare è un'arte che si raffina col tempo. Ogni guerriero impara a combattere scendendo direttamente in campo. E più combatte, più diventa esperto nel riconoscere il nemico, nel difendersi dai suoi attacchi, nel saper usare la spada. Quando sentiamo il dolore di ciò che ci fa soffrire, "la spina conficcata nella carne" di cui parla san Paolo, è umano lamentarci e chiedere a Dio di toglierla. Questo non fa di noi dei cattivi guerrieri. Mentre, però, la carne si ribella, lo Spirito viene in aiuto e ci ricorda che "ti basta la mia grazia", che è ciò che conta e che fa vincere. Lo Spirito Santo ci apre a quella verità che è stoltezza per i pagani e scandalo per i giudei. Il "quando sono debole è allora che sono forte" ci porta a sperimentare e testimoniare la leggerezza del giogo: l'antico desiderio di essere amabili e potenti si è realizzato nella comunione col Dio Trinitario.

(La spiegazione è stata arricchita con la presentazione in power point*)*

POSTFAZIONE 3
di Daniela Orsatti[138]

LA BIOCHIMICA DELLA FELICITÀ

La felicità, secondo le neuroscienze, è il risultato di reazioni elettrochimiche che avvengono nel cervello in risposta a stimoli e sono mediate dai neurotrasmettitori. Il cervello è composto da miliardi di cellule nervose, chiamate neuroni, che comunicano tra loro attraverso sostanze chimiche, i neurotrasmettitori, che si muovono da una cellula all'altra e si legano a un punto preciso del neurone: il recettore. Il legame del neurotrasmettitore al recettore permette di trasferire l'informazione contenuta da un neurone all'altro.

I neurotrasmettitori del Sistema Nervoso Centrale più noti sono: la Dopamina, la Serotonina, la Noradrenalina, l'Acetilcolina, il Glutammato e il GABA. Interagiscono tra loro in un delicato equilibrio. Quelli "responsabili" dello stato di benessere sono: Dopamina, Serotonina, Endorfine e Ossitocina.

La Dopamina influenza il nostro comportamento e l'umore, induce sensazione di piacere e soddisfazione, attiva i meccanismi di memoria, apprendimento e movimento volontario.

La Serotonina è prodotta, oltre che dal cervello, anche dall'intestino. Sostanza nota per la funzione di regolazione del tono dell'umore, svolge importante azione anche per quanto riguarda le emozioni, la sessualità, il ritmo sonno-veglia e l'appetito.

Le Endorfine hanno una struttura chimica simile alla morfina. Aumentano la soglia del dolore e danno benessere fino all'euforia.

L'Ossitocina favorisce l'affettività e l'attaccamento relazionale. Lo si conosce anche come "ormone dell'amore". Viene rilasciato durante l'allattamento e l'orgasmo; induce il parto.

I neurotrasmettitori possono essere potenziati dall'attività fisica che in particolare:
- induce la produzione di endorfine
- influenza i circuiti del benessere
- riduce l'ansia e la depressione
- dà energia

[138] Daniela Orsatti è medico chirurgo, specialista in medicina interna. Svolge la sua attività in ospedale. Sposata, è madre di tre figli.

Esiste una disciplina che si chiama Gelotologia che studia la relazione tra il fenomeno del ridere e la salute psico-fisica. Infatti, la risata è una ginnastica fisica, psichica ed emotiva che induce una serie di benefici:
- stimola la produzione di endorfine,
- ricambia le riserve d'aria nei polmoni
- aumenta l'ossigenazione del sangue,
- aumenta l'irrorazione sanguigna degli organi interni tramite il massaggio indotto dai movimenti del diaframma
- aumenta l'irrorazione sanguigna dell'epidermide e dei muscoli della faccia
- riduce gli effetti dello stress e dell'ansia.

L'utilizzo terapeutico della risata nasce dall'esperienza di Patch Adams, un americano che decide di diventare medico dopo essere stato ricoverato da adolescente in una clinica psichiatrica per depressione. Qui conosce un ragazzino e lo aiuta a superare i suoi deliri, grazie a un gioco divertente. Diventato medico, riesce a realizzare la sua idea fondando un istituto dove cura gratuitamente più di 15.000 persone, grazie all'aiuto complementare della terapia del sorriso. Tale terapia è praticata anche in Europa in ambienti psichiatrici, oncologici e pediatrici. Il riso simulato, o indotto, spinge il corpo a reagire, esattamente come se la risata fosse spontanea, e questo è la base dello Yoga della risata, tecnica proveniente dall'India, in uso da anni anche nei Paesi occidentali.

(La spiegazione è stata arricchita con la presentazione in power point*)*

BIBLIOGRAFIA

Amirante C., *E gioia sia. Il segreto della felicità,* Piemme, Milano 2015.

Aubin C., *Prier avec son coeur. La joie retrouvée,* Editions Salvator, Paris 2017.

AA. VV., *La gioia,* Parola Spirito Vita 76 (2017) 3-206 (numero monografico).

Chrétien J.L., *Sotto lo sguardo della Bibbia,* Qiqajon, Magnano (Biella) 2017.

Gawdat M., *L'equazione della felicità,* Bur Mondadori, Milano 2018.

Gioia F., *Nati per la gioia. Una teologia biblica dei sentimenti,* Ancora, Milano 2005.

Mirilli M., *Un briciolo di gioia... purché sia piena,* San Paolo, Cinisello Balsamo (MI) 2018.

Morelli R., *Breve corso di felicità. Le antiregole che ti danno la gioia di vivere,* Mondadori, Milano 2017.

Pronzato A., *La nostra bocca si aprì al sorriso. Umorismo e fede,* Gribaudi, Milano 2005[3].

Pronzato A., *Tutti a scuola di Maria per imparare la gioia,* Gribaudi, Milano 2018.

Rolla E., *Così non mi piaccio. La terapia dell'umorismo,* Gribaudi, Milano 2005.

Soldavini T., *L'arte della gioia. Una luce che cambia la vita,* Paoline, Milano 2018.

Talec P., *La gioia. Piccola musica per il giorno,* Queriniana, Brescia 2002.

Zorzi B.S. – Bossi Fedrigotti I., *Felicità,* Il Margine, Trento 2013.

Documenti del Magistero pontificio

Papa Paolo VI, *Gaudete in Domino* ("Rallegratevi nel Signore"), Esortazione apostolica (9 maggio 1975).

Papa Francesco, *Evangelii gaudium* ("La gioia del Vangelo"), Esortazione apostolica sull'annuncio del Vangelo nel mondo attuale (24 novembre 2013).

Papa Francesco, *Amoris laetitia* ("La gioia dell'amore"), Esortazione Apostolica postsinodale sull'amore nella famiglia (19 marzo 2016).

Papa Francesco, *Gaudete et exsultate* ("Rallegratevi ed esultate"), Esortazione Apostolica sulla chiamata alla santità nel mondo contemporaneo (19 marzo 2018).

INDICE

Printed by Books on Demand GmbH, Norderstedt / Germany